건승을 기원합니다.
부디 이 책을 통해 지혜의 샘을
더욱 풍성하게 가꾸실 수 있기를 바랍니다.

_____ 님께

_____ 드림

ISLANDS OF PROFIT IN A SEA OF RED INK

Copyright ⓒ Jonathan L. S. Byrnes, 2010
All rights reserved including the right of reproduction in whole or in part in any form.
This edition published by arrangement with Portfolio,
a member of Penguin Group (USA) Inc.

Korean Translation Copyright ⓒ 2010 by Time Books
Korean edition is published by arrangement with Portfolio,
a division of Penguin Group (USA) through Milkwood Agency.

이 책의 한국어판 저작권은 밀크우드 에이전시를 통한
Portfolio, a division of Penguin Group(USA)과의 독점 계약으로 타임북스에 있습니다.
저작권법에 의해 한국 내에서 보호를 받는 저작물이므로 무단전재와 무단복제를 금합니다.

레드오션 전략

레드오션 전략
잃어버린 '흑자의 섬'을 찾아서

저자 조너선 번즈 | 역자 이훈·구계원

초판 1쇄 발행 2010년 12월 6일
7쇄 발행 2017년 3월 9일

발행처 타임비즈
발행인 이길호

편집주간 이은정
편집 강민지, 김지수
마케팅 이태훈
외서 기획 이유정
제작 김진식, 김진현
재무 장무창, 강상원

타임비즈는 (주)타임교육의 단행본 출판 브랜드입니다.
출판신고 등록번호 제322-2009-000050호. | 등록일자 2009년 3월 4일
주소 서울시 성동구 광나루로 310 푸조비즈타워 5층
주문전화 02-3480-6627 | 팩스 02-395-0251
이메일 timebookskr@naver.com

ⓒ 2010 Jonathan L. S. Byrnes
ISBN 978-89-2860-084-7 03320

이 책은 저작권법에 따라 보호받는 저작물이므로 무단전재와 복제를 금지하며,
이 책 내용의 전부 또는 일부를 이용하려면 반드시 저작권자와 (주)타임교육의 서면동의를 받아야 합니다.

• 값은 뒤표지에 있습니다. 잘못된 책은 구입하신 곳에서 바꾸어 드립니다.

새로운 출판환경에서는 양질의 기획과 원고만으로도 시장을 창출할 수 있습니다.
대한민국 비즈니스를 함께 만들어가는 책, '**타임비즈**'는 아이디어와 실력으로 무장한
필자와 기획자를 언제나 환영합니다.
2gotime@gmail.com

잃어버린 '흑자의 섬'을 찾아서
레드오션 전략

• 조녀선 번즈(Jonathan L. S. Byrnes) 지음 | 이훈·구계원 옮김

들어가며

뜬구름 잡는 '블루오션'이 아니라 당신이 몸담은 그 '레드오션'에 해법이 있다!

'적자의 바다' 위에 둥둥 떠 있는 '이익이라는 작은 섬들'

이 책의 기본적인 전제는 '모든 비즈니스의 40%는 어떤 기준으로 보아도 수익을 내지 못하고 있고, 20~30%만이 수익을 내서 그것으로 손실을 만회하고 있으며, 나머지 부문은 현상유지를 하는 수준일 뿐이다'라는 명백하고도 암울한 주장이다.

나는 이 현상을 약 20년 전쯤, 한 실험 재료 분야 최고의 기업과 함께 일하면서 처음 발견했다. 그 이후로 의료용품 유통업체, 통신회사, 철강회사 등 다양한 산업 분야의 일류 기업들과 함께 연구하고 컨설팅하면서도 동일한 패턴을 발견했다. 이 기업들은 삼류 기업도 아니고, 각기 해당 업계에서 최고의 실적을 내는 회사들이었다.

이들 프로젝트에서, 나는 '기업의 수익성을 분석하는 체계적인 프로세스'를 창안했고, 수익을 못 내는 나쁜 비즈니스는 좋은 비즈니스로, 좋은 비즈니스는 훌륭한 비즈니스로 전환시키는 수많은 '수익 레버(Profit Levers)'들을 개발했다.

우리를 어리둥절하게 만드는 두 가지 의문

이 작업을 하면서 나는 두 가지 의문이 들었다.

첫째, 왜 동일한 현상이 산업 분야를 막론하고 거의 모든 비즈니스에서 발생하는가?

둘째, 도대체 왜 기업의 최고경영자를 포함해 리더들은 여기에 대해 아무 조치를 취하지 않는가?

통찰력을 갖춘 몇몇 관리자들과 함께 이 두 가지 문제를 탐구하면서, 나는 그 이유가 현재의 비즈니스가 중대하고도 역사적인 과도기에 처해 있기 때문이라는 것을 깨달았다. 그 변화, 아니 '변혁'의 실체는 '매스 마켓(Mass Market, 대중 시장) 시대'에서 '정밀 시장(Precision Markets) 시대'로의 전환이다. 그리고 문제의 근원은 이제껏 우리가 지속해온 관리 프로세스와 제어 메커니즘이 모두 매스 마켓 시대에 개발되었고, 그러기에 더 이상 적합하지 않다는 것에서 출발한다.

바로 이 문제 때문에 모든 산업 분야에 '뿌리박힌 고비용 구조'가 박멸되지 않는다. 뒤집어 말하면, 정밀 시장 시대에 유능한 리더가 되려면 작금의 기회를 포착해야 할 뿐만 아니라, 문제의 근원을 정확히 인식해 패러다임 전환을 이루는 데 능숙해져야 한다는 말이다.

하버드 비즈니스 스쿨(Harvard Business School)이 발간하는 〈업무 지식(Working Knowledge)〉의 편집장 숀 실버도온(Sean Silverthorne)은 내게 이 주제에 대해 매달 칼럼을 하나씩 써줄 것을 제안했다. 〈업무 지식〉은 업계 유력 경영자와 관리자들이 구독하는 뉴스레터로, 최신의 실천적 담론들이 집적되는 매체다. 거기에 나는 무려 4년에 걸쳐 '흑자라는 잃어버린 섬을 되찾는 비결'을 연재했다.

연재 첫 회인 '도대체 우리 기업에서는 누가 수익성을 관리하고 있는가?'를 썼던 때를 기억한다. 잡지를 구독하는 수십만 명의 경영진 중 그 누구도 '제대로 수익성을 관리하고 있지 못하다'는 도발적인 질타였다. 칼럼의 인터넷 판이 나가고 난 다음 주 월요일, 나는 대체 어떤 반응이 올지 숨을 죽이고서 메일함을 열었다.

반응은 열광적이었다. 메일함은 수백 통의 이메일로 넘쳐났다. 그것들은 모두 '뭔가 잘못되어 있다는 것은 알고 있었지만, 무엇을 어떻게 해야 할지 모르겠다'는 공감과 요청의 메시지였다.

지금 이 책은 바로 그로부터 시작된 하버드 4년의 연재, 그리고 MIT에서 '최고의 강의'로 꼽힌 컨텐츠의 종합판이다.

이 책을 구성하면서, 나는 네 가지 패러다임 전환의 주된 영역을 바탕으로 실천적이며 또한 자극적인 내용을 추려 담았다. 여기에는 첫 칼럼 때 내게 이메일을 보내고 나의 조언을 실제 행동으로 옮긴 리더들의 실화도 담겨 있다. 기업의 정신적 뿌리부터 그 실행의 끄트머리에 이르기까지, 단언컨대 이제 이것으로 무장하지 않으면 앞으로 생존하기 어려울 것이다.

- '수익'을 중심으로 사고(Thinking)하라
- '수익'을 내는 판매(Selling)를 하라
- '수익'을 내는 운영(Operation) 방식을 도입하라
- '수익'이라는 방향을 제시하는 리더십(Leadership)을 키워내라

이 책에는 뜬구름 잡는 신규 시장 개척 전략은 없다. 새로운 기술과 발상, 창의력을 높이기 위한 기법도 없다. 그러나 '수익'이라는 기업 불멸의 명제는 그 자체로 '블루오션을 개척할 수 있는 도구'이자 '생산적 창의력을 발휘하는 발판'이 되어줄 것이다.

꿈만 꿀 줄 알고 경영을 할 줄 모르는 사람은 몽상가일 뿐이다. 거대한 기업 비즈니스건 혹은 중소 비즈니스건 혹은 자영업이건, 이제 우리 산업에는 '흑자를 견인하는' 유능한 인재가 절실히 필요하다. 비단 재무 책임자의 몫이 아니다.

이 책은 '수익'이라는 키워드를 바탕으로, 당신의 비즈니스를 체계적으로 향상시키고 내게 이익을 안겨줄 최고의 고객을 확보하며, 관리 능력을 배양하고 치밀하고 효율적인 경영을 통해 기업의 미래를 지킬 방법을 알려준다.

게다가 여기에는 추가적인 투자 비용이 필요 없다. 이 책만 있으면 된다.

CONTENTS

들어가며_ 뜬구름 잡는 '블루오션'이 아니라 당신이 몸담은 '레드오션'에 해법이 있다! 7

1부 | 수익을 내는 '사고방식'으로 변신하라

1 모두들 열심히 일하는데도 '수익'이 나지 않는 묘한 원리 25
  수익을 '관리'하는 일상의 시선이 필요하다 27
  그럼 대체 어디서부터 뜯어고치지? 30
  그렇다면 수익성을 어떻게 '관리'할 것인가? 31

2 '수입은 좋고 비용은 나쁘다?'
  …비즈니스를 둘러싼 통념들 33
  비즈니스 통념 1_ 수입은 좋고 비용은 나쁘다? 34
  비즈니스 통념 2_ 고객이 원하는 것은 아낌없이 제공해야 한다? 35
  비즈니스 통념 3_ 영업 부서는 팔고 운영 부서는 돕는다? 36
  비즈니스 통념 4_ 모든 고객은 훌륭한 서비스를 받을 권리가 있다? 37
  비즈니스 통념 5_ 공급 체인 통합만이 효율성을 높이는 훌륭한 정책이다? 38
  비즈니스 통념 6_ 모두가 자기 일에 충실하면 회사는 번창한다? 39
  비즈니스 통념 7_ 승진하고 나서도, 원래 잘하던 일을 계속해야 한다? 40
  비즈니스 통념 8_ 신규 사업만이 변화와 혁신을 가져올 수 있다? 41
  비즈니스 통념 9_ 위기 없이는 큰 변화를 이룰 수 없다? 42
  비즈니스 통념 10_ 좋은 것은 바꾸지 마라? 44

3 생각을 바꿔라! '정밀 시장의 시대'가 왔다 45

시장이 이동하고 있다, '공격 끝점'을 타격하라 47
'관리'에 대한 낡은 패러다임은 사라진다 49
'4P 전략'을 성과로 연결해주는 '사라진 마지막 P' 50
그렇다면 무엇이 진짜 비즈니스인가? 52

4 전략을 구성하는 세 개의 중심 기둥 54

전략이란 '고객 가치'로 시작해 '고객 가치'로 끝난다 55
전략이란 '무엇에 대해 NO라고 말할 것인가'에 의해 정의된다 57
무엇이 됐든 그 영역의 '최고'가 돼야 한다 59
그렇다면 제대로 효과적인 전략은 무엇인가? 61

5 고객이라고 다 좋은 것은 아니다, 해가 되는 고객도 있다 63

수익성 관리 효과로 하루아침에 거듭난 회사 65
수익성 관리 전략 1_ 수익 맵핑의 도출 66
수익성 관리 전략 2_ '수익 레버' 찾아내기 67
수익성 관리 전략 3_ 확고한 '수익성 관리 프로세스' 확립 69
그렇다면 어떻게 이런 기적적인 변화가 가능했는가? 70

6 그물에 먹이가 걸리기만 기다리지 말고 '수익'을 사냥하라! 73

수익 지도_ 빨강과 파랑으로 구성된 명쾌한 '지형도' 그리기 74
5단계 프로세스로 수익성 지도를 그리는 방법 76
수익 맵핑 1단계_ 수익성 데이터베이스 수집 76
수익 맵핑 2단계_ 핵심 고객에 대한 모델링 79
수익 맵핑 3단계_ 전체 비즈니스에 적용 80
수익 맵핑 4단계_ 액션플랜 수립 80

수익 맵핑 5단계_ **수익 맵핑의 제도화** 82
단순한 재무 정보를 넘어서 실행을 이끌어내는 도구로 82

7 델은 재고를 관리하지 않는다. 그들이 관리하는 건 수익성이다 84

델의 위대한 변신은 어떻게 시작되었는가? 85
혁신의 비결 1_ **고객 선별** 86
혁신의 비결 2_ **수요 관리** 86
혁신의 비결 3_ **제품 라이프사이클 관리** 88
혁신의 비결 4_ **공급자 관리** 88
혁신의 비결 5_ **예측** 89
혁신의 비결 6_ **유동성 관리** 90
델이 추구한 수익성 관리 프로세스는 어디에서 기원했는가? 90
관리해야 할 것은 '재고'가 아니라 '수익성'이다 93

8 소형 매장의 수익성도 관리하고 개선할 수 있다! 95

소형 매장의 수익성을 어떻게 관리할 수 있단 말인가? 96
소형 매장의 수익 포인트 1_ **구색 관리** 97
소형 매장의 수익 포인트 2_ **고객 서비스 관리** 99
소형 매장의 수익 포인트 3_ **고객 관리** 100
소형 매장의 수익 포인트 4_ **제품 흐름 관리** 101
소형 매장의 수익 포인트 5_ **베스트 프랙티스 관리** 102
'수익성'을 중심에 두는 문화를 창출하는 것이 관건이다 103

2부 | 수익을 내는 '판매'에 목숨을 걸어라

9 고객 관리, 과연 예술의 영역인가, 과학의 영역인가? 109

고객 관리의 과학 1_ 수익성 관리 111
고객 관리의 과학 2_ 고객관계 선별 112
고객 관리의 과학 3_ 관계 전환 경로 113
고객 관리의 과학 4_ 고객 플래닝 114

10 '수익에 집중하는 판매'의 포인트 117

한 총괄관리자의 수익 확대 분투기 118
프로세스 개혁의 성공 도구 1_ 수익 맵핑 119
프로세스 개혁의 성공 도구 2_ 수익 레버 120
프로세스 개혁의 성공 도구 3_ 수익성 관리 프로그램 122
당신이 파는 것은 바로 당신 자신이다 123

11 영업 조직에 열정을 불어넣는 베스트 프랙티스의 활용 전략 127

현상유지 프로세스를 '개조' 프로세스로 변화시켜라 129
비즈니스도 의학 분야의 '진료 스탠더드'를 벤치마킹하라 130
베스트 프랙티스를 어떻게 '프로세스'로 만들 것인가? 133
판매 스탠더드 1_ **베스트 프랙티스를 확인하라** 133
판매 스탠더드 2_ **베스트 프랙티스를 명문화하라** 133
판매 스탠더드 3_ **프로세스를 훈련하라** 134
판매 스탠더드 4_ **프로세스를 지도하라** 134
판매 스탠더드 5_ **프로세스를 측정하라** 135
판매 스탠더드 6_ **프로세스를 보상하라** 135

판매 스탠더드 7_ 끊임없이 프로세스를 개선하라 135
'성과'를 중심으로 사고하고 움직이는 일관된 문화를 만들어라 136

12 새로운 경영 도구_잠재력에 근거한 판매 예측 137

우리의 미래 청사진에는 무엇이 잘못 그려져 있는가? 138
예측을 잘못되게 만드는 잃어버린 고리 139
유통 전문 기업인 A사는 어떻게 판매를 예측해야 하나? 140
판매 예측 1단계_ 잠재 매출 예측 140
판매 예측 2단계_ 성과 기준의 변화 141
소매 체인 기업인 B사는 어떻게 판매를 예측해야 하나? 142

13 당신의 조직은 파충류인가, 포유류인가? 145

어떤 것이 파충류 식 비즈니스 전략인가? 146
어떤 것이 포유류 식 비즈니스 전략인가? 146
벤더 공동운명체라는 새로운 개념 147
지혜로운 중도, 오리너구리 전략 149
기업의 신진대사를 누가 통제하고 있는가? 150
관리자들은 조직을 어떤 유형의 동물로 키울 것인가? 153

14 상식의 수준을 넘어서는 고객 서비스를 창출하라 155

무엇이 혁명적인 고객 서비스를 가능하게 하는가? 156
날코 케미컬의 고개 서비스 사례 158
상자 밖으로 나와서 사고하기 159
극도의 포화 시장에서도 차별화는 가능하다 160
고객의 신발을 신고 걸어라 162
고객에 대해 이해한다는 것 162
채널 맵을 명확히 그린다는 것 163
언제나 그렇듯 먼저 행동하는 쪽이 이익이다 164

3부 | 수익을 내는 '운영' 방식을 적극적으로 도입하라

15 '월마트 세계'는 어떻게 그들의 공급 체인을 관리하고 있는가? 169

좋다, 그런데 그 다음은 무엇인가? 170
서비스 차별화의 중요성 172
서비스 차별화 매트릭스 174
서비스 차별화 대상 1_ 전략 고객 175
서비스 차별화 대상 2_ 통합 고객 177
서비스 차별화 대상 3_ 신흥 고객 177
서비스 차별화 대상 4_ 안정 고객 178
선진적인 유통업체와 공급자 간의 공급 체인 변화에서 무엇을 읽을 것인가? 179

16 하나의 공급 체인만으로 충분한가? 181

두 개의 공급 체인을 갖추는 것이 더 좋은 이유 182
기본 상품의 공급 체인 185
계절 상품의 공급 체인 185
유행 상품의 공급 체인 186
세 개 이상의 공급 체인이 금상첨화 187
미래의 공급 체인은 어떤 모습이 될 것인가? 189

17 제품 흐름 관리로 추가적인 수익을 얻어낼 수 있다 192

수요는 일정한데 주문량은 왜 불규칙적인가? 193
제품 흐름을 원활히 하기 위해 필요한 해결책 196

문제 해결에 왜 이렇게 오랜 시간이 걸렸을까? 199
문제 해결의 포인트 1_ 모든 측면에 의문을 제기하라 199
문제 해결의 포인트 2_ 사각지대를 찾아내라 200
문제 해결의 포인트 3_ 직접 대면하라 200

18 고객의 마음을 사로잡는 최고의 서비스를 구축하는 법 202

그렇다면 고객 서비스의 본질은 무엇인가? 204
제품 신뢰도는 어떻게 형성되고 강화되는가? 206

19 주문생산 방식으로 성공하기 209

전통적인 생산 방식으로는 혁신을 이룰 수 없다 210
주문생산 공정은 어떻게 이루어지는가? 211
주문생산 방식에 대한 판매 부서의 우려를 불식하다 212
주문생산 공정과 함께 변화를 도입함으로써 생겨난 놀라운 변화 215

4부 | 수익을 중심으로 사고하는 '리더십'을 육성하라

20 위기라고 움츠러들면 잡아먹힌다, '불황'은 오히려 기회다 221

위기는 변화를 위한 절호의 기회 222
불황의 기회 1_ 수익성을 관리하라 223
불황의 기회 2_ 고객이나 유통망의 수익성까지 높여라 224
불황의 기회 3_ 고객 혁신을 추진하라 226
불황의 기회 4_ 전략적 혁신을 창조하라 228
타이밍, 타이밍, 타이밍_ 타이밍이 관건이다 228

21 패러다임 전환이라는 도전에 정면으로 대응하라 230

비즈니스 패러다임 전환의 메커니즘 232
위기가 코앞에 닥치기 전에 패러다임 전환을 추진하라 235
패러다임 전환에 임하는 CEO의 자세 238

22 변화 관리_정원, 모래성, 산, 스파게티 240

정원_ 푸르다고 다 좋은 것은 아니다 240
모래성_ 무너지는 것을 만드는 것의 일환으로 보라 243
산_ 목표 지점은 한달음에 도달할 수 없다 246
스파게티_ 한 접시 모든 것을 한 접시에 담지 마라 248

23 효과적인 변화 관리자의 요건은 무엇인가? 250

깊숙이 뿌리박힌 '업무 관행'은 독인가 약인가? 252
'늘 이렇게 해왔는데요?'라는 장애물 253
변화 설계 1_ 근본적인 문제점을 파악하라 254
변화 설계 2_ 당장 요긴하지 않아도 사람 사이에 신뢰 관계를 구축하라 255
변화 설계 3_ 분석 과정에 다른 관리자를 참여시켜라 256
변화 설계 4_ 모범 사례를 만들어라 257
변화 설계 5_ 모든 전투마다 이기려고 하지 말고 전쟁에서 이길 방법을 찾아라 258
변화 설계 6_ 몇 가지 프로젝트를 동시에 진행하라 258
변화 설계 7_ 지속적인 변화를 추구하라 259

24 고객을 패러다임 전환에 동참시켜라 261

'상품'을 파는 것처럼 '변화'도 팔아야 한다 261
제로섬을 넌제로섬 관계로 변화시키기 263
상황을 반전시킨 한 남자의 이야기 264

고객사의 패러다임 전환을 위한 다섯 가지 단계 266
전환 단계 1_ 초기 신뢰 관계 구축 266
전환 단계 2_ 채널 맵핑 267
전환 단계 3_ 시범 프로젝트 268
전환 단계 4_ 고객을 위한 로드맵 268
전환 단계 5_ 인내와 다각화 269
고객사의 패러다임 전환으로 얻을 수 있는 수익 270

25 모두 자기 단계의 업무를 제대로 수행하고 있는가? 271

효과적으로 관리한다는 것 273
직급과 그 관리 업무 1_ 과장급 274
직급과 그 관리 업무 2_ 부장급 274
직급과 그 관리 업무 3_ 임원급 274
관리 프로세스에도 품질과 품격이 있다 276
우리 회사의 관리 효율성은 몇 점인가? 278
효율성 극대화를 위한 행동 전략 1_ 비디오 관찰 278
효율성 극대화를 위한 행동 전략 2_ 재정립 279
효율성 극대화를 위한 행동 전략 3_ 교육 279
새로운 생산성은 어떤 선물을 안겨주는가? 280

26 중간관리자의 탁월함은
기업 성공과 수익성 제고에 필수 요소다 283

훌륭한 설계도냐, 아니면 탁월한 역량이냐? 285
그렇다면 뛰어난 중간관리자는 어떤 사람인가? 286
뛰어난 중간관리자 양성의 핵심 287
자신이 관리해야 할 단계를 올바로 관리하기 288
수익성을 극대화하기 위해 협력과 공조하기 289
가르침으로써 관리하기 290

코칭의 원칙 1_ 핵심적인 개념을 명확히 제시하라 291
코칭의 원칙 2_ 이해를 도울 수 있는 풍부한 자료를 동원하라 292
코칭의 원칙 3_ 모호하게 지시만 하지 말고 적극적으로 학습시켜라 292
관리자들에게 관리 방법을 가르쳐라 292

27 기업 문화를 바꾸기 위한 실천 지향적 교육 294

먹히는 교육이란 어떤 것인가? 296
실천적 교육 프로그램의 사례 298
리더십과 근육기억 301
교육의 효과 1_ 효과적인 리더십 301
교육의 효과 2_ 효과적인 계획 302
교육의 효과 3_ 효과적인 팀워크 302
교육의 효과 4_ 근육 기억 303
교육 자체보다 중요한 것은 실천 303

28 CFO는 이제 명함을 바꾸라! 이제 당신은 '최고 수익성 책임자'다 306

수익성 관리를 효과적으로 해내지 못하도록 하는 결정적 장애물 307
수익성 관리가 안 되는 이유 1_ 관리 시스템의 문제 308
수익성 관리가 안 되는 이유 2_ 방향성의 부재 308
수익성 관리가 안 되는 이유 3_ 외형적인 모양새에 대한 집착 309
수익성 관리가 안 되는 이유 4_ 책임자 부재 309
CFO에게 맡겨진 새로운 역할을 인식하라! 311
새로운 CFO, CPO가 집중할 일 1_ 로드맵 311
새로운 CFO, CPO가 집중할 일 2_ 프로세스 312
새로운 CFO, CPO가 집중할 일 3_ 변화 관리 313

29 변화의 기수, 새로운 정보관리책임자(CIO)의 역할 316
기업 정보 기술 시스템의 라이프사이클 318
정보 기술의 라이프사이클 319
GE는 어떻게 상황을 올바로 판단했나 320
비즈니스 관점을 가진 효율적인 CIO의 등장 322

30 기업을 끌어갈 리더십을 무엇으로 정의할 것인가? 324
양손잡이 리더십 326
변화를 리딩하는 자질 1_ 열정을 품는 능력 327
변화를 리딩하는 자질 2_ 균형 잡힌 관점 328
변화를 리딩하는 자질 3_ 창의성 328
변화를 리딩하는 자질 4_ 조직 능력 328
변화를 리딩하는 자질 5_ 팀워크 329
변화를 리딩하는 자질 6_ 끈기 329
변화를 리딩하는 자질 7_ 오픈 마인드 329
변화를 리딩하는 자질 8_ 진실성 329
그렇다면 리더를 길러낸다는 것이 가능할까? 330

부록_ 4개 고객사를 표본으로 한 '수익 맵핑' 예시 333
지은이의 말_ 오늘날의 비즈니스를 규정하는 새로운 패러다임,
'정밀 시장의 시대' 343

1부

수익을 내는 '사고방식'으로 변신하라

Islands of Profit in a sea of Red Ink

Islands of Profit in a sea of Red Ink

모두들 열심히 일하는데도 '수익'이 나지 않는 묘한 원리

까먹기 위해 일하는 사람은 없다. 그러나 종합해보면
어딘가는 벌었지만 어딘가는 반드시 까먹는다. 왜 그럴까?
그리고 그런 일을 막을 방법은 정말 없는 것일까?

대부분의 경영자들이 가장 중요하게 생각하는 바는 '새삼 비용을 들이지 않고도' 기존의 사업에서 수익을 더 많이 올리는 것이다. 그런데 충격적이게도 다양한 산업을 폭넓게 조사해보면, 기업 내 비즈니스의 '40%', 곱게 봐줘야 30%는 '수익'을 내지 못한다. 생산이든 영업이든 서비스든 무관하게 말이다. 거의 모든 기업에서 수익을 내는 극히 작은 부문이 다른 부문의 적자를 메우고 있다.

몇 년 전, 아주 성공적으로 비즈니스를 하고 있는 한 실험 재료 제조사 CEO가 내게 자문을 구했다. '수익성 개선 방안'을 찾아달라는 것이다. 나는 새롭고 거창한 계획을 세우는 대신, 그 회사의 기존 '어느' 부문이 '어떻게' 수익을 내고 있는지 분석해보기로 했다. 발견된 내용을 보고, 우리는 모두 망연자실해졌다.

이 회사에는 이미 수익성을 높일 여지가 많았다. 그런데도 어딘가에 있을지 모를 '흑자의 섬'을 찾아 헤매고 있었다. 그러므로 이들이 할 일은 새로운 사업 분야를 개척하는 게 아니라, 이미 하고 있던 일에서 체계적으로 수익성을 높이는 것이었다.

수익이 떨어지는 이유는 다음과 같았다.

- **고객** 전체 거래의 33%가 채산성 없음. 지역에 따라 29%~42%가 불량 고객.
- **주문 경로** 35%가 수익성 없음. 지역에 따라 23%~50%까지 격차가 존재함.
- **유통** 벤더와 연결돼 있는 생산 라인의 40%가 수익성 없음. 핵심 벤더와 연결된 생산 라인 38%는 현상유지 수준.
- **판매 방식** 전화 판매가 41%의 매출 수익으로 다른 판매 방식(현장판매 36%, 전체 30%)보다 훨씬 나은 실적을 보임. 하지만 전화 판매 활용률은 지역에 따라 3%~32%까지 천차만별.
- **제품** 회사 사람들이 알고 있는 것과 달리, 제품 수명 사이클이 짧은 제품이 36%의 매출 수익을 내서 사이클이 긴 제품(34%)보다 수익이 큼. 재고가 없는 기획 상품과 주문 제작 제품의 이익률인 29%보다 높음.

몇 문장으로 정리해보면 다음과 같다.

우선 수익을 높일 수 있는 영역은 30%가 넘었다. 현재 비즈니스를 구성하고 있는 요소에 살짝 변화를 가미하기만 하면 얻을 수 있는 수익이다. 추가 비용이나 투자도 필요 없다. 동일한 결과가 철강, 통신, 소매업 등 수많은 산업 분야에서 발견된다.

당신이 속한 기업은 상대적으로 수익률이 좋은가? 지난 연말에는 인센티브도 후하게 받았는가? 앞으로도 전도유망한가? 그러나 틀렸다. 당신이 알고 있는 것보다 훨씬 많은 수익을 내는 것이 가능하기 때문이다. 경쟁사보다 잘하고 있는 것으로는 부족하다.

수익을 '관리'하는 일상의 시선이 필요하다

왜 이런 어처구니없는 일이 생겨날까?

기업의 목적은 '수익'이다. 매년, 매분기, 매달, 기업은 수익에 목을 맨다. 하지만 일(日) 단위로 체계적인 '수익 관리' 프로세스를 만들어 운용하는 기업은 거의 없다. 여기서 '프로세스'란 진짜로 수익이 늘어나는 것을 의미한다. 외형적으로 수익이 늘어난 것처럼 보이기 위해 숫자를 조작하는 따위가 아니다.

경영자는 수익 플랜을 만들고 각 부서장들은 그 플랜의 핵심 키를 쥐고 있으며, 실행 과정은 면밀하게 관찰된다. 그런데 각각의 단계가 완전히 충족됐는데도, 수익은 목표한 바에 훨씬 못 미친다. 대체 이유가 뭘까? 단적으로 말하면, 수익을 극대화하기 위해 동원되는 각각의 실행 요소들 사이의 '상호작용'을 관리하지 않기 때문이다.

> **예산에 충실하고, 경쟁자보다 좀 더 잘하는 것으로는 절대 충분하지 않다!**

몇 년 전, 나는 한 기업의 월례 경영회의에 앉아 있었다.

사장은 커다란 마호가니 테이블의 상석에 앉아 부서장들을 차례로 훑어봤다. 부서장들은 모두 자랑스럽게 대답했다.

"저희 파트는 이번 달 목표를 달성했습니다!"

사장은 한숨을 내쉬며 말했다.

"그럼, 지금 이 방에서 목표를 달성하지 못한 사람은 나 하나뿐이군요……."

대체 무슨 일이 있었던 걸까?

나는 해당 월에 발생했던 몇 가지 구체적인 상황을 살펴보았다.

영업 담당 관리자는 매출을 높여 할당량을 채웠다. 하지만 이 매출은 소량으로 여러 차례 주문을 넣은 신규 거래처들로부터 발생한 것이다. 그런 주문에서 수익이 나더라도, 결국 물류비가 수익을 초과했다. 특정 거래처는 해당 지역에는 재고가 없는 상품을 주문했고, 다른 지역에서 운송해야만 했다. 사전에 논의했다면 재고가 있는 유사 상품으로 대체될 수도 있었다.

여기서는 두 가지가 핵심이다.

첫째, 영업 담당 관리자와 운영 담당 관리자 모두 예산 범위를 벗어나지 않았다. 영업 관리자는 매출을 높였기 때문에 전혀 문제될 게 없었고, 운영 관리자의 경우는 이런 비효율성을 시스템의 일부로 간주해 추정한 평균 비용을 초과하지 않아서 목표를 맞출 수 있었다. 하지만 수익은 높아지지 않았다.

둘째, 아주 단순한 개선책으로 수익을 높일 수 있다. 그렇게 된다면 회사뿐만 아니라 거래처나 고객에게도 좋은 일이다. 그런 개선을 위해 필요한 것은 막대한 자금과 설비가 아니다. 그저 세심한 '사고'와 '관리'만 있으면 된다.

전혀 다른 분야인 통신회사에서도 수익성을 둘러싸고 비슷한 일이 속출한다.

속칭 '베이비벨즈(Baby Bells)'라고 불리는 AT&T의 자회사 아메리칸 벨(American Bell Inc)의 영민한 기획 담당 관리자가 아주 중요한 분석을 한 가지 해냈다.

그는 자사의 고객별 수익성을 조사했다. 그 결과 가장 바람직한 고객으로 분류되는 '구매를 많이 하는 거래처'가 실상은 수익성이 매우 높거나 그 반대로 아주 형편없다는 사실을 발견했다. 그 이유가 궁금했다. 그는 다시 '구매가 많지만 수익성은 낮은 거래처'를 조사해서, 이들이 둘 중 하나라는 것을 분석해냈다.

그들은 '얼리어댑터(Early Adopter, 남들보다 먼저 신제품을 사서 써보는 사람-옮긴이)'이거나 '불평꾼'이었다. 양쪽 모두 회사의 각종 지원 서비스를 과도하게 이용했다. 단지 얼리어댑터들은 시장 개척을 위해 중요한 역할을 하는 고객들이므로 이들에게 지원되는 비용은 일종의 바람직한 투자이고, 불평꾼에게 지원되는 비용은 그저 낭비일 뿐이라는 점이 다를 뿐이다.

그럼 대체 어디서부터 뜯어고치지?

그렇다고 불평꾼을 피할 수는 없다. 이 관리자는 더 좋은 방법을 찾아냈다. 이들을 수익을 내는 거래처로 탈바꿈시키기로 한 것이다. 회사는 FAQ(빈번한 질문)를 정리한 재미있는 교육용 책자를 제작하고 불평꾼들을 따로 응대하는 자동화된 회선을 설치했다. 이렇게 해서 이들 중 상당수가 '불량' 거래처에서 '우수' 거래처로 전환됐다.

만약 체계적인 분석이 없었다면, 베이비벨즈는 여전히 구매를 많이 하는 고객의 요구에 100% 응대하면서, 한편으로는 매출을 늘리려 고심했을 것이다.

이들이 취해온 정책은 거래 규모는 크지만 고객 지원은 거의 필요 없었던, 단순한 서비스만 존재하던 과거의 매스 마켓에서나 타당한 정책이었다. 그러나 오늘날에는 더 이상 먹히지 않는다. 물론 기존의 상황에서도 통신회사의 영업 관리자는 매출 목표를 달성했고, 고객 지원 관리자는 비용 목표를 충족시켰을 것이다. 하지만 제일 중요한 '수익 증대' 기회는 감춰진 채 고스란히 남아 있었다. 수익성이 떨어지는 거래처가 '나쁜' 고객은 아니었다. 오히려 '제대로 관리되지 않은' 고객이라고 규정하는 편이 옳다.

> 대부분의 기업에서 사람들은 각자의 목표에 신경 쓰지만, 각각의 요소들이 어떻게 상호작용하는지는 아무도 책임지지 않는다.

몇 년 전, '수평 프로세스 경영(horizontal process management)'이라는 개념이 엄청나게 유행했었다. 이는 여러 기능을 하는 부서들의 비즈니스 프로세스(생산, 판매, 수금 등)를 조화시키는 데 매우 유용한 방법이다. 하지만 여기에도 '수익성 관리'라는 중요한 프로세스는 늘 빠져 있었다.

그렇다면 수익성을 어떻게 '관리'할 것인가?

수익성을 어떻게 하면 효과적으로 관리할 수 있을까?
앞으로 그 3대 핵심요소인 '수익 맵핑(profit mapping)', '수익 레버(profit levers)', '수익 관리 프로세스'에 대해 상세히 설명할 것이다. 여기서는 간단히 설명하고 넘어가겠다.

- **수익 맵핑** 어떻게 하면 복잡하고 머리 아픈 '비용 산정 시스템'을 만드는 데 세월을 허비하지 않고 효과적으로 수익성을 분석할 수 있는가? 얼마나 정확히 분석해야 하는가? 회사의 수익 중 어느 부분이 '물속'에 잠겨 있고, 높은 수익 잠재력을 갖춘 '섬'은 어디에 있는가?
- **수익 레버** 거래처나 생산, 운영을 관리하는 데 있어 가장 중요한 수익 창출 도구는 무엇인가? 어떻게 하면 '불량' 거래처를 '우수' 거래처로 바꿀 수 있는가?
- **수익 관리 프로세스** 어느 것을 먼저 개선시킬지 우선순위는 어떻게 정하나? 사람들을 어떻게 이 과정에 동참시키며, 누가 주도할 것인가?

01 기업의 비즈니스 중 30~40%는 수익을 못 내고 있다.

02 20~30%가 높은 수익을 내고, 그 수익으로 손실을 메운다. 나머지는 현상유지 수준이다.

03 현재의 사업성 측정 도구나 제어 메커니즘으로는 문제의 원인을 집어내거나 해결책을 도출할 수 없다.

04 수익성 관리의 3대 핵심요소, 즉 '수익 맵핑', '수익 레버', '수익 관리 프로세스'를 이용해 적자를 흑자로 전환할 수 있다. 그것이 얼마나 혁명적 결과를 가져올지 상상해보라.

'수입은 좋고 비용은 나쁘다?'
… 비즈니스를 둘러싼 통념들

잠재된 가능성을 최대치의 현실로 만들어내는 기업의 비결은
'정밀한 사고'와 '경영 마인드 훈련'이다. 그 첫걸음은
'그릇된 비즈니스 통념들'을 제거하는 것에서 시작한다.

정밀한 사고와 경영 마인드는 수익성 향상을 위해서, 개인의 성공을 위해서도 필수적인 요소다.

그러나 많은 경우, 우리가 '자명한 진실'이라고 알고 있지만, 실은 사실이라 보기 어려운 요소들이 우리로 하여금 냉철한 사고를 하지 못하게 한다.

여기, 최악의 비즈니스 통념 10가지를 뽑아보았다.

비즈니스 통념 1_
수입은 좋고 비용은 나쁘다?

이것이 가장 큰 오해다. 정확히 말하자면 '수입은 좋다'를 '일부 수입은 수익성이 있고, 일부 수입은 수익성이 없다'로 바꿔야 마땅하다.

만일 당신이 '수익 맵핑'을 이용해서 회사의 순수익을 주의 깊게 살펴보면, 20~30%만이 수익을 내고, 30~40%는 수익을 못 내며, 나머지는 현상유지만 하고 있다는 것을 발견할 수 있을 것이다. 광활한 적자의 바다에 '수익이라는 섬'이 둥둥 떠 있는 셈이다.

당신을 현혹하는 것은 바로 '평균의 함정'이다. '종합해보니 수익이 있다'는 결론을 내리는 것이다. 그렇게 되면 본질은 간과하게 되고, 정확한 수단을 활용해 수익을 비약적으로 증대시킬 수 있는 기회 또한 놓치게 된다.

일례로 영업 실적에 대한 보상 시스템은 대부분 단순 매출액에 근거한다. 그런데 모든 매출의 가치가 과연 동일할까? 수익이 전혀 없는 혹은 오히려 마이너스인 매출은 '나쁘다'. 그러므로 대부분의 기업은 이미 '상당량의 악성 요인'을 떠안고 있는 셈이다.

그럼 비용에 대한 통념은 어떨까?

만약 모든 매출이 '좋다'고 평가된다면, 모든 비용은 당연히 '나쁜 것'이 된다. 그래서 대부분의 비용 절감 정책은 비즈니스 전반에 걸쳐 광범위하게 이뤄진다. 결국 잘라내려 한 부분 대신, 정말 필요한 부분을 잘라버리는 일이 비일비재하다.

이상적으로만 말하자면 '수익이 높은 부문'이 더 많이 성장하도록 비용을 지출해야 마땅하다. 그 부문이 '수익이 나쁜 부문'을 메워주고 있기 때문이다. 그러나 실상은 어떤가? 그런 일은 거의 불가능하다. 수익을 못 내는 사업이 불필요하게 기업의 자원을 '흡수'하기 때문이다.

　이런 일이 가장 위험한 경우는 어떤 때인지 아는가? 경쟁자가 자원을 고도로 집중시켜 당신에게 그나마 가장 수익성이 높았던 비즈니스 영역을 빼앗아갈 때다.

비즈니스 통념 2_
고객이 원하는 것은 아낌없이 제공해야 한다?

점점 더 '고객'이 중요시되고 있다. 고객 만족을 넘어 '고객 졸도'까지 시켜야 한단다. 비즈니스에 종사한다면 고객에게 '필요한 것'을 제공하는 것은 당연한 일이다. 하지만 '필요한 것'과 '원하는 것'과는 다르다.

　고객이 '원하는 것'이란 보통 우리 회사가 현재 수행하고 있는 사업 방식에 의해 정해진다. 하지만 고객에게 '필요한 것'은 그것을 넘어 현재의 비즈니스조차 변화하고 향상시킬 수 있도록 만들어준다.

　고객에게 필요한 것을 제공한다 함은 일례로 '고객이 지금보다 더 나은 방식으로 움직이도록 만드는 것'이다. 칭얼대는 아기의 요구를 들어주는 게 아니다. 원하는 것을 들어주는 대신 필요한 것을 제공한다면, 고객에게 우리 회사는 언제든 바뀔 수 있는 일회성 대상이 아니라 꼭 필요한 전략 파트너가 될 것이다. 그렇게 해야만 고만고만한 경쟁자를 뛰어넘을 수 있고, 거래처나 고객사를 통해 매출과 수익을 모두 높일 수 있다.

그렇다면 그저 칭얼대는 것과 '정말 필요한 것'을 어떻게 구별할 수 있을까?

뒤에 소개할 '채널 매핑(channel mapping)' 등의 강력한 수단을 도입함으로써 가능하다.

종종 어떤 거래처는 자기에게 진짜 필요한 게 무엇인지 알지 못하면서도, 기존의 관행과 습관을 벗어나면 통제력을 잃을 거라는 두려움에 휩싸여 변화에 대해 부정적으로 대응한다. 따라서 효과적인 판매 방법을 도입하고 거래처나 고객의 변화를 끌어내려면, 그에 대한 타당성을 제시하는 동시에 변화의 혜택 역시 보여줄 수 있어야 한다.

비즈니스 통념 3_
영업 부서는 팔고 운영 부서는 돕는다?

단 한 번 거래가 발생하고 마는 관계라면 이런 구분이 사실이다.

하지만 운영 부서는 판매뿐만 아니라 고객을 '우량' 등급으로 만들기 위해 주력을 다해야 한다.

일류 기업은 공급자 수를 40~60%까지 줄이고 있는 추세다. 살아남는 공급자는 막대한 시장점유율을 차지하고, 탈락되면 큰 손실을 입는다. 살아남는 공급자들은 '벤더 재고 관리(Vendor-managed Inventory, 공급자가 구매자의 재고를 관리하고 유지해주는 방식 – 옮긴이)' 방식이나 제품 공동 디자인 등의 혁신적인 정책을 도입하고, 서로의 운영 방식을 혁신함으로써 거래처의 수익성을 높여주는 능력을 갖추고 있다. 결국 이들 내부의 운영 부서가 고객사를 유지하고 매출을 높이는 데 핵심 역할을 하는 것이다.

비즈니스 통념 4_
모든 고객은 훌륭한 서비스를 받을 권리가 있다?

모든 고객을 다 귀빈처럼 모시려면 어떻게 될까? 평균적인 서비스 품질은 떨어지고 비용은 엄청나게 늘어날 것이다. 결국 골머리를 앓는 것은 경영진이다. 서비스는 곧 비용이기 때문에 수지를 맞추느라 애써야 한다. 이번 분기에는 비용이 너무 높아져 재고를 줄이려고 안간힘을 쓰다가, 다음 분기에는 '고객의 성난 목소리'를 잠재우기 위해 재고를 늘이려고 애쓴다. 결국 고객의 소리에 따라 널뛰기를 반복하고 있는 셈이다.

해결책은 '서비스의 차별화'다.

그 핵심은 거래처나 제품군에 따라 각기 다른 리드 타임을 두는 프로세스를 설정하는 것이다. 구매 금액과 수익성, 충성도에 따라 1군과 2군 거래처로 나눈다. 제품 역시 매출액, 수익성, 중요도, 대체 가능성 등의 기준에 따라 1군과 2군으로 나눈다.

중요한 대상은 확실히 만족시키고, 덜 중요한 대상은 '덜' 확실히 만족시키는 것이다.

> 기업은 고객이 '필요로 하는 것'을 제공해야 한다,
> 그리고 그것은 종종 그들이 '원하는 것'과 다르다.

만약 고객 집단을 네 개 정도로 세분화할 수 있다면, 각각에 대한 서비스와 비용 구조에 따라 최선의 서비스를 제공할 수 있다. 서비스 수준은 높아지지만 비용은 줄어든다.

비즈니스 통념 5_
공급 체인 통합만이 효율성을 높이는 훌륭한 정책이다?

나는 대규모 소비재 기업의 운영 담당 부사장을 만났던 것을 기억한다. 그는 공급 체인(supply chain) 관리의 진화 단계를 프레젠테이션 했다. 과거의 원거리 고객관계 관리에서, 제조사와 공급자, 매장을 유기적으로 연결한 정교하고 통합된 공급 체인을 자랑하기 위해서였다. 그가 강조하고자 하는 바는 후자 쪽이 월등히 이상적인 것이라는 점이었다.

한마디로 말하면, 터무니없는 얘기다. 공급 체인 통합이 가능하려면 각각의 채널이 얼마나 경제성이 있느냐, 혁신의 의지와 능력이 있느냐, 충성도가 높으냐 등의 전제가 있어야 한다.

기업의 자원은 한정되어 있기 때문에, 수익성을 높이기 위해 공급 체인을 통합하는 것은 아주 진지하게 고민해야 하는 주제다. 거래처 축소 등 공급 체인 통합 전략은 주도면밀하게 이루어져야 한다.

비즈니스 통념 6_
모두가 자기 일에 충실하면 회사는 번창한다?

시장이 안정돼 있고 고객의 요구가 일관되며 경쟁 환경도 예측 가능하다면, 기업의 각 부서들이 정책을 결정하고 관리자가 그것을 실행하는 방법도 안정적으로 유지될 수 있다. 수십 년 전, '매스 마켓 시대' 대다수 기업들이 경험했던 상황이다.

그러나 지금도 그런가? 천만의 말씀.

세상은 눈이 돌아갈 정도로 빠른 속도로 변화한다. 시장 상황은 점점 더 복잡해지고, 다양한 고객들과 다양한 관계를 맺을 수밖에 없다. 내가 '정밀 시장의 시대(Age of Precision Market)'라고 명명한 새로운 환경에서는 각자가 하는 일이 다른 구성원에게 엄청난 영향을 미치기 때문에, 관리자들의 업무와 책임은 끊임없이 서로 중첩된다.

한 관리자가 열심히 일해서 재고 비용을 20% 줄였다. 그런데 그 제품 자체에 수익성이 없다. 그 사람은 제대로 일을 한 것인가? 답은 '자신의 업무를 어떻게 정의하는가'에 달려 있다.

영업자가 받아온 주문을 운영 부서가 단순히 처리하기만 하면 됐던 시대라면, 그 일만 잘해도 운영 부서 관리자는 영웅이 된다. 그러나 오늘날 초일류 기업이라면, 운영 부서 관리자가 해야 할 일은 전형적인 비용 통제뿐만 아니라 비용과 수입을 포괄하는 생산성 관리에까지 확장된다. 과거에는 '잘했던' 것이 오늘날에는 '못하는' 것이 될 수 있다는 말이다.

그러므로 기업 구성원은 어떤 상황에서도 일을 잘해낼 수 있도록 자신의 '업무'에 대한 정확한 정의를 내려야 한다. 그리고 그 정의는 상황에 따라 매번 유동적이다. 정말 챙겨야 할 것을 놓치고 있다면, 성과는 나지 않는다.

비즈니스 통념 7_
승진하고 나서도, 원래 잘하던 일을 계속해야 한다?

대다수의 기업에서 관리자들은 한 직급 아래의 업무를 하고 있다. 이것이 현실이다.

승진하고 나서도 예전에 자기가 했던 일을 하는 부하직원을 세세하게 간섭하고 관리한다. 코칭하고 업무 능력이 향상되도록 돕는 쪽보다는 '다그치고 감시하는 데' 시간을 들인다.

이런 관리 방식은 두 가지 중대한 문제를 불러온다.

첫째, 부하직원이 성장할 기회를 잃는다.

둘째, 관리자 자신도 무능해진다.

단도직입적으로 말하면, 관리자는 '경영'을 해야 한다. 특히 부서의 리더들은 서로의 업무를 조율하면서 각 부문이 생산적인 동시에 전체가 수익을 내도록 하는 일에 전념해야 한다. 이사급 이상의 관리자라면 이들 부서장을 코칭하고 '우리 기업의 업무란 무엇인가?'를 끊임없이 재규정해주는 일을 해야 한다. 한마디로 말하면 '더 나은 수익모델'을 제시해야 한다. 부서장을 감시하는 게 아니라.

그 일만 제대로 하려고 해도 3년~5년이 걸린다. 모두가 하루하루 작은 업무 조각들이 새나가지 않는 데만 눈에 불을 켠다면, 기업의 미래는 한순간에 날아갈 수도 있다.

> 앞서가는 기업은 훌륭하다.
> 잘하고 있기 때문이 아니라,
> 더 잘하기 위해 필사적이기 때문이다.

비즈니스 통념 8_
신규 사업만이 변화와 혁신을 가져올 수 있다?

신규 사업을 검토하는 것은 대부분의 기업이 자원을 배분할 때 핵심적인 요소가 된다. 만약 누군가가 새로운 프로젝트를 시작하려 한다면, 예상되는 성과를 제시하고 거기에 소요되는 비용과 자원을 요청할 것이다. 기대수익이 충분히 크다면, 그 프로젝트에 대해 자금이 지원된다.

그런데 신규 사업이라는 영역은 비용 면에서나 성과 면에서나 확실히 예측하기 어렵다. 그래서 대다수의 기업들은 확실하게 예측할 수 있는 것에 대해서만 지원을 하거나, 정말 가지 말아야 할 곳으로 가는 양극단의 선택을 하곤 한다.

PC, 휴대전화, 인터넷 등 수많은 새로운 영역에서 첨단기술에 투자하는 기업이 등장한다. 지금은 엄청나게 커졌지만, 초창기에는 과연 사업성이 있을지 의심되던 분야다. 그런 영역에서 살아남은 기업들은 '도전과 용기'와 '전략적 판단'의 경계를 잘 뛰어넘은 이들이다. 결국 그런 일이 가능해지려면, '기업의 문화', 즉 검열 프로세스와 의사결정 프로세스가 중요하다. 신규 사업이 혁신을 가져오는 것이 아니라, '혁신을 지향하는 기업의 문화가 존재해야 신규 사업도 성공시킬 수 있다'고 정의하는 편이 옳다.

비즈니스통념 9_
위기 없이는 큰 변화를 이룰 수 없다?

위기를 맞아서 뼈를 깎는 변신을 하는 것은 경영자가 맞는 가장 도전적인 과제다. 기업의 근본을 뒤엎는 것은 매일매일 조금씩 성과를 향상시키는 것과는 전혀 다른 경영 프로세스다. 비약이 가능하려면 중대한 변화가 수반돼야 하기 때문이다.

그런데 작은 변화에도 성공하지 못한 기업이 큰 변신에는 성공할 수 있을까? 예상하듯 절대 그렇지 않다. 잠시 각성제를 맞은 느낌은 얻을 수 있겠지만, 벼락치기 공부로 매일 열심히 공부하는 사람을 이길 수는 없는 법이다.

그러므로 위기에서 성공적인 변신이 가능하기 위해서는 네 가지 요소가 반드시 필요하다.

첫째, 변신하지 않으면 망한다는 확실한 증거를 제시해야 한다.

둘째, 과거의 관행을 척결하고 새로운 방식을 지향함으로써 나타날 성공의 모습을 분명하게 그려야 한다.

셋째, 경영자의 의지가 중요하다. 어떤 경우라도 변화의 움직임을 포기해서는 안 된다.

넷째, 높은 산을 정복할 때와 마찬가지로, 일련의 베이스캠프를 둬야 한다.

이런 여건이 갖춰진다 해도, 기업의 변신은 거침없이 해낼 수 있는 유형의 작업이 아니다. 조직은 계속 변화에 저항할 것이고, 관리자들도 서로에게 악영향을 미치며 휘청댈 것이다. 잠잠해진 듯하다가도 갑자기 또 휘청거릴 것이다. 그런 상황을 예측해 베이스캠프를 적절히 설치해야만 한다.

비즈니스 통념 10_
좋은 것은 바꾸지 마라?

'고장 나지 않았다면 고치지 마라.'

그야말로 최악의 경영 마인드다.

앞서가는 기업은 잘하고 있어서가 아니라, 더 나아지기 위해 필사적이기 때문에 훌륭하다. 뒤처지는 기업은 현실에 안주하며 자기만족에 빠진다. 바로 이 때문에 뒤처지는 것이다. 훌륭한 관리자가 리드를 하면 이들은 가속페달을 밟는다.

성공적인 관리는 '보강'하는 일에 능하다. 앞서가는 기업은 변화를 좋아할 뿐만 아니라, 관리자들 모두 변화 전문가가 되게 한다. 이런 환경이 창조적이며 잘 훈련된 전문가들을 끌어들이고, 따라서 선순환을 이끌어낸다. 변화할수록 더 변화할 수 있고 더욱더 변화를 갈망하게 된다.

뒤처졌던 기업이 리더 자리에 오를 수 있을까?

아마도 그럴 것이다. 하지만 그렇게 되려면 최고경영자의 탁월한 리더십뿐만 아니라, 대규모의 장기적인 변화를 실행하기 위한 효과적인 프로그램이 반드시 필요하다. 그렇지 않다면 변화와 혁신이 지속적인 개선을 가져오기는커녕 군더더기 같은 형식에 불과해질 것이다.

생각을 바꿔라!
'정밀 시장의 시대'가 왔다

우리가 지금 경험하고 있는 비즈니스의 변화는
매스 마켓이 처음 형성되었을 때만큼이나 엄청나다.
'정밀 시장의 시대'에 온 것을 환영한다.

우리는 바야흐로 새로운 시대에 접어들고 있다.

지금 이 변화는 마치 도로가 처음으로 생기고, 지역 시장이 모여 매스 마켓이 등장했을 때만큼이나 엄청나다. 나는 이 새로운 시대를 '정밀 시장의 시대'라고 부른다.

리처드 테들로우(Richard Tedlow)는 획기적인 책 《새롭고 향상된 (New and Improved : The Story of Mass Marketing in America)》에서 약 100년 전에 시작된 매스 마켓의 형성 과정을 추적한 바 있다. 책에서 그는 시어스(Sears) 같은 기업들이 어떻게 수요를 취합하고 공급을 표준화하였으며, 생산과 유통 비용을 절감했는지를 설명한다.

20세기 중반 무렵, 매스 마켓은 하위 시장(submarket)들이 효율적인 생산 규모를 갖추고 시장 발전을 부양하기에 충분할 만큼 발달했다. 하위 시장은 인구 통계와 사이코그래픽스(Psychographics, 수요 조사 목적으로 소비자의 행동양식, 가치관 등을 심리학적으로 분석하는 기술-옮긴이)에 의해 그 범위가 정해졌다. 어린이용 아스피린이나 조깅용 운동화 등이 그런 예다. 대단위 마케팅을 하는 기업들은 '주제와 변화' 전략을 통해 매스 마켓에 적합하도록 제품을 조정하거나 차별화했다. 매스 마켓은 사회에 엄청난 혜택을 제공했고, 또한 오늘날 기업 경영의 지배적인 패러다임을 형성했다.

그런데 이 모든 것이 변하고 있다. 오늘날 새로운 가치는 '제품' 혁신이 아니라, 고객과 공급 체인 관리에 초점이 맞춰진 '고객관계(customer relation)' 혁신에서 탄생하고 있다. 그리고 이러한 변화는 점점 더 가속도가 붙고 있다. 대다수의 대기업은 이 두 시대에 한 발씩을 담그고 있고, 관리자들 역시 우왕좌왕하고 있다. 제조업이든 서비스업이든 마찬가지다.

제너럴푸즈(General Foods)는 전성기 때 매스 마켓의 패러다임을 특징지었다. 이 기업은 생산 혁신에 과학을 접목시켰으며, 넓고 균일한 시장과 하위 시장에 표준화된 제품을 유통시켰다. 그러나 델(Dell)이 PC업계의 선도 기업으로 부상한 것은 '정밀 시장'이라는 새로운 시대가 출현했음을 시사한다. 변화의 중차대한 시기에 델은 고객을 선별하고 그 고객에 맞춰 차별화된 거래 방식과 가격을 채택함으로써, 직접 판매(direct selling) 방식을 개발했다.

시장이 변화하고 있음을 보여주는 분수령은 지금으로부터 약 10년 전, P&G와 월마트가 새로운 관계를 형성했던 때였다. 이전의 P&G는 제너럴푸즈처럼 전형적인 매스 마켓 기업이었다. 하지만 월마트를 파트너로 삼으면서 전략을 바꿨다. P&G는 양사가 공급 체인을 공동으로 관리하는 '벤더 재고 관리'라는 획기적인 방식을 창안했고, 그를 통해 월마트의 수익을 확실하게 올려줬다. 수익성이 높아지자 월마트가 P&G 제품을 선택해야 할 이유가 확실해졌고, 자연히 P&G의 수익도 높아졌다.

  P&G의 부사장은 성공 요인을 한마디로 설명한다.

  "제가 월마트의 CFO가 되어 일한 셈이죠."

  이와 동시에 P&G는 깨알같이 많은 소형 매장에 직접 제품을 배송하던 방식을 철회했다. 대신 대규모의 핵심 유통업체에만 제품을 공급했다. '두루 거래하는 것'이 짭짤하지 않다는 것을 깨달은 것이다.

시장이 이동하고 있다, '공격 끝점'을 타격하라

  '공격 끝점(offensive terminal point)'이란 군사 전략의 핵심 개념이다. 군대가 얼마나 적진 깊숙이 침투할 수 있는지를 가리킨다. 좁은 타깃에 군사력을 집중할수록, 적진에 더 깊이 침투할 수 있다.

  전형적인 매스 마켓 시절에 P&G의 거래처는 광범위했다. 따라서 공격 끝점 따위는 없었다. 하지만 새로운 '정밀 시장 시대'에 P&G는 월마트 같은 소수 고객을 공격 끝점으로 정하고, 다른 수많은 거래처들에 전력을 분산시키지 않는다.

거래 대상(고객)의 특성에 따라 각기 다른 관계를 설정하고 관리하는 프로세스, 이것이 바로 '정밀 시장 시대'의 특징이다.

시장이 변화하고 있다는 증거는 도처에 있다.

- 월마트 등 정교한 시장 전략을 구사하는 기업은 수익을 높이기 위해 제조사를 압박한다.
- 분야를 막론하고 경쟁은 극심해지고 있다.
- 정교한 정보 기술 덕택에 유통 환경은 획기적으로 개선됐다.
- 많은 공급자들이 더욱 섬세한 공급 체인 관리 능력 개발에 매진하고 있다.
- 국경을 넘어 도처에 등장하는 강력한 경쟁자들이 서비스 혁신을 불가피하게 만들고 있다.

매스 마켓에서 '정밀 시장'으로의 이동은 다음 몇 단어로 규정할 수 있다.

첫째, '품질' 경쟁에서 '고객 서비스' 경쟁으로.
둘째, '제품' 혁신에서 '고객관계' 혁신으로.
셋째, '불특정 다수' 공략에서 '정밀한 타깃' 공략으로.
넷째, '분기, 월별 예산과 사업계획 기준의 부서별 업무'에서 '중첩된 책임과 지속적인 관리와 기능 통합'으로.

> 가치 창조의 중심이 제품 혁신으로부터
> 거래처 관리와 공급 체인 관리에
> 초점이 맞춰진 고객과의 관계 혁신으로 이동하고 있다.

'관리'에 대한 낡은 패러다임은 사라진다

'정밀 시장'이 출현한 이 시대, 매스 마켓 시대의 방식으로 관리를 하면서 나타나는 문제점은 오늘날 거의 모든 기업이 맞닥뜨리고 있는 현실이다. '현상유지라는 거대한 바다에 둥둥 떠 있는 수익이라는 작은 섬들'. 이것이 바로 현실인 것이다.

문제의 근원은 바로 매스 마켓 시대에 고착돼 있는 낙후되고 시대착오적인 관리 패러다임에 있다. 대부분의 기업은 단일 시장 내에 포지셔닝한 표준 제품을 가지고 동일하게 취급되는 다수 거래처에 공급한다. 영업, 마케팅, 유통 등 여러 부서 관리자가 제각각 움직이며, 이들은 기업 전체의 사업계획과 예산에 맞춰 의사결정을 한다. 거래처나 제품별 매출, 부서별 공헌도, 물류비 등 성과와 관련된 정보는 각 부서별로 수집되며, 모든 매출은 동일한 가치로 평가된다.

당연히 고객별 실수익, 제품별 수익, 주문 건별 수익, 공급 체인별 수익 등 세밀한 정보는 수집되지도 않고 분석될 리도 없다. 결국 수많은 업무들이 미궁에 빠져 있는 '고정된 고비용 구조' 속에 잠겨 있고, 몇몇 성과가 나는 부서의 이익으로 그것을 메워나간다.

'4P 전략'을 성과로 연결해주는 '사라진 마지막 P'

매스 마켓 시대에 우리는 마케팅 원론을 배우면서 소위 4P에 대해 귀가 따갑도록 들어왔다. 제품(Product), 장소(Place), 판촉(Promotion), 가격(Price)이 그것이다.

중요한 한 가지가 빠져 있다. 바로 '수익성(Profitability)'이다. 나는 이것을 '사라진 다섯 번째 P'라고 부른다.

창안자에게는 죄송한 말이지만 '4P 전략'이라는 마케팅 개념은 오늘날 비즈니스가 수익성에 대해 단단히 착오하게 만든 데 대한 책임을 져야 한다.

'4P가 제대로 수행된다면 최대 수익이 보장된다?'

과연 정답일까? 불행히도 그 추정은 완전히 틀렸다.

그러나 수익성을 높이는 마지막 요소이자 핵심적인 방법론을 제시하는 것이 이 책의 주된 목적이니, 끝까지 인내심을 갖고 읽어주기를 바란다.

오늘날 성공 가도를 이어가는 기업과 그렇지 못한 기업은 무엇으로 성패가 갈리는가?

명성, 신뢰, 가치, 기술력? 천만에. '수익'과 '시장점유율'이다.

자, 그럼 자기 회사의 수익성이 이렇게 심각한 지경에 빠져 있는데도, 왜 다들 뭔가 조치를 취하지 않는 걸까?

그에 대한 대답은, 말할 것도 없이 '매스 마켓 관리 패러다임'이 오늘날까지도 지배적으로 군림하고 있기 때문이다. 우리는 그것만이 비즈니스를 하는 제대로 된 방식이라고 믿고 있다. 그리고 그 패러다임이 자리를 지키는 한, 기업 전사 차원의 의미 있는 변화는 계속 차단당할 수밖에 없다.

정밀 시장 시대에 적응하려면, 고객 관리, 공급 체인 관리, 변화 유연성, 이 세 가지에 대해 고도로 능숙해져야만 한다. 단언컨대 그렇지 못한 리더는 도태될 수밖에 없다.

달리 말하면, 고객과 시장을 세분화해서 각각의 대상별로 다양한 '관계 로드맵'을 개발할 수 있는 능력이 있어야 한다는 말이다. 어느 한 부서의 리더에 국한된 얘기가 아니다. 회사가 공통으로 적용할 수 있는 '고도의 집중력과 변화 대응력'을 훈련시켜야 한다. 그리고 그런 사람들로 구성된 부서는 지속적이고 원활히 소통하면서 서로 중첩된 역량과 책임을 발휘해야 한다.

> **정밀 시장은 당신의 비즈니스에 대해**
> **'새로운 사고방식'을 갖도록 요구한다,**
> **이제껏 믿어온 모든 것이 틀렸을 수도 있다.**

물론 변화해야 하는 부서들 중에서 마케팅 영역은 극히 일부에 불과하다. 영업이든 제품 개발이든 연구 부서든 열외는 없다. 이들은 제품을 고안하고 시장에 공급하고 고객에게 도착하기까지의 전 단계를 재검토하고 고객과의 관계를 발전시킬 수 있는 방도를 끊임없이 고안해내야 한다.

변화는 심오하다. 오늘날 리더들에게 개방성과 창조성이 요구되는 이유가 바로 여기 있다. '내 부서', '내 것' 따위는 없다. 내부 효율성을 올리지 못하면 변화에 대처하기는커녕 뒤따라가기도 힘들어질 것이다.

그럼 어떻게 그것이 가능할까? 일류기업의 관리자들은 지금 바로 그렇게 하고 있다.

그렇다면 무엇이 진짜 비즈니스인가?

기업들은 고객이 무엇을 필요로 하는지 고려하고 그에 필요한 요소를 우선순위로 배치하면서, 고민에 빠진다.

이런 일이 비즈니스에 있어 부가적인 일에 불과할까? 아니면 다름 아닌 이것이 곧 비즈니스 자체일까?

그런 의문이 생긴다는 것 자체가 이미 당신이 패러다임 전환 시점에 도달했다는 의미다.

몇몇 관리자들은 이런 흐름에 완강히 저항한다. '고객의 취향이란 너무 복잡하다', '변수가 너무 많아서 관리할 수 없다', '실패 가능성이 너무 크다', '다른 기업도 모두 이렇게 하고 있다' 등등 그들이 내세우는 이유는 많다. 그러나 결론적으로 말하면, 이런 관리자들은 반드시 실패한다.

영리한 관리자라면 새로운 패러다임을 받아들이고, 변화하는 시장에 대처하기 위해 혁신과 발전 방안을 고심할 것이다. 당신이 그런 리더이기를 바란다.

01 우리는 새로운 시대에 들어서고 있다. 매스 마켓을 기반으로 한 비즈니스 시스템에서 '세분화된 고객 타격 지점'을 설정하고 그에 따라 정확히 연결될 수 있는 공급 체인을 설계하는 새로운 시스템으로의 이동이 필요한 시점이다.

02 우리가 사용하는 모든 비즈니스 프로세스와 도구들은 과거에 개발된 것이다. 앞으로 성공하려면 새로운 시대에 맞는 관리 방식이 필요하다.

03 일류기업은 새로운 관리 방식을 도입함으로써 30~40%의 매출과 수익 증대를 이뤘다. 이를 주도한 사람들이 어디서든 환영받지 않겠는가?

04 새로운 관리 방식은 이전 것에 비해 더 어렵지도, 시간이 많이 들지도 않는다. 단지 새로운 사고방식을 필요로 할 뿐이다. 그렇기에 열정적이고 창조적인 리더에게 지금은 절호의 기회다.

전략을 구성하는
세 개의 중심 기둥

전략은 모든 기업이 성공하는 데 가장 중요한 요소다.
모든 리더가 제대로 이해하고 실행해야 할 필수 전략을 여기 제시한다.

"모두들 날씨에 대해 불평한다. 하지만 그것에 대해 뭔가 하는 사람은 아무도 없다."

19세기 문필가인 찰스 더들리 워너(Charles Dudley Warner)의 말이다. 여기서 '날씨'라는 단어를 '전략'으로 바꿔도 뜻이 통한다.

MIT 강의에서 여러 기업의 관리자들을 가르치면서 나는 두 가지를 절감했다.

첫째, 그들 모두가 전략 개발에 참여한다.

둘째, 그렇지만 전략이 무엇이며 왜 중요한지 이해하고 있는 이는 거의 없다.

전략은 '수익성 제고 정책'을 수립하는 기반이다. 전략이 건전하고 올바르면, 리더는 그를 통해 강력하고 지속적인 수익성을 이끌어낼 수 있는 정책을 개발할 수 있다. 하지만 전략 자체에 결함이 있으면, 제아무리 최선의 계획이라 해도 실패한다.

나는 다음을 전략의 핵심 3대 원칙으로 꼽는다.

1. 전략은 전적으로 '고객 가치'에 관한 것이다.
2. 전략이란 '무엇에 대해 NO라고 말할 것인가'에 의해 정의된다.
3. 무엇이 됐든 그 영역의 '최고'가 돼야 한다.

전략이란 '고객 가치'로 시작해 '고객 가치'로 끝난다

'우리는 고객을 위해 존재한다!'

얼마나 틀에 박힌, 귀가 따갑게 들어온 표현인가? 모든 기업들이 '고객'을 전략의 중심에 놓고 있는 모양이다. 그런데 막상 정작 모두들 얼마나 자기중심적인지 발견하면 경악을 금치 못하게 된다.

많은 기업들이 '우리는 고객의 요구를 안다'고 생각한다. 그리고 '잘 정의된 고객 니즈에 따라 프로세스를 최적화하는 것'이 비즈니스의 본질이라고 말한다.

이런 추정은 비즈니스 전략의 핵심 오류 중 하나다. 전략 개발의 출발점은 고객의 진정한 요구를 '제대로' 이해하고 그것을 충족시킬 혁신적인 수단을 강구함으로써 고객이 향유할 수 있는 '가치'를 만들어내는 것이다. 앞의 표현과 동일한 말 같은가? 같은 것 같지만 전혀 다른 말이다.

> **고객 혁신은 높은 수익성과
> 경쟁 우위를 오랫동안 지속시킨다.**

고객의 요구란 '움직이는' 표적이다.

대다수 기업 전략에서 간과되는 요소다. 고객의 '변화하는' 요구에 '전략'을 잘 조준하면 기업의 위상과 전망은 현저히 달라진다.

GE는 비행기 엔진을 제조한다. 이들은 엔진, 부품, 서비스를 제각기 판매하던 방식에서, '시간당 파워(power by the hour)' 방식으로 바꿨다. 이 방식은 항공사로 하여금 비용 대비 수입을 효과적으로 관리할 수 있게 해줌으로써, 새로운 가치를 제공했다. 고객에게 필요한 가치를 '만드는' 쪽으로 시야를 이동시킴으로써 자사의 비행기 엔진 사업부를 재정비했고, 경쟁력은 비약적으로 높아졌다. 수익은 말할 것도 없다. 가치를 높이면, 그 가치를 포착할 기회 또한 늘어난다.

고객 혁신(customer innovation), 즉 고객의 가치를 혁신하도록 만들어주면, 높은 수익과 경쟁력으로 이어진다. 그리고 고객 혁신에 성공하려면 고객에 대한 깊은 이해와 그들의 변화를 '창조'해내는 능력이 필요하다. 그리고 고객에 대한 지식과 신뢰를 구하려면 수많은 장벽에 부딪히게 된다. 경쟁자의 제품 혁신은 쉽사리 모방할 수 있지만, 밀접히 연관된 비즈니스 프로세스를 특징으로 하는, 깊이 있고 생산적인 고객과의 결속력은 흉내 내기 어렵다.

고객이 '필요로 하는 것'은 고객이 '원하는 것'과 다른 경우가 많다는 점을 명심하라. 그러므로 고객과 면담을 하거나 인터넷 검색을 하는 것 등으로는 의미 있는 답을 얻을 수 없다.

전략이란
'무엇에 대해 No라고 말할 것인가'에 의해 정의된다

지난 20년간, 나는 많은 기업의 전략을 검토해왔다.

전략이 목표하는 바는 '시장 곳곳에 산재해 있는 기존 고객과 잠재 고객을 사로잡는 일련의 정책을 창조하는 것'이다. 그러므로 기업 내부 리더들의 1차 책임은 '닥치는 대로 고객을 확보하는 것'이다.

그렇다면 이 목표는 거침없이 커져가야만 마땅할까?

이런 시스템은 비현실적이기도 하지만 반생산적이기까지 하다. '전략'이 제대로 작용하려면, 리더가 해야 할 일이 모호해서는 안 된다.

첫째, 전략적 리더는 '가장 매력적인 지점'에 집중한다.

둘째, 전략적 리더는 '구성원들이 그 매력 지점에 도달해 정확히 고객을 차지하도록' 자원을 배치한다.

효율적인 기업은 집중과 배치, 이 둘을 제대로 수행한다. 그것을 통해 '최대의 지배력'을 쟁취하는 것이다. 사우스웨스트 항공, UPS, 포시즌 호텔 등 우리 시대의 훌륭한 기업들은 모두 이런 일을 아주 잘하는 이들이다.

모든 고객, 모든 것에 관심을 가져서는 집중과 배치를 달성하기 어렵다. 그런데도 대다수의 관리자는 '가망성이 있는 모든 비즈니스에 대해' No라고 말하지 않는다. 그것이 무능력의 표출이라고 생각하는 관행 때문이다. 그 결과, 모든 것에 두루 관심을 두고 결국 어느 것 하나 제대로 차지하지 못하는 반생산적인 목표에 매달린다. 아이러니하게도, 기업이 형편없는 성과를 내는 것은 바로 이런 '관행' 때문이다.

관리자가 무엇이 자기 소관이 아닌지 명쾌하게 정의 내리려고 하고 실제 그렇게 할 능력이 있다면, 그는 필승 전략을 개발할 수 있다.

> **효율이 높은 기업은 집중과 배치,
> 이 두 가지를 완벽히 수행한다.**

실적 보상 시스템에 대해 생각해보라.

만약 당신이 영업부장이라면, 직원들에게 무엇을 지시할까? 매출액? 필경 그럴 것이다. 이윤? 그럴 수도 있다.

그러나 만일 모든 매출액이 똑같이 '좋은 것'으로 받아들여진다면, 당신은 전략이 없는 것이다. 역설적이게도, 생산성을 높이는 첩경은 '현재의 비즈니스 성과를 극대화하는 것'이 아니다. 그 대신, 운영, 공급 체인을 아울러 가장 적합한 비즈니스 방식을 도입하도록 시스템을 훈련시켜야 한다. 그렇게 하면 10~15% 수준의 소폭 상승이 아니라, 30~50%의 비약적인 수익성 향상이 가능해진다.

매출을 증대시키는 가장 빠르고 강력한 방법은 '최고의 고객을 동반자로 삼아 서로의 운영 방식을 혁신함으로써 생산성을 비약적으로 높이는 것'이다.

다시 말하지만 성공의 비결은 '집중'과 '배치'다. 분명한 목표와 경계를 벗어난 상태를 제대로 설정한 전략을 통해, 선택의 명료함과 용기를 갖는 것이다.

이렇게 해서, 전략은 마치 '레이저가 정확히 목표물을 조준하는 것'처럼 기업 전체를 올바른 궤도에 올려놓고 정확히 목표를 달성하게 한다.

무엇이 됐든 그 영역의 '최고'가 돼야 한다

전략의 세 번째 핵심 요소는 두말할 필요가 없는 것처럼 보인다. 하지만 놀랍게도 '무엇이 됐든 그 영역의 최고가 되어야 한다'는 것을 필생의 신조로 삼는 기업은 별로 없다.

이기지 못하면 진다. 그것은 누구나 안다. 그런데도 왜 지는 일이 비일비재한가? 어떤 기회든 놓치지 않으려고 저인망식으로 상황을 관망하고, 정작 기회가 와도 다른 기회들을 놓칠까 봐 그것에 집중하지 않기 때문이다. 어느 것에도 'No'라고 말하지 못하는 것이다.

다양한 분야를 놓치지 말아야 하니, 고객, 제품, 서비스 어느 것 하나 소홀히 할 수 없다. 인력, 광고, 판촉 등을 포함해 온갖 곳에서 고객을 호객할 수 있는 수단을 동원하느라 자원을 고갈시키고, 어느 분야에서도 의미 있는 성과를 달성하지 못한다. 가면 갈수록 알아야 하고 파악해야 할 것이 많아지기 때문에 혼란은 더 극심해지고, 결국 남들 꽁무니만 따라가다 주저앉는 꼴이 된다.

모든 사람, 모든 것에 관여하려는 함정에 빠진 기업은 최고가 될 수 없다. 악순환을 초래할 뿐이다.

> 놀랍게도 '무엇이 됐든 그 영역의 최고가 되어야 한다'를 필생의 신조로 삼는 기업은 별로 없다.

집중과 배치에 능한 경쟁자가 비즈니스 영역 일부를 빼앗아가면, 빼앗긴 걸 되찾으려고 다시 자원을 그 영역에 집중한다. 조금 이따가 또 다른 경쟁자가 다른 분야를 빼앗으면, 그 흐름을 저지하기 위해 또다시 자원을 소비한다.

곧 기업은 방어에만 분주하게 되고 모든 자원을 허비한다. 이런 일이 반복되면 영업 인력은 곤경에 빠진 매출액을 구출하라고 닦달 당하고, 관리자들은 자원 부족으로 운영을 축소하도록 강요당한다. 이 게임의 끝에, 기업은 시장점유율, 수익성, 자원을 모두 잃고 '대체 무슨 일이 벌어진 건지' 아연실색한 상태로 남는다.

집중과 배치에 실패한 기업이나 리더는 최고가 될 수 없을뿐더러, 다른 경쟁자에게 순차적으로 압도당할 수밖에 없다.

그렇다면 제대로 효과적인 전략은 무엇인가?

월마트의 전략이 어떻게 진화해왔는지 심사숙고해보라.

  초창기 월마트의 전략은 미국 남부와 중서부의 인구 5~10만 명의 중소도시에 매장을 집중시키는 것이었다. 이들 매장은 소형 슈퍼마켓의 고객을 흡수하고, 경쟁자가 쉽사리 나타나지 않는 상황이었기에 상당 기간 경쟁력을 유지했다.

  그런 도시에서 월마트는 고객에게 뚜렷하고 독특한 가치를 제공했다. 그리고 그 영역에서 최고가 될 수 있었다. 월마트의 모토인 '365일 최저가(Everyday Low Prices)'는 소득이 많지 않은 중소도시 주민들에게 매우 긴요한 것이었다. 동시에, 월마트 관리자들은 어떤 장소가 부적합한지도 분명히 학습했다. 대도시는 피했고 확실히 자사의 이점이 있는 시장에 자원을 집중했다.

  엄청난 수의 매장을 개설한 뒤, 월마트는 '두 번째 전략'을 가동한다. 그것은 계속 커지는 사업 규모를 활용해 극도로 효율적인 유통 시스템을 개발하는 데 집중하는 것이었다. 그 결과 비용이 극적으로 감소했고, 고객에게 품질 좋은 상품을 더 저렴한 가격으로 공급할 수 있게 됐다.

  새로 고안된 유통 시스템이 비용을 절감해주었기 때문에, 월마트는 '가격' 면에서 최고의 자리를 계속 유지할 수 있었다. 이를 원동력으로 다른 할인매장들을 잠식했으며, 계속해서 새로운 장소로 확장해갔다.

월마트의 세 번째 전략은 물량 공세를 통해 메이저 제조사들과 파트너십을 맺는 것이었다. 이들은 이를 통해 기존에 구축해놓은 효과적인 유통 시스템을 더욱 효율적으로 운용할 수 있게 되었고, 비용은 절감되고 유연성은 더 커졌다. 이런 과정을 통해서 월마트는 계속적인 경쟁우위를 점했으며, 엄청난 수익을 거뒀다.

01 가장 중요한 것은 '고객 가치'다. 고객에게 좋은 것을 더 많이 창조해낼수록 더 비싼 가격, 더 많은 매출을 만들어낼 수 있다. 가치만이 기회를 얻게 해주는 동력이다.

02 전략 수립의 두 가지 목적은 첫째, 당신 기업이 시장의 가장 매력적인 지점에 집중하기 위해서, 그리고 둘째, 전원이 그 목표에 매진함으로써 시장에 대한 지배력을 최대화하기 위해서다.

03 영업 직원들에게 '모든 매출은 똑같이 좋다'고 가르친다면, 자원을 집중하고 적절히 배치할 수 없다. 오늘날 대부분의 기업이 갇혀 있는 이 적자의 딜레마에서 벗어날 수만 있다면, 생산성과 수익 모두 향상시킬 수 있다.

04 어디든 그 영역에서 최고가 돼야 한다. 그렇지 않으면 더 나은 누군가가 당신을 누를 것이다. 어정쩡한 역량을 가진 영역에 대해서는 과감히 'No'라고 말할 수 있어야 한다. 전략적 리더에게는 명료한 사고와 용기가 필요하다. 훌륭한 기업은 무엇이 자신에게 적합한지 명쾌히 정의하고 있고, 그에 따라 전략적 집중이 이루어지는 잘 정비된 비즈니스 모델을 갖추고 있다.

5

고객이라고 다 좋은 것은 아니다, 해가 되는 고객도 있다

어떤 거래처, 어떤 제품군, 어떤 서비스가 당신의 비즈니스 모델에 적합하지 않은지 자문해보면, 회사가 과연 수익성 관리를 제대로 하고 있는지 업무는 적절히 배치돼 있는지 바로 알 수 있다.

오늘 한 번 시도해보라.

회사의 주요 부서(영업, 지원, 회계 등)를 담당하는 관리자들과 30분간 함께 앉아서, 거래하지 말아야 할 5개 거래처, 취급하지 말아야 할 5개 제품, 공급하지 말아야 할 5개 서비스를 각자 적어보도록 요청해보자.

놀랍게도 각각의 내용이 너무 달라서, 마치 서로 다른 회사 사람들처럼 보일 것이다.

대체 왜 그럴까?

대부분의 기업이 수익성을 일간 단위로 촘촘하게, 잠재된 이익까지 최대한 이끌어낼 수 있도록 여러 부서가 협조하면서 관리하지 않기 때문이다. 그래서 수익을 못 내는 거래처, 제품, 서비스가 모종의 처방도 이루어지지 않은 채 그대로 방치되는 것이다.

한 건강 전문 기업의 CEO는 이렇게 통탄했다.

"우리 회사 역시 똑같은 문제에 시달리고 있다. 이토록 작은 배에 이렇게나 제각기 동상이몽 하는 수많은 사람들이 올라타 있다는 게 심히 걱정스럽다."

정확한 진단을 내리려면, '어떤 고객, 제품, 서비스가 적합하지 않은지' 물어야 한다. 그 질문에 답하다 보면, 당신의 회사가 수익성을 제대로 관리하고 있으며 리더들의 업무가 잘 배치되어 있는지 즉시 판단할 수 있다.

> 어떤 고객, 어떤 제품, 어떤 서비스가 적합하지 않은지 물어라.
> 그것이 문제에 대한 가장 정확한 진단이다.

자, 그럼 또 이 '적합'이라는 기준에 대한 문제가 생겨난다.

무엇이 '적합'인지 '부적합'인지 판단하려면 '무엇이 적합한가', 그리고 '무엇을 적합하게 만들 것인가' 이 두 가지를 고려해야 한다. 이 두 가지 질문은 서로 밀접하게 관련돼 있고, 효과적으로 수익성을 관리하려면 이 둘 다를 이해해야 하기 때문이다.

우선, '무엇이 적합한가?' 하는 부분이다.

이 질문에 답하려면 고객, 제품, 거래 방식 등에 대해 체계적으로 생각해보아야 한다.

그리고 '무엇을 적합하게 만들 것인가?' 하는 질문에 답하려면, 가능한 최대의 이익에 도달하도록 비즈니스 모델(내부적인 비즈니스 프로세스와 시장에 참여하는 방식)을 바꾸는 것에 집중해야 한다.

1장에서 언급한 대로, 그 도구로는 '수익 맵핑', '수익 레버', '수익 관리 프로세스'가 있다.

'수익 맵핑'은 고객, 제품, 거래 방식이 비즈니스 모델에 적합하며 수익이 나고 있는지 명확히 보여준다.

'수익 레버'란 수익성을 높이기 위해 변화를 가할 수 있는 비즈니스 모델의 요소로서, '우량' 고객을 선정해서 공략하고, '불량' 고객을 '우량' 고객으로 전환시킨다.

마지막으로 '수익 관리 프로세스'는 비즈니스 모델을 일간 단위로 어떻게 실행하고 있는지 정비하는 조직적인 절차다.

수익성 관리 효과로 하루아침에 거듭난 회사

한 국영 운송회사에는 3년 전까지만 해도 수익성을 관리하는 적절한 프로세스가 없었다. 최근 이 회사는 수익률이 두 배 이상 높아졌다. 이 회사에서 잔뼈가 굵은 임원은 이제 자신만만하게 말한다.

"이제 우리는 무엇을 어떻게 팔지 정확히 압니다."

수익성 관리 전략 1_ 수익 맵핑의 도출

'수익 관리팀'이라 명명된 영업 부서와 운영 부서의 핵심 관리자로 구성된 그룹이 '비용을 잡아먹는 요소에 대해' 진지하게 리뷰했다.

이들은 운임 책정과 관련이 있는 부서의 핵심 관리자들이었다. 이들이 더욱 창의적으로 움직이게 하기 위해, 팀장은 일상 업무를 잠시 잊고 회사의 수익성을 높여줄 수 있는 모든 요소를 샅샅이 조사해보기로 했다. 이 과정을 통해 팀장은 의미 있는 수익성 증대를 이끌어줄 수 있는, 혁신적인 비즈니스 접근법을 만들어냈다. 그 결과, 팀장은 부사장으로 승진했다.

그동안 이들은 '지역과 지역'을 연결하는 개별 배송 상품을 판매해왔다. 하지만 정작 비용을 높이는 요소는 '귀로'를 포함한 전체 루트였다는 것을 발견했다(일반적으로 트럭 운송 회사는 특정 도시에서 다른 도시로 물품을 배송해주고 그 대가를 받는다. 그러나 빈 트럭으로 돌아오는 귀로 비용을 절감하기 위해 이 상품 역시 싼값에 판매한다. 결국 기본 경로를 통해서 일부 이윤을 얻는다 해도 귀로 운임이 너무 낮아지면 회사는 손실을 입게 된다).

팀은 전체 운송 경로를 포괄하는 비용 모델을 개발해냈다. 그리고 이 비용 모델이 결국 세 가지 구성 요소로 분류된다는 것을 알아냈다. 고정비(트럭당 일일 비용)과 변동비(거리에 따른 추가 비용), 특별비(출하와 취급 방법 등)가 그것이다.

그런 다음 지난 6개월간 모든 거래 내용에 대한 통계 자료를 수집했고 고객, 서비스, 운송 경로에 따라 수익성이 어떻게 다른지 비용 모델을 각각의 거래 내용에 적용시켜보았다.

그 결과 수익의 20~30%를 제공하는 우수 고객을 발견할 수 있었다. 그리고 거래의 40%에 달하는 '수익성이 없는' 고객과 경로를 발견하고는 큰 충격을 받았다. '적자'라는 바다 속에 몇몇 '수익'의 섬들이 둥둥 떠 있었던 것이다.

수익성 관리 전략 2_ '수익 레버' 찾아내기

수익 관리팀이 수익성을 분석하고 있는 동안, 회사는 경비 절감 요소를 찾아냈다. 하지만 그것만으로는 소기의 성과를 달성할 수 없었다. 수익성을 높이려면 몇 개의 핵심 지렛대, 즉 그것을 당기면 다른 모든 것들이 따라 올라오는 '수익 레버'를 이용해야만 했다.

> **수익 레버는 수익성을 높이기 위해 상황에 따라
> 조절이 가능한 비즈니스 모델의 요소다.**

먼저, 팀은 '운송 능력을 최우선으로 하는 완벽한 서비스를 보장함으로써 수익성 높은 고객을 확보하겠다'는 전략을 설정했다.

또 하나의 레버는 '운임 책정'이었다. 가격 인상이라는 단순 논리가 아니었다. 이전에는 이동 거리에 따라 운임을 매겼고 그 결과 돌아오는 귀로 운송 상품은 헐값에 판매해야 했다. 게다가 고객이 취소라도 하면 다른 화물을 찾으려고 허둥지둥할 수밖에 없었다. 극히 수동적이고 비효율적인 방식이었다.

팀은 새로운 두 가지 정책을 도출했다.

우선 고정비와 변동비에 근거해 운임을 부과하기로 했다. 고객이 배송을 예약하면 고정된 일일 비용을 지불해야 한다. 반면에 이동 거리에 따른 요금은 실제 소요되는 비용을 반영해 유동적으로 적용했다.

또 하나, 운임에 예측 정확도를 높였다. 한 달 전에 미리 물량을 예약하는 고객에게는 할인 혜택을 주되, 실제 운송량이 예측치보다 110% 이상(귀로 운임에 대한 보상), 94% 이하(예약 위반에 대한 보상)일 때는 추가 운임을 지불해야 했다.

이는 결국 고객과 회사의 '관계'에 변화를 줌으로써 위험과 보상을 공유하게 하는 동시에, 고객과 회사 모두 계획적으로 프로세스를 적용하도록 강력한 인센티브를 제공했다.

지금 이 회사는 전 노선을 사전 예약으로 판매하고 있으며, 그 결과 더 높은 운임을 받으면서도 인프라를 최대한 활용할 수 있게 되었다. 그 보답으로 회사는 우수 고객에게 우선권(성수기에는 매우 중요한 요소다)을 제공했고 가격 할인을 통해 이익을 나누었다.

팀은 기존의 메이저 기업 고객들과의 상담을 거쳐 이 새로운 정책이 어떤 개념인지 설명했고, 우수 고객들은 안정적인 업체를 확보할 수 있고 공동으로 비용을 절감할 수 있는 이 정책의 이점을 잘 이해했다. 비용을 더 절감하려면 회사와 고객사 모두 월례회의 등의 정기 회동을 통해 함께 계획하는 것이 좋고, 그 예측이 적중하면 추가로 운임을 할인한다는 데 기꺼이 동의했다.

또한 회사는 주요 고객과 더 통합적으로 일하기 위해 상대 고객사의 업무, 즉 상·하차와 재고 관리 등의 부가 서비스를 제공했다. 이로써 고객사는 더욱 비용을 절감할 수 있었고, 운송 회사는 경쟁업체들과 차별화된 경쟁력을 확보했다.

이 팀의 업무를 직접 주도했던 (현재는 부사장인) 관리자는 이렇게 말한다.
"가장 중요한 건 회사가 더 이상 모두에게 'Yes'라고 하는 것을 그만두었다는 것이죠."
결산상의 명백한 효과를 맛보게 되자 팀은 더욱 확고한 정책을 채택했다. 공동의 비용 절감과 리스크·보상 공유에 기꺼이 참여하지 않은 고객사들과 거래를 끊기로 결정한 것이다. 그러나 효과가 입증되자, 새로운 정책을 통해 자사의 비용을 절감하고자 하는 고객사들은 기꺼이 새로운 가격 조건을 받아들였다.

수익성 관리 전략 3_ 확고한 '수익성 관리 프로세스' 확립

프로세스는 세 개의 핵심 요소를 특징으로 했다.

첫째, 수익 관리팀은 수익성 관리를 지상과제로 삼고 고객과 서비스 수익성에 대한 주기적인 검토를 정례화했다.

둘째, 고객별로 매일 매일 수익성을 관리하는 단계를 강화했다. 이전에는 고객 관리가 영업 고유의 영역으로 인식돼 있었다. 하지만 이제 영업 부서는 고객관계와 가격 책정을 맡고, 지원 부서 인력이 일일 단위로 고객관계를 관리한다. 그 결과 영업 인력의 생산성이 높아져 인원을 50%까지 줄일 수 있었다.

셋째, 일반 직원들까지도 수익성 관리의 핵심을 이해하도록 교육을 실시했다. 교육의 목표는 일선 영업 부서와 운영 부서 직원들이 '수익 레버'의 개념을 이해하고 고객관계에 대한 세부사항을 관리함으로써 최대의 수익을 이끌어내는 것이었다.

교육은 다섯 명 단위로 실시됐다. 이들이 주로 던진 질문은 "만일 …하면 어떻게 할 것인가?"였다. 이들은 그런 질문을 통해 활발하게 의견을 교환했다. 배차 담당자, 고객 서비스 담당자, 경리 회계 부서 등이 순차적으로 교육을 받았다.

수익 관리팀의 한 관리자는 변화에 대해 이렇게 얘기했다.

"처음에는 고객들이 나를 나쁜 사람으로 생각했다. 지금은 그에 대한 보상을 충분히 받고 있다. 힘들었던 기억은 사라지고 없다. 전에는 상담의 주된 내용이 가격 인상에 관한 것이었지만 지금은 비용 절감에 대해서 토론한다. 우리는 모든 회의를 감소된 비용에 대한 검토로 시작한다. 그리고 꼭 필요하다면 가격을 조정할 뿐이다."

그렇다면 어떻게 이런 기적적인 변화가 가능했는가?

자, 이 변화의 핵심은 무엇인가?

이 회사의 리더들은 이제 '무엇이 적합하며', '무엇을 적합하게 만들 것인가?'라는 이 두 가지 질문에 명확히 대답할 수 있게 되었다.

이들은 3단계 프로세스를 통해 이 능력을 갖추게 되었다.

첫째, 고객·서비스별로 무엇이 수익성이 있고 무엇이 없으며, '왜' 그런지 분석했다.

둘째, 고객과 회사 모두를 향상시킬 수 있는 비즈니스 모델을 착안하고, 운임 책정, 비용 절감, 선택적 가격 할인 등 다양한 수익 레버에 집중했다.

셋째, 거래해야 할 고객과 그들을 관리하는 방식을 바꿈으로써 고객, 서비스별 효율성을 일일 단위로 측정하고 개선할 수 있게 되었다.

엄청난 투자는 없었다. 그저 '명료함'과 '훌륭한 관리'가 이 모든 기적을 만들어냈다.

> **가격 책정 방식과 고객관계를 재정비하기 위해
> 비즈니스 모델에 변화를 주었고,
> 회사와 고객 모두에게 이득이 되는 공동의
> 비용 절감 효과를 거뒀다.**

01 수익성 관리 프로그램의 효용은 실로 엄청나다. 한 국영 운송회사는 수익 맵핑, 수익 레버, 수익성 관리 프로세스를 통해, 수익률을 두 배로 높였다.

02 무엇이 수익을 내고 무엇이 까먹고 있는지 파악하려면 수익 맵핑을 활용하라. 고객과 회사의 비용을 모두 절감할 수 있는 창의적인 수익 레버를 발견하라. 비즈니스의 '성배'는 다른 먼 곳에 있지 않다.

03 회사는 모두에게 'Yes'라고 말하기를 그만두었고, 서로에게 이익이 되는 비용 절감을 이뤄내기 위해 기꺼이 동반자가 될 의향이 있고 그럴 능력이 있는 고객들에게만 집중했다. 우수 고객들은 이 프로그램을 환영했고 불량 고객은 떨어져나갔다. 또한 불량 고객 중 상당수가 우수 고객이 되어 돌아왔다.

04 수익성 관리 프로세스는 매우 창의성이 뛰어나고 효과적이다. 반면 그 개발 과정은 비교적 단순하고 신속하다. 혁신에는 창조적인 리더의 열정이 필요하다. 이 혁신을 주도한 사람은 지금 운송 회사의 부사장이 되어 있다.

6

그물에 먹이가 걸리기만 기다리지 말고 '수익'을 사냥하라!

'수익 맵핑'은 고객, 제품, 서비스, 거래 방법 등에 관한 개념을 혁명적으로 정립해주는 통찰력 넘치는 강력한 수단이다. 여기에 새로운 비즈니스 모델을 창조하기 위한 혁신적인 5단계가 있다.

수익 사냥은 당신의 뒷마당에서부터 시작된다.

이 책에서는 '대다수 기업들이 비즈니스의 20~30%에서 수익의 대부분을 얻고, 한편으로 30~40%는 손실을 본다'는 이야기를 귀가 따갑도록 반복할 것이다. 그런데 이 대목에서 중요한 것은 '어느 게 어느 쪽인지' 어떻게 알 수 있느냐 하는 점이다.

자, 본격적인 설명에 들어가기 전에 한 가지 명심해주었으면 하는 것이 있다. 여기서 논하는 모든 것이 '재무 관련 담당자에만 국한된 것이 아니라는 점이다. '손익과 비용' 하면 특정 영역의 관할이라고 생각하던 편견은 버려라. 그런 사고방식으로는 레드오션에서의 수익을 얻기는커녕 제대로 된 의사결정도 내릴 수 없다.

그러나 복잡한 숫자 이야기가 당장의 몰입을 방해한다면, 이 장을 뛰어넘어 뒤에 이어지는 다른 내용을 먼저 읽어도 좋다. 그것을 다 읽고 나면 다시 이 장이 읽고 싶어질 것이다.

수익 지도_
빨강과 파랑으로 구성된 명쾌한 '지형도' 그리기

수익 지도(profit map)는 비즈니스에 돌처럼 박혀 있는 '비수익성 요소'를 밝혀내고, 그것을 개선할 방안을 도출하는 중요한 분석 도구다.

고객, 제품, 서비스, 거래의 각 요소들을 수익성 여부에 따라 분류하고 평가함으로써 어떤 핵심 수익 레버를 순차적으로 활용할지 우선순위와 접근 방식을 정하고, 그것을 통해 실행력 높은 액션플랜을 수립할 수 있다.

성공적인 '수익 맵핑'을 위해 가장 중요한 출발점은 각각의 요소별 수익성을 분석할 때 그 정확도를 70% 정도로 설정하는 것이다. 정확도를 얼마로 설정하는가에 따라 분석을 성공하게 만들기도 하고, 망치게 만들기도 한다.

일부 기업들은 실행의 바탕이 될 비용 산정 시스템을 지나치게 상세히 수립하느라 돈과 시간을 허비한다. 관리자들은 회의에 회의를 거듭하며 '정작 행동은 변화시키지 않을' 비용 분배에 대해 지나치게 지루한 논쟁을 벌인다. 결국 이런 과정 자체가 일종의 거대한 프로젝트로 변질해버리는 일이 너무도 흔하다. 끝없는 토론 후에, 프로젝트는 최종 결과를 도출할 결정적인 행동으로 옮겨지기 전에 이미 추진력을 잃는다.

실상, 가장 핵심적인 결과는 활용 가능한 지식과 합리적인 경험을 동원해 빠르고 지혜롭게 분석함으로써 금세 도출될 수 있다. 디테일로 들어가야 하는 순간은 그 다음이다. 일단 수익성 도구가 도출되고 나면, 더 상세한 정보로 중요한 액션플랜이 도출될 수 있는 경우에만 정확도를 높이는 것이 타당하다. 결국 유능한 리더는 결과물에 직접적인 영향을 미치는, 몇몇 레버리지가 높은 정책에 집중하는 방법을 터득한다. 그 다음 단계의 분석에서는 개선을 위한 더 구체적인 조치를 취할 수 있다.

구체적인 수입 맵핑의 예시는 책 뒤 [부록]을 참조하기 바란다.

수익 지도를 만들고 분석하는 데 시간을 얼마나 들이는 게 타당할까? 충분한 데이터베이스를 보유한 일반적인 기업이라면 2~3인의 관리자급으로 구성된 소규모 팀이 PC를 활용해 2~3개월 만에 해낼 수 있다.

이 프로세스는 다섯 단계를 거친다.

5단계 프로세스로 수익성 지도를 그리는 방법

수익 맵핑 1단계_ 수익성 데이터베이스 수집

먼저 수익성 데이터베이스를 구성하라.

여기에는 두 가지가 필요하다.

하나는 대표적인 거래 내역(푸른색 스펀지 3개, 제품번호 #3572, 제품 단가 6.30달러 등의 주문 내역)이고, 또 하나는 해당 거래에 들어간 비용이다. 쉽게 말하면 각 거래 건별로 '손익계산서'를 만드는 것이다. 이렇게 하고 나면 아주 상세하고 효과적인 분석을 할 수 있다.

이제 뭉뚱그려진 수익성이 아니라 고객·제품별로 수익성을 도출할 수 있게 된다. 고객별로 특정 제품의 수익성이 다른 고객에 비해 높은지 낮은지도 알 수 있다. 중요한 것은, 이를 통해 고객과 제품의 구성을 바꿨을 때 어떤 영향이 있을지 쉽게 예측할 수 있고, 목표를 높이 책정했을 때 비용이 어떻게 변할지도 파악할 수 있다는 점이다.

데이터베이스를 만들기 위해, 3~4개월 정도의 표본 기간을 설정한 후 컴퓨터(정확히 말하면 엑셀)에 데이터를 입력한다. 각 거래 내역에는 고객과 제품에 대한 정보뿐만 아니라 해당 고객에게 팔린 해당 제품의 매출과 비용, 거래를 통한 총이익이 포함돼야 한다.

평범한 비용 기능(비용을 주문별로 할당하는 방식)은 쉽게 개발할 수 있다. 비용 할당은 거래 내역이나 주문 경로 등 측정이 쉬운 대상을 이용하는 것이 가장 좋다. 재고비의 경우 A제품은 2주, B제품은 4주, C제품은 8주 등 경험치에 의해 조절할 수 있다. 운송비는 물류센터로부터의 거리로 산출하는 단순한 방식으로 할당할 수 있다. 주문을 받는 데 비용(인건비, 전화요금 등)이 발생하는 경우는 총 판매비를 주문별로 할당한다. 다른 비용 역시 합리적인 근거에 따라 유사하게 할당할 수 있다. 이런 비용의 분배는 결과를 예측하는 데 큰 오차로 작용하지 않기 때문이다.

일반경비를 포함한 모든 비용을 할당해야 하는 이유는 두 가지다.
첫째, 특정 구성 요소를 유지할지 바꿀지 결정하려면 전체 비용을 보는 훈련을 하는 게 좋다.
둘째, 분석 내용을 회사의 재정 내역과 결부시킴으로써 신뢰도와 정확도를 높여준다.
일부 관리자들은 '총경비를 충당할 수 있다면 현상유지 정도의 비즈니스라도 해야 한다'고 주장한다. 그러나 가까스로 경비만 충당하는 사업이 많아지면, 거의 모든 경우 '훌륭한' 비즈니스를 확대하는 데 쓸 수 있는 영업과 운영 자원을 흡수하게 된다. 이것이 돌처럼 박힌 비수익성 요소로 존재하는 한, 회사의 수익은 깎일 수밖에 없다.
일반 경비를 각각의 거래 내역에 적용함으로써 각 거래별로 매출과 총이익, 순이익을 파악할 수 있는 데이터베이스가 도출되며, 그렇게 되면 회사의 세세한 수익성을 분석하기 쉬워진다.
사실 수익성 있는 부분을 찾아내고 뿌리박힌 비수익성 요소를 추적해 가장 현실적이고 효과적인 방법으로 변화시킬 방안을 도출하는 이런 일련의 작업은, 탐정 게임과 비슷하다.

> 실상, 가장 핵심적인 결과는 활용 가능한 지식과 합리적인 경험을 동원해 빠르고 지혜롭게 분석함으로써 금세 도출될 수 있다.

자, 이 데이터베이스를 이용하면 고객과 제품의 구성을 바꿨을 때, 운영과 영업 프로세스 상의 특정 요소에 변화를 가했을 때 비용이 어떻게 변하는지 쉽게 예측할 수 있다. 전자는 수익성 높은 제품과 시장을 짚어주고, 후자는 '불량' 고객을 '우량' 고객으로 바꾸기 위해 어떤 비즈니스 모델을 변경해야 하는지와 그 효과를 알려준다.

여전히 많은 관리자들이 개별 거래에 대한 명확한 데이터베이스를 만들기보다 광범위하게 뭉뚱그려 비용을 할당하는 방법으로 회사의 수익성을 파악하려는 실수를 범한다.

이런 접근 방식에는 두 가지 심각한 문제가 있다.

첫째, 정확도가 떨어진다. 회사 내의 관리자들이 동상이몽 하게 되는 결과는 바로 이런 부정확성에서 나온다.

둘째, 이렇게 도출된 결과는 정확한 목표를 세우고 효과적인 액션 플랜을 세우는 데 거의 무용지물이다. 더 중요한 것은, 더 정확히 분석하는 게 결코 어려운 일이 아니라는 점이다.

수익 맵핑 2단계_ 핵심 고객에 대한 모델링

두 번째 단계에서는 대표성을 띠는 몇몇 고객과 제품을 선정한다.

각각의 거래 내역을 데이터베이스로 수집함으로써 수익성에 대한 개요를 파악했다. 이제 핵심 시장에서 비중이 큰 고객과 작은 고객을 선별하고, 주요 제품군 중에서 순환이 빠른 상품과 느린 상품을 구분할 수 있을 것이다. 이상적이라면, 면밀히 조사해야 할 6~12개 정도의 고객, 제품이 추려질 것이다.

이제 각각의 고객에 대해 제품별로 매출, 이익률, 비용 등 수익 요인을 더욱 체계적으로 검토한다. 그리고 주문 주기, 판매 절차, 서비스 주기 등의 요소를 변화시키는 이전과 다른 비즈니스 모델을 시도해본다. 가격, 가격 적용 방식 등 가격 정책도 살펴본다. 제품 구성을 변경하거나 대체품 그룹을 개발하는 등 수익을 높이기 위해 가치 있는 도구가 무엇이 있을지도 살펴본다.

이렇게 해보면 특정 고객과 제품에 정확히 조준된 구체적인 계획을 수립할 수 있게 된다. '열심히 만든다', '잘 만든다', '비싸게 받는다' 등의 모호한 정책에 의존할 필요로부터 해방되는 것이다.

책의 뒤쪽 [부록]에 내가 같이 일한 한 기업이 4개의 핵심 고객을 표본으로 삼아 만든 수익 맵핑의 사례를 삽입했으니, 구체적인 방법론은 그것을 참조하기 바란다.

이 과정을 통해서, 이 책에서 계속 다루게 될 '수익 레버'를 찾을 수 있게 된다. 그것을 당기면 아주 큰 레버리지(지렛대) 효과를 볼 수 있는 요인 말이다. 효과적인 수익 레버를 찾으면, 그것이 정말 보편적인 방편인지 검증하기 위해 다른 몇몇의 유사한 고객 데이터를 통해 점검해볼 수 있다.

수익 맵핑 3단계_ **전체 비즈니스에의 적용**

이제 세부적인 분석에서 빠져나와, 전체 비즈니스 관점에서 다시 한 번 살펴보라.

앞 단계에서 대표적인 고객과 제품을 모델로 삼았기 때문에, 이제 그를 통해 발견한 것을 비즈니스 전체에 적용해 생각해볼 필요가 있다. 모델링에서 효과가 확인된 변화를 실행했을 때, 수익이나 손실이 어디에서 오며 이것이 전체 수익에 어떤 영향을 미칠지 알게 해준다.

변화에 필요한 장애 요소나 시기 등을 요인에 포함시키면, 액션플랜의 필수 요소를 얻게 된다.

수익 맵핑 4단계_ **액션플랜 수립**

이제, 회사가 비교적 신속히 조치를 취할 수 있고 그 대가를 확실히 얻을 수 있는 몇 개의 액션플랜을 수립할 단계다. 나는 이것을 '노력 대비 전망 비율(View to Effort Ratio)'이라고 표현한다.

내 아이들이 어렸을 때 자주 함께 하이킹을 가곤 했었다. 아이들은 오르막길 내내 투덜거렸지만, 올라가보면 전망이 정말 좋다. 고통스러운 과정이 전망이라는 결과로 모두 상쇄됐다. 그래서 우리는 하이킹이 얼마나 보람됐느냐를 평가할 때 '노력 대비 전망 비율'로 측정하곤 했다.

최우선적으로, 수익이 높은 비즈니스 부문을 지킬 수 있도록 신속히 움직여야 한다. 자원을 바로 그 금광에 우선적으로 집중시켜야 한다. 그럼 다음에 여유가 생기면 현상유지 비즈니스의 수익성을 높이는 프로세스를 시작한다.

그럼 분석 결과 수익성이 전혀 없는 고객들은 어떻게 할 것인가?
한 유력한 서비스 회사의 CEO는 이렇게 명쾌히 정리해주었다.
"거래를 끊기 전에 더 높은 가격을 지불하거나 방법을 바꿀 기회를 줍니다. 우리가 바로 그렇게 했죠. 그들이 수익을 갉아먹고 있다는 것을 분석을 통해 알게 됐고, 손실이 나는 영역이 명확해졌습니다. 어디에 메스를 대야 할지가 분명해진 거죠. 핵심적인 문제는 가격 자체가 아니라 주문 패턴과 주문량, 배송 조건 등이었죠. 우리는 고객들에게 솔직하게 말했습니다. '이렇게 해주시지 않으면 우리는 더 이상 서비스를 할 수 없습니다.' 다행히도 고객들은 변화에 동의했고, 우리는 6개월 만에 비약적인 수익성 향상을 이뤘습니다!"

남아 있는 수익성 없는 부분에 대한 개선 작업을 마치고 나서, 개선할 수 없는 부분을 단계적으로 제거할 수 있다. 그 방법은 수익이 나는 수준까지 가격을 올리는 것이다. 몇몇은 이것에 극렬히 반대하겠지만, 영업 및 운영 자원의 20~40%를 활발하게 성장하고 있는 수익 높은 비즈니스에 집중하는 것으로 시야를 넓힐 필요가 있다. 그런 비즈니스에서 수익이 더 높아지기 시작하면, 수익성 없는 고객을 제거하는 데 따른 반대 여론은 이내 고개를 숙일 것이다.

수익 맵핑 5단계_ 수익 맵핑의 제도화

마지막으로, 프로세스를 제도화한다. 분석을 6개월마다 반복하는 것이다. 일단 첫 번째 분석을 완료하고 나면, 나머지는 일사천리다. 프로세스 자체가 팀워크를 형성하고, 모든 관리자들로 하여금 비즈니스를 다시 조망하게 만들 것이다.

동시에, 수익 맵핑 자체를 새로운 고객의 자질 검증 프로세스에 적용할 수 있다. 수익성이 향상됨에 따라 새로운 기회는 계속해서 생겨날 것이다. 개선하면 할수록, 더욱 더 개선할 수 있다.

단순한 재무 정보를 넘어서 실행을 이끌어내는 도구로

앞에서 소개했던 서비스 회사의 CEO는 자사의 수익 맵핑 경험을 이렇게 회고했다.

"우리 재무 시스템은 정작 필요한 정보를 갖고 있지 않았습니다. 만일 그랬다면 문제는 오래전에 해결됐을 테죠. 재무 정보가 정말 효과를 발휘하려면, 비즈니스가 어떻게 운영되는지 제대로 이해하면서 상호교류 기능을 원활히 하는 재무팀을 만들 필요가 있습니다. 그들이 열심히 분석한 결과가 곧 관리 정보로서 효용가치가 있어야 하는 것이죠."

01. '흑자의 섬'이 어디에 있으며 가장 간편하고도 폭넓은 수익성 향상이 어디서 가능한지 찾아내는 데는 2~3명의 인원이 몇 개월 작업하는 것만으로도 충분하다.

02. 이 프로세스가 성공하려면 정확도 목표를 70% 정도로 설정하는 것이 중요하다. 사소한 문제에 매달리지 않고 중요한 것을 찾아낸 다음 그것에 집중하는 법을 알려줄 것이다.

03. 분석을 할 때, 거래 내역에 대한 데이터베이스를 활용하라. 잘만 활용하면 고도로 집중화된 정책과 계획을 개발하기 위해 필요한 답을 충분히 제공해줄 것이다.

04. 대표 고객과 제품을 모델링하라. 그렇게 하면 고객이 왜 무엇을 그렇게 하는지 알게 된다. 자사의 수익성을 증대시키는 동시에 고객의 수익성 또한 향상시킬 수 있게 된다.

05. 일단 수익 맵핑의 첫 단계를 마쳤다면 6개월 혹은 12개월마다 그 프로세스를 반복하라. 이미 첫 단계를 실행해보고 나면 나머지 작업은 수월할 것이다. 게다가 수익성을 높일 수 있는 새로운 방법이 속속 발견될 것이다.

델은 재고를 관리하지 않는다, 그들이 관리하는 건 수익성이다

델은 PC 제조사의 만년 2위 기업이었다. '무재고 방식'의
비밀을 알기 전까지는 그랬다. 델은 어떻게 수익성 관리 비결을 터득했을까?
그 알려지지 않은 경로에 대한 고찰이 여기에 있다.

1994년, 델은 만년 2위 PC 제조사로서 분투하고 있었다.

다른 회사들처럼 델 역시 제품 제조에 필요한 부품을 미리 주문해서 다량의 재고를 안고 있었다. 수요 예측이 잘못되면 회사는 상당한 감가상각 손실을 입었다.

따라서 델은 새로운 비즈니스 모델을 도입했다. 델은 이전부터도 '직접 판매' 방식을 적용해왔지만, 이번에는 재고를 없앨 수 있는 일련의 기발한 단계까지 포함하고 있었다. 결과는 대성공이었고, 이는 델을 일약 PC업계 선두자리에 올려놓았다.

4년 만에 델의 매출은 20억 달러에서 160억 달러로 급증했고, 매년

50%라는 기록적인 성장률을 달성했다. 주당 수익률은 매년 62%씩 증가했고 주가는 8년 남짓 동안에 무려 17,000%라는 어마어마한 상승을 보였다. 1998년, 델의 투자 대비 수익률은 217%였으며, 18억 달러(약 2조 원)의 현금 보유고를 자랑했다.

델의 위대한 변신은 어떻게 시작되었는가?

신중한 숙고 과정, 탁월한 관리 역량, 매일의 활동과 조화를 이룬 수익성 관리.

　델이 성공할 수 있었던 비결에는 이런 바탕이 있었다. 그 결과, 델은 부품 재고를 없앤, 잘 정비된 비즈니스 모델을 창조해냈다. 자본은 거의 들어가지 않았을뿐더러, 이 변화로 인해 향후 델의 성장을 견인해줄 엄청난 양의 현금도 만들어냈다.

> **델은 부품의 재고를 보유할 필요가 없는 확고하게 정비된 비즈니스 모델을 창조했다.**

　델이 수익성 관리를 제대로 하기 위해서는 언뜻 해결이 불가능해 보이는 딜레마가 하나 있었다.

　주문 생산 시스템을 도입하기는 했지만, 핵심 부품은 60일 전에 구입해야 했다. 이 문제를 어떻게 해결할 수 있었을까?

혁신의 비결 1_ 고객 선별

델은 상대적으로 구매 패턴이 예측 가능하고 서비스 비용이 낮은 고객(주문 건)을 선별했다. 이들은 이 분야에 핵심 역량을 보유하고 있었으며 그간 다양한 통계 자료를 수집해왔다.

그들 우량 고객은 델이 비즈니스의 상당 부분을 의존하고 있는 기업 고객들이었다. 델은 예산 주기가 정해져 있고 구입 패턴과 사양이 비교적 예측 가능한 이들 기업 고객들에게 자동화된 주문이 가능하도록 업종별로 특화된 인트라넷 사이트를 개발해주었다. 더불어 안정적인 수요를 확보하기 위해서, 정기적으로 일정 물량을 구입하고 기술 지원이 덜 필요하며 신용카드로 결제하는 반복 구매 대상자에게 같은 가격으로 더 비싼 신제품을 제공했다.

혁신의 비결 2_ 수요 관리

'가지고 있는 것을 팔아라(Sell what you have)'

미리 결정한 공급량에 수요를 맞추기 위해 델이 창안한 정책이다. 이 정책은 여러 단계를 거쳐 발전했다.

CEO인 마이클 델(Michael Dell)이 주도하는 월례 판매 계획(Mater Sales Plan, MSP), 월례 생산 계획(Master Production Plan, MPP) 회의에서, 관리자들은 현 분기와 다음 1년을 포괄하는 '5분기 예측 사이클'을 바탕으로 구체적인 논의를 이어간다. 회의에 모인 사람들은 제각기 제품 기획, 시장 변화 예측, 다양한 제품군에서의 경쟁사들 동향, 자사의 생산 계획과 적체 현상 등을 검토했다. 이 검토를 토대로, 이들은 판매 목표와 생산 계획을 수정하고, 판매와 생산 모두 이를 지킬 수 있도록 잘 정비되어 있는지 확인했다. 이 회의를 통해 월별 판매 계획과 생산 계획이 동일하게 맞추어졌기에, 델은 매월 동기화 작업을 수행하는 셈이었다.

이어, 주간 리드타임(Lead-Time, 통상 주문에서 생산과 배송까지의 기간을 의미하지만, 이 경우는 생산에서 판매되어 고객에게 도착하기까지의 기간을 의미한다. -옮긴이) 미팅에서는 영업, 마케팅, 유통망을 담당하는 임원들이 모여, 월례 회의에서 계획된 생산 계획을 바탕으로 수요와 공급 현황을 체크하고 그에 따라 어떤 부품이 모자라고 어떤 부품이 남아도는지 파악했다. 이 회의에 참석하는 사람들은 고객이 갑작스레 구매를 취소해 미판매분이 발생해서 부품이 남아도는 일이 없도록 리드타임 관리에만 집중했다.

리드타임이 길어지면 구매팀이 부품 조달을 더 신속히 처리하거나 대체 공급처를 찾았고, 반대의 경우에는 영업팀이 고객들로 하여금 판매가 줄어든 해당 제품을 더 구입하도록 유도함으로써 대처했다. 만일 리드타임이 너무 길어지면 영업팀은 고객들에게 특별 인센티브를 제공하거나 더 매력적인 가격을 제시함으로써 공격적으로 제품을 팔았다. 주문을 받는 직원 역시 모니터로 실시간 제품 재고 현황을 보면서, 고객들을 특정 제품 구매 쪽으로 유도하거나 구매 시점을 조절하도록 유도했다.

델의 가격 책정은 실시간 수요 관리를 반영했고, 그에 따라 매주 상당한 폭으로 오르내렸다. 경쟁사의 제품 가격은 비교적 안정되어 있었던 반면, 델 제품의 가격은 부품 재고가 정해진 수준을 넘어서면 그 제품을 밀어내기 위해 가격을 내림으로써 수시로 변했다.

주간 리드타임 미팅은 델의 문화에 강력한 영향을 미쳤다. 일단 영업이사가 특정 제품 생산량에 사인하면, 그 제품은 무조건 팔아야 한다. 리드타임은 모두가 볼 수 있도록 매일 게시되었고, 이것은 매일의 수익성 관리 프로세스를 강화시켰다.

실시간 수요를 적극적으로 관리하는 델의 핵심 철학, 다시 말해 '판매하기 위해 만드는 것'이 아니라 '가지고 있는 것을 판다'는 모토는 성공적인 수익성 관리를 위한 강력한 추진 도구였다. 이것이 없었다면, 델의 비즈니스 모델은 제 효과를 발휘하지 못했을 것이다.

혁신의 비결 3_ 제품 라이프사이클 관리

델의 주 고객층은 새로운 기술에 민감하고 고급 제품을 반복 구매하는 성향이 강했기 때문에, 이들은 마케팅의 주안점을 제품 라이프사이클 변화 관리에 집중했다.

회사는 직접 판매를 하는 고객에게 가장 최신의 제품 정보를 제공했고 고객의 피드백 역시 실시간으로 들어왔기 때문에, 더욱 신속하게 제품을 개발하고 라이프사이클을 관리할 수 있는 상황 파악 기회를 제공했다.

혁신의 비결 4_ 공급자 관리

비록 델의 생산 시스템은 '주문 생산'과 '계획 구매' 프로세스의 결합을 특징으로 하고 있었지만, 공급자와의 관계는 중요했다. 델은 공급자들과의 관계를 긴밀하게 유지함으로써 시스템 전반에 걸쳐 유연성을 확보할 수 있었다.

델은 공급자 수를 50~100개로 제한했고, 이들이 전체 부품의 80%를 공급하도록 했다. 공급자 선정 기준은 단 30%만이 비용에 근거한 것이었고, 나머지 70%는 품질, 서비스, 유연성이었다.

값싼 공급자를 찾아 철새처럼 옮겨 다니지 않고 일단 확실한 공급자가 되면 지속적으로 거래를 유지했으며, 충성스러운 공급자에게는 더 많은 인센티브를 주었다. 결국 공급자들 모두 델의 일원인 것처럼 움직이게 한 것이 성공의 관건이었던 것이다.

혁신의 비결 5_ 예측

델의 예측 정확도는 70~75% 선으로 이는 신중한 고객 선별로 가능했다. 치밀한 수요 관리가 결과적으로 예측 정확도를 올려주었던 것이다. 나머지 정확하지 않은 부분에 대해서조차 수요 관리로 메워갔다.

수요에 대해 확신이 안 설 때, 관리자들은 최고급 사양(high-end, 이하 하이엔드) 제품에 대해 초과 예측을 했는데, 이는 하이엔드 제품은 (가격 할인을 통해) 판매하기가 더 쉽고 매장에서 판매되는 기간(라이프사이클) 역시 좀 더 길기 때문이다.

> 수요에 대해 확신이 안 설 때,
> 델의 관리자들은 하이엔드 제품에 대해 초과 예측을 했다.

혁신의 비결 6_ **유동성 관리**

직접 판매는 신용카드로 결제하는 하이엔드 고객들을 분명하게 겨냥했다. 그리고 이 대금은 현금으로 전환되는 데 4일이 걸리도록 조정했다. 하지만 델이 공급자들에게 대금을 지불하는 사이클은 제품 판매 후 45일이었다.

이 사이클은 델의 급속한 성장을 견인하고 외부 차입 없이도 운영이 가능할 만큼의 엄청난 현금 유동성을 만들어냈다. 막강한 현금 능력으로 인해 델은 놀랄 만큼 고수익을 달성할 수 있었다.

델이 추구한 수익성 관리 프로세스는 어디에서 기원했는가?

델은 어떻게 이렇듯 확고한 수익성 관리 프로세스를 창안했을까?

그 배경을 알게 되면 많은 것을 느끼게 된다.

델이 성공할 수 있었던 근원은 과거의 실수에서 시작됐다.

1994년, 델이 생산한 포터블 컴퓨터의 품질에 심각한 문제가 발견됐다. 매출은 곤두박질쳤고 델은 심각한 현금 부족에 맞닥뜨렸다. 이 시기는 델이 쇠락해가는 만년 2위 회사(코모도어, 지오스 등)로 남을 것이냐 번창해가는 1위 회사(IBM, 컴팩 등)로 변신할 것이냐 하는 기로였다. 더 많은 현금이 필요한 건 당연한 일이었다.

델의 임원들은 회사의 생존을 위한 자금을 어떻게 마련할지 논의하기 위해 비장한 자세로 모였다. 그들이 내린 결정은 '재고를 대폭 줄인다'는 것이었다. 생산 팀장과 마케팅 팀장에게는 부품 재고 없이 사업을 운영할 묘책을 고안하도록 중책이 주어졌다. 물론 이들 모두 처음에는 저항했다. 하지만 결국 목표를 충족할 방법을 찾아냈다.

델의 이 새로운 비즈니스 모델은 일정 기간에 걸쳐 단계적으로 개발되었다.

첫 목표는 재고 50% 감축, 리드타임 50% 개선, 조립 비용 30% 절감, 악성 재고 75% 감축이었다. 새로운 시스템이 가동되면서 부품 재고 보유기간은 '70일'에서 '30~40일'로, 다시 '20일'로, 그러고는 마침내 거의 '0'으로 떨어졌다. 동시에 영업 인력들은 '가지고 있는 것을 파는 법'에 대한 훈련을 받았다.

새로운 수익성 관리 시스템이 만들어지고 이것이 실행 가능하다는 것이 증명되자, 델은 더욱 적극적으로 활동했으며 각 부서들의 활동을 효율적으로 정비했다.

델의 성장을 촉진시켜준 가용 가능한 현금은 주로 핵심 기업 고객들에게서 나왔다. 원래 이 고객들은 리셀러를 통해 제품을 구매해왔다. 따라서 회사가 직접 공략하기는 어려웠다. 그러니 델이 직접 나서서 판매하기로 했을 때, 자사의 제품 품질이 뛰어나고 서비스나 배송 조건 등을 완벽히 충족시킬 수 있다는 것을 고객들에게 납득시켜야 했다.

처음에는 많은 기업 고객들이 델의 '주문 생산 비즈니스 모델'이 자신들의 까다로운 조건을 만족시킬 수 없을 것이라고 우려했다. 그러나 일단 델이 개별 고객의 주문에 맞춰 배송과 품질 요구 조건을 충족시키는 모습을 보여주자, 매출 증대가 뒤따랐다. 이 원동력으로 인해 회사는 공동 1위 대열로 뛰어오를 수 있었다.

두 가지 기적이 이 새로운 프로세스를 창안한 임원들을 반갑게 맞아주었다.

첫째, 재고가 줄면서 리드타임 역시 눈에 띄게 줄어들었다. 단순히 예측된 판매량만큼만 재고를 보유하는 것뿐만 아니라, 재고와 판매를 계속 견주어가며 일간, 주간, 월간 단위로 수익성을 관리해나갔기 때문이다.

둘째, 재고가 사라짐에 따라 회사의 수익은 비정상적으로 보일 만큼 증가했다. 불필요한 비용과 재고를 줄였을 뿐만 아니라, 매우 중요하게도 부품가가 매월 3%씩 하락했던 것이다. 그에 따라 엄청난 금액을 절약할 수 있었다.

> **델의 성장을 촉진시켜준 가용 가능한 현금은
> 주로 핵심 기업 고객들에게서 나왔다.**

관리해야 할 것은 '재고'가 아니라 '수익성'이다

제품의 재고는 고객의 수요 변동(주문이 꾸준하든 혹은 불규칙하든)과 공급자의 제조 환경 변수에 의해 결정된다. 이런 변동 요소가 사라지지 않는 한, 재고는 변동하기만 할 뿐 절대 없어지지는 않는다.

나는 이 현상을 '물침대 효과'라고 부른다. 물침대 위 어느 한 곳에 앉으면 그곳은 가라앉지만 다른 쪽이 불룩해진다. 물은 이동하지만 전체 총량은 변하지 않는다.

델은 수익성을 관리하기 위해 일간, 주간, 월간 단위로 공급과 수요를 일치시켰다. 이는 결국 변동성 자체를 감소시켰고 재고의 필요성 자체를 간단히 사라지게 만들었다.

대부분의 기업에서, 재고는 소중한 자본을 묶어두고 기업이 매일의 사업 정비에 집중하는 것을 방해하며, 수익성 관리라는 중요한 업무가 자리해야 할 곳을 대신 차지하고 있다.

관리자들은 재고를 '관리'하는 것과 재고 관리의 필요성 자체를 없애버리는 것 사이에서, 기로에 서 있다. 만약 후자를 선택한다면 수익성에 날개를 달아주고, 그 프로세스에서 지속적인 경쟁 우위 요소를 창조해낼 수 있게 될 것이다.

01 델은 경쟁의 룰을 뒤집기 위해, 수익성 관리의 핵심 원칙들을 사용했다. 그것을 통해 델은 일약 1등 PC 메이커로 도약했다.

02 델의 수익 레버는 고객 선정에서부터 수요 관리, 제품 라이프사이클 관리, 공급자 관리에 이르기까지 다양하게 분포되어 있다. 델의 관리자들은 이 도구들 모두를 회사의 전략과 완벽하게 맞아떨어지는 단단히 통합된 패키지로 결합시켰다. 이것은 델에게 성공의 열쇠가 된 '최대 효율'의 시장 지배력을 안겨주었다.

03 델은 회사 전체를 월간, 주간, 일간 단위로 정비하기 위해 일련의 비즈니스 프로세스를 개발했다.

04 성공의 근원은 심각한 위기에서 살아남으려는 노력에서 비롯되었다. 델은 혁신과 파산의 기로에 서 있었다. 어려운 경제적 환경에서 악전고투하는 기업이라면 우리에겐 무엇이 필요한지 심사숙고할 일이다.

05 이 전략을 창안하고 실행한 델의 관리자들은 승진하고 부자가 됐다. 당신은 어떻게 할 것인가?

8

소형 매장의 수익성도 정밀하게 관리하고 개선할 수 있다!

그렇다면 이 수익성 관리 모델을 소매 판매에도 적용할 수 있을까? 당연히 그렇다. 매장에 있는 모든 제품에 대해 '수익성'과 '투자 대비 수익'을 계산하는 것에서부터 시작하라.

"그렇다면 그 수익성 관리 모델을 소매 판매에도 적용할 수 있습니까?"

미 중서부에 있는 한 기업체에서 강연을 할 때, 임원 한 명이 손을 들고 물었다.

나는 이제 막 고객·제품별 수익성을 분석하는 법, 그리고 현상유지 비즈니스를 흑자로 전환하고 짐이 되는 비즈니스를 잘라버림으로써 기업의 수익을 급증시키는 법을 설명하던 참이었다.

"대형 제조업체나 공급자는 영업 인력이 많고 시장도 넓기 때문에 고객을 선택하고 관리할 수 있지만 소매업체는 일단 제품을 진열하고 나면 매장에 누가 들어올지, 무엇을 살지 아무것도 제어할 수 없지 않습니까?"

그 임원의 말이다.

그렇다면 소규모 매장이나 소매업체는 수익성 관리를 할 수 없는 걸까? 대답은 간단하다.

"절대 그렇지 않다."

몇 달이 지난 후, 나는 미국 중부에서 대형 식료품 체인의 중역들이 모인 한 전략 회의에 참석할 기회가 생겼다. 대화 중에, 몇몇 임원들이 자신의 산업 분야 특성에 대해서 언급했다.

한 중역의 말이 인상적이었다.

"아마도 슈퍼마켓 경영자에게 묻는다면, 매장 안에 들어서는 고객들 중 25% 정도만이 돈을 벌어준다고 말할 겁니다. 수익의 거의 대부분은 다량을 구매하는 그들 25%의 고객에게서 나옵니다. 그리고 그 수익 중 절반 이상이 그들 중 10% 내외의 고객에게서 발생합니다."

소형 매장의 수익성을
어떻게 관리할 수 있단 말인가?

몇 년 전, 유력 소매 체인의 CEO가 자사의 수익성을 급격히 향상시키기 위해 유능한 인재로만 구성된 소규모 팀을 꾸렸다. 그 팀은 '수익 맵핑'을 통해 비교적 짧은 시간 내에 매장 안 모든 제품의 수익성과 투자 자본 대비 수익(Return On Invested capital, 이하 ROI)을 계산할 수 있는 PC 기반 프로그램을 만들어냈다.

그리 놀랄 것도 없이, 그들은 현상유지라는 너른 바다 속에 점점이 흩어져 있던 '흑자의 섬'들을 찾아냈다. 매출이 수십억 달러에 달하는 이런 소매 체인조차 수익성을 향상시킬 수 있는 어마어마한 잠재적 기회가 있었다.

바다 깊숙이 박혀 있던 단단히 고정된 비수익성 요소를 조사한 다음 그들 안에 잠재돼 있던 수익성을 발견해내고서는, 그들은 그것을 높일 수 있는 다섯 개의 명확한 '수익 레버'를 확인했다.

그것은 다음과 같다.

소형 매장의 수익 포인트 1_ 구색 관리

구색 관리(Assortment Management), 즉 매장에 무엇을 진열할 것인지에 관해 이야기할 때면, 떠올려야 할 아주 간단한 원칙이 있다.

'많다고 늘 좋은 것은 아니다.'

여기에는 두 가지 이유가 있다.

첫째, 지나치게 구색이 많으면, 특히 그것들이 신제품일수록 판매자와 고객 모두에게 혼란을 야기할 수 있다. 소매 매장에 오는 고객의 60% 이상은 '특정 브랜드의 특정 제품을 사겠다'는 목표가 아니라, 뭉뚱그려진 목적을 가지고 매장에 들어온다. '바캉스 가서 해변에서 음악 들을 때 필요한 라디오' 같은 식으로 말이다.

따라서 제품 카테고리별로 '가장 가격이 적정한 제품', '고객의 선택을 리드하는 제품', '기술적인 아이콘 제품', '장식성이 높은 미려한 제품' 등을 우선순위로 신중하게 진열 제품을 선택할 필요가 있다. 물론 자사의 전략과 업계에서의 위상에 따라 구색을 폭넓게 갖추려 애쓰는 매장도 있을 것이다. 하지만 도가 넘도록 구색이 많아지면 전반적으로 매출 감소, 재고비 증가, 무절제한 가격 할인으로 이어질 수 있다. 물론 시장이 협소한 분야에서 경쟁하면서 제품에 대한 기준이 까다로운 고객을 상대로 하는 전문 제품 소매업체는 여기서 예외가 된다.

구색을 까다롭게 관리하는 것은 매출액이 적은 소규모 매장의 성공에 있어서 특히 더 중요하다. 소규모 매장은 단순히 대형 매장의 축소판이 되어서는 곤란하다. 작은 매장일수록 더욱 영리하게 구색을 꾸며야 한다.

> **도를 넘도록 구색이 많아지면 전반적으로 매출 감소, 재고비 증가, 무절제한 가격 할인으로 이어질 수 있다.**

대형 매장은 아주 빨리 흐르는 거대한 강과 같다. 팔리지 않는 재고를 계속 안고 가는 실수를 하거나, 라이프사이클이 끝나가는 상품을 너무 많이 보유했다 해도, 그 실수는 전체 시스템에 의해 금세 씻겨 내려간다.

하지만 작은 매장은 느리게 흐르는 시냇물과 같다. 진열 제품을 잘못 고르면, 마치 물속에 커다란 바위덩어리를 던져놓는 것과 같다. 진열대는 막히고, 새롭게 순환이 빠른 제품으로 대체되기까지는 아주 오랜 시간이 걸린다. '수익 맵핑'을 해보면 바로 이런 점이 소매 체인 기업의 수익성을 악화시키는 요인임을 분명히 알 수 있다.

소형 매장의 수익 포인트 2_ 고객 서비스 관리

여기서도 '많은 것이 늘 좋지는 않다'는 원칙은 똑같이 적용된다.

소매 매장에서 성공적으로 수익성을 높이려면 '대체품 그룹'이 아주 중요하다.

대체품 그룹이란 매장 내의 다양한 구색 유지와 동일한 역할을 충족시켜줄 수 있는 제품군을 말한다. 저가 프린터 같은 제품군이 바로 예다.

매장 한 곳에 고객의 요구를 완벽히 만족시킬 수 있는 두세 종의 제품을 보유해둔다. 이것이 바로 '대체품 그룹'이다. 거의 모든 소매업체가 제품별 재고 상황에 촉각을 곤두세우지만, 사실은 대체품 그룹에 신경 쓰는 편이 훨씬 더 유리하다. 고객은 대체품 그룹 내의 이 제품이냐 저 제품이냐에는 관심이 없기 때문이다. 결국 대체품 그룹은 소매업체로 하여금 재고, 특히 순환주기가 느린 재고에 대한 엄청난 부담을 덜어줄 수 있다. 가장 중요한 것은 이런 방식이 매장을 정비해서 고객이 진정으로 원하는 구색을 갖추게 한다는 점이다.

대체품 그룹은 소매업체가 델이 행사하는 것과 같은 수요 관리 전략, 즉 '이미 갖고 있는 것을 파는' 전략을 실행할 수 있게 해주기에 더욱 중요하다. 특히 라이프사이클이 짧은 고급 제품일수록 더욱 그렇다.

판매자는 필요에 따라서 동일한 대체품 그룹 내에서도 재고가 많은 쪽의 구매를 유도하고 부족한 제품은 권유하지 않음으로써 고객의 구매를 조종할 수 있다. 이 영역에 전체 재고 관리 노력의 5~10%만 할애하면, 순환이 느린 제품을 판매하는 매출이 적은 매장일수록 금세 효과를 볼 수 있다.

소매업체는 이익률이 높은 제품이나 재고가 너무 많은 제품의 구매를 유도하기 위해 시용이나 시식 같은 프레젠테이션을 활용할 수도 있다. 신제품이냐 아니면 빨리 팔아치워야 할 제품이냐에 따라 진열을 강조할지 덜 강조할지도 선택할 수 있다.

한 영리한 소매업체는 이라크전이 발발했을 때 어떤 제품의 판매가 급증할지 분석했다. 전쟁 첫날밤, 이 업체는 모든 매장의 주요 품목을 총, 성경, 국기로 재배치했다. 다음날, 매출은 치솟았다.

소형 매장의 수익 포인트 3_ 고객 관리

모든 비즈니스와 마찬가지로 소매에서도, 상대적으로 적은 비율의 고객이 수익의 대부분을 만들어준다. 그런 상황에서 소매업체는 무엇을 할 수 있을까? 그렇다. 바로 그런 '돈을 벌어주는 고객'을 알아내고, 추적하고, 끌어들이고, 더 사게 만드는 것이다.

첫째, 가장 수익성이 높은 고객이 누구인지 알아내기 위해 수익 맵핑을 사용한다. 그러고 나서 그 고객이 매장을 더 자주 방문하게 하고 구매 범위와 빈도를 증가시키기 위해 우편이나 이메일을 보내거나 정확히 설계된 여타의 수단을 사용해보는 것이다. 이 프로세스에서는 충성도 프로그램이 매우 중요하다.

일단 최고의 고객을 확보하고 나면 그들의 충성도를 높일 수 있는 다양한 것들을 더 많이 찾아내야 한다.

구색 관리의 영향도 고려해야 한다. 예를 들어 대표적인 매장 몇 개를 선정해서 높은 수익을 가져다주는 고객이 구매하는 제품 범위를 분석하는 것이다. 그들이 기본 소비재 제품을 주로 구매하는가? 가격 할인 제품을 주로 구매하는가? 그도 아니라면, 수익성이 높은 하이엔드 제품을 예측가능한 시기, 즉 제품의 라이프사이클 초기에 구매하고 있는가?

만일 제일 마지막 답이 도출된다면, 구매력이 강한 고객들을 통한 판매를 극대화하도록 구색을 집중할 수 있으며, 그를 통해 수익성이 없는 고객에게 판매되는 현상유지 제품으로 입는 손실을 방지할 수 있다.

소형 매장의 수익 포인트 4_ 제품 흐름 관리

이 분야는 월마트의 '크로스도킹 프로세스(Cross-Docking Process, 제품을 보관하고 선별하는 작업 없이 트럭에서 곧바로 매장으로 배송하는 물류 프로세스)'로 유명해진, 오늘날의 소매 산업에 큰 수익을 가져다준 원천이다. 소매 산업의 제품 흐름 관리(Product flow management)는 공급 체인 차별화와 직통 물류(Flow-through Logistics), 이 두 가지 중요한 원칙을 기반으로 한다. 이것은 이후에 설명할 것이다.

차별화가 잘 되어 있는 공급 체인에서, 제품은 수요 특성, 판매 특성, 물리적 특성에 따라 구분된다. 의류 소매업체는 흰 속옷 등 회전율이 높은 제품, 수영복 등의 계절 제품, 특정 스포츠 구단의 티셔츠 같은 판촉 제품을 구분한다. 각각의 제품들은 전혀 다른 운영 방식과 공급 체인을 필요로 하기 때문이다.

직통 물류는 재고와 취급 과정을 최소화한 프로세스다. 예를 들어 상대적으로 순환이 빠른 제품은 재고와 취급 과정을 최소화해서 정기적으로 물류센터에서 각 매장으로 공급한다. 이 프로세스는 상당한 비용 절감 효과가 있지만, 이것이 가능하려면 내부 시스템과 유통사 모두와의 유기적인 협조가 필요하다.

구색 관리는 유통 간소화에 있어 두 가지 면에서 매우 중요하다.

첫째, 제품 구색을 압축함으로써 물류체계를 통한 공급에 필요한 보유량과 수요 안정성을 확보한다.

둘째, 대체품 그룹은 수요에 집중하고 안정화시키는 상당한 기회를 제공한다.

소형 매장의 수익 포인트 5_ 베스트 프랙티스 관리

매장에 있는 모든 제품의 수익성과 ROI를 보여주는 수익 맵핑을 개발함으로써, 당신은 유사한 매장을 비교하는 상세한 수익 개요를 파악할 수 있다.

현재의 많은 소매 체인 기업에서, 매장들을 지역별로 모아서 비교하고 관리하는데 이는 지역 관리자들이 실적을 평가하기 위해 자주 매장을 방문해야 했던, 컴퓨터가 없던 시절로 회귀한 낡은 방식이다. 지역별로 분류해 관리하는 것은 서로 개성이 다른 매장들을 하나의 방식으로 뭉뚱그리는 것이 되기 때문에 여러모로 비효율적이다.

수익 맵핑은 규모, 인구, 경쟁 환경 등 다양한 핵심 요인들을 기준으로 유사한 매장들을 묶어 관리할 수 있고, 따라서 매장의 실적을 제대로 상대 평가하는 데도 유리하다. 이것은 지역을 바탕으로 매장을 관리하는 데서 생겨나는 허수를 보완해준다.

　이렇게 그룹을 분류하면 해당 조건 하에서 제일 잘하고 있는 모델, 즉 베스트 프랙티스(best practice)를 확실히 뽑아낼 수 있고 그 방식을 신속하게 다른 매장으로 확산시킬 수 있다. 베스트 프랙티스를 벤치마킹하는 것은 실적을 향상시키는 가장 빠르고 생산적인 방법 중 하나다.

　하지만 여기서도 주의사항이 있다. 매장 관리자에 대한 실적 보상을 그룹 내의 상대 평가가 아니라 절대 평가에 의해 해야 한다는 것이다. 그렇게 하지 않으면 매장 관리자는 자기 그룹 내의 베스트 프랙티스를 적극적으로 찾아내서 타 그룹에 벤치마킹 시키려 하지 않을 것이다. 이런 폐단을 방지하려면 절대 평가라는 요소는 매우 중요하다.

'수익성'을 중심에 두는 문화를 창출하는 것이 관건이다

지속적으로 높은 수준의 수익성을 창조해내는 가장 효과적인 방법은 기업 내에 '수익성 문화'를 만드는 것이다. 이것은 소매업체들뿐만 아니라 모든 다른 기업에게도 마찬가지로 적용된다.

　'판매자'들은 매장의 모든 제품에 대해 엔드 투 엔드(end-to-end), 즉 공급자에게서 구매한 시점부터 진열대에 오르는 시점까지의 '투자비' 대비 수익성을 계산해야 한다. 단일 제품의 수익과 전체 마진만 계산하는 것으로는 충분하지 않다.

'공급 체인과 물류에 관여하는 관리자'라면 공급 체인이 얼마나 효율적이냐 하는 것뿐만 아니라 생산성도 계산해야 한다. 공급 체인의 생산성은 두 가지 요소로 판가름난다. 첫째, 분자(分子)로서 매장에 있는 개별 제품의 순이익(net margin), 둘째, 분모(分母)로서 매장에 있는 제품(주로 재고)에 대한 투자 자본(invested capital)이다.

'매장 운영자'라면 동종업계 최고의 베스트 프랙티스와 비교했을 때 자신의 매장이 얼마나 실적을 올리고 있느냐 하는 것뿐만 아니라, 순수익(net profit)과 매장 내 모든 제품의 ROI를 파악해야 한다.

'각 부서의 관리자'들은 매장 혹은 제품에 대한 실적을 명확히 분석하기 위해 정기적으로 한자리에 모여야 한다. 그들은 수익성을 높이는 데 필요한 핵심 요소들을 함께 조절하고, 수익성을 관리하고 증대시킬 수 있는 공동의 액션플랜을 개발하기 위해 협조해야 한다.

모든 사람에게는 동일한 성과 측정 방식이 공유돼야 한다. 그것은 결국 순수익과 ROI다. 궁극적으로, 이 중대한 실행도구가 제자리를 잡게 하는 것이 성공적인 결과를 만들어내는 데 가장 중요한 요소다.

이 다섯 가지를 제대로 수행한다면, 아무리 소형 매장이라도 잠들어 있던 수익까지 최대한 끌어낼 수 있는 수익성 문화를 창출할 수 있게 된다.

01 소매 체인 기업들 역시 모든 다른 산업 분야의 기업들과 마찬가지로 동일한 수익성 패턴, 즉 '광활한 적자의 바다 속에 몇몇 이익의 섬들'을 가지고 있다.

02 대부분의 기업들처럼, 소매 체인 기업들에게도 얼핏 생각해낼 수 있는 것보다 훨씬 많은 수익 레버가 있다. 수익 맵핑은 그것을 찾아내어 효과적인 액션플랜을 창조하게 하는 열쇠다.

03 소매 체인 기업의 수익성 관리 프로세스에서 중요한 부분은 수익성을 결정하기 위해 업무를 함께 수행하는 각 부서들을 정비해 수익성을 결정적으로 좌우할 핵심 수단을 창조하는 것이다. 이것은 다른 모든 산업 분야에서도 동일하다.

04 많은 소매 체인 기업의 수익성 문제는 규모가 작은 매장의 순환이 느린 제품 관리로부터 비롯된다. 비교적 단순한 몇 가지 관리 방법으로 이 문제를 개선할 수 있다.

2부

수익을 내는 '판매'에 목숨을 걸어라

Islands of Profit in a sea of Red Ink

Islands of Profit in a sea of Red Ink

고객 관리, 과연 예술의 영역인가, 과학의 영역인가?

많은 기업에서, 과학적인 고객 관리는 이해되지도 않고
체계적으로 적용되지도 않는다.
이는 곧 막대한 수익을 새어나가게 하는 것이나 마찬가지다.

고객 관리는 예술인가, 과학인가?

고객(account, 어카운트) 관리는 새로운 고객을 개발하고 그들과의 관계를 관리하는 프로세스다. 그러므로 그것이 예술인가 과학인가 하는 질문은 매우 중요하다. 이에 대한 답이 판매 프로세스를 체계화하고 지속적인 향상을 이루는 게 가능한지를 결정한다. 효과적인 고객 관리는 가장 중요한 수익 레버 중 하나다.

놀랄 것도 없이, 답은 '둘 다 맞다'다. 그러나 많은 기업에서 고객 관리의 '예술적' 측면은 고사하고 '과학적' 측면 역시 제대로 이해되지도, 체계적으로 적용되지도 않는다. 최고의 실적을 내는 기업에서는 고객 관리라는 '과학'이 판매 프로세스의 중심이며, 그 바탕 하에서 예술적인 판매를 통해 최적의 결과를 이끌어낸다.

'고객 관리의 과학'은 수익성 관리, 고객관계 선별, 관계 전환 경로, 고객 플래닝 등 네 가지 주요 요소로 구성된다.

이 네 가지 요소와 더불어 잘 정비된 '실적에 따른 보상 시스템'이 더해진다면 판매 프로세스는 위대한 결과를 만들어낼 것이다.

나는 여러 해 동안 수많은 영업 관리 회의나 비즈니스 리더십 미팅에 참석해왔다. 여기에서 자주 언급되는 것은, 영업자들이 거래처의 핵심 의사결정자들과 보다 더 자주 접촉한다면 매출은 훨씬 더 증대될 거라는 것이었다. 이것은 '거래처 접촉 경험이 많은 새로운 영업자를 고용하라'는 제안과 연결되기도 한다.

내게 오늘날 영업의 현실을 한마디로 정리하라고 한다면, '영업 우두머리 대다수가 관리 프로세스를 개선하는 것보다 돈을 써서 파는 것을 더 쉽게 생각한다'는 것이다.

탄식할 일이다.

프로세스만 잘 관리되고 제대로 만들어진다면, 대부분의 영업자들은 탁월한 성과를 거둘 능력이 충분히 있다. 반대로, 잘못된 구조에서 잘못된 관리를 하고 있는 기업에서라면, 제아무리 능력 있는 사람이라고 해도 효율성이 떨어질 수밖에 없다.

관리자가 해야 할 가장 중요한 책임은 영업자들이 '판매에 성공하는 방법'을 제대로 이해할 수 있도록, 체계적이고 효과적인 프로세스를 제공하는 것이다. 영업 효율성의 본질은 거래처의 요구를 충족시키기 위해 '무엇을' 해야 하는지 명확하게 이해하는 것이다. 이 프로세스가 바로 '고객 관리의 과학'이다.

고객 관리의 과학 1_ 수익성 관리

고객 관리에서 첫째로 중요한 요소는 각각의 모든 영업자가 수익성 관리라는 개념을 명확하고 효과적으로 이해하게 만드는 것이다.

누누이 강조하지만, 모든 '판매'가 동일하게 가치 있는 것이 아니다. 어떤 판매는 수익을 내지만, 어떤 판매는 실제로는 기업의 수익을 갉아먹고 있다. 영업자가 필생의 목표로 삼아야 할 것을 순서대로 적시하면 다음과 같다.

> 첫째, 가장 수익성 있는 판매를 확보하는 것.
> 둘째, 더 많은 수익성 있는 판매를 확보하는 것.
> 셋째, 현상유지 판매가 수익을 내도록 지원하는 것.
> 넷째, 수익을 못 내는 판매를 축소하는 것.

잘못된 판매를 유발하거나 최고의 판매를 해내지 못하게 하는 '겉으로만 그럴듯한 목표'는 실제로는 수익을 감소시킨다. 따라서 그 목표에 맞춰진 '판매의 예술'이 성공하면 할수록, 기업의 손해는 더 커진다.

고객 관리의 과학 2_ 고객관계 선별

고객관계 선별은 한 고객의 수익성을 만들어낼 수도, 없애버릴 수도 있다. 여기서 관계가 포괄하는 범위는 고객 운영 파트너십과 같은 자원 중심적인 관계에서, 제품 흐름 관리(거래처의 주문패턴 관리)와 같은 자원 조절과 관련된 관계, 그리고 많은 구매자와 공급자의 관계를 특징짓는 원거리 유지 관계에 이르기까지 다양하다.

따라서 고객의 특성에 따라 어떤 관계가 적합할지, 사전에 명확히 하는 것이 매우 중요하다. 고객관계 선별의 핵심 요소로는 잠재이익, 운영 적합성, 구매 형태와 빈도, 변화를 관리할 내부의 의지와 능력 등이 있다.

많은 경우에, 원거리 유지 관계를 적용해야 더 수익성이 나는 거래처에 고객 운영 파트너십을 도입하면 오히려 수익성이 떨어질 수 있다. 따라서 잘못된 관계 설정 상태에서 기교만 발휘해 판매를 하게 되면, 매출액은 수년간 지속적으로 증가할지 몰라도 회사의 성과에는 계속해서 해를 입히게 된다.

> 잘못된 판매를 유발하거나 최고의 판매를 해내지 못하게 하는 '겉으로만 그럴듯한 목표'는 실제로는 수익을 감소시킨다.

한 전자 부품 공급자는 자사의 물류센터로부터 멀리 떨어진 곳에 위치한 한 거래처를 확보했다. 그런데 이 거래처는 자사 현장에 직원이 상주해줄 것과 벤더 재고 관리를 포함해 고도로 통합된 파트너십을 원한다.

사실 공급자 입장에서 수익이 나려면 전화 주문을 받고 해당 부품을 다음 날까지 배송하는 정도의 원거리 관계가 적합한 거래처다. 그렇다면 이 경우 영업자는 어떻게 대응할 것인가?

만약 이 회사가 거래처별로 명확하고 측정 가능한 혜택을 규정한 다양한 고객관계를 개발했고, 그중 무엇을 제공하는 것이 가장 유리할지 영업자 역시 숙지하고 있다면 문제는 적어진다. 이 영업자의 판매가 예술의 경지가 되는 것은, 일단 이런 기본적인 관계 설정에서의 '과학'이 명확히 행해진 다음이다. 친분을 쌓거나 이해를 구하는 것은 그 다음 수순이라는 말이다.

비록 관계 설정으로 인해 거래처가 덜 행복해진다 하더라도, 자사에 유리한 조건을 관철하도록 노력하고 납득시킬 수 있어야 한다.

고객 관리의 과학 3_ 관계 전환 경로

기업이 제품이나 서비스를 제공할 때는 고객관계를 심화하는 명확한 전환 경로를 설정해야 한다. 대다수의 기초 제품이나 서비스의 판매 인력이나 운영 인력은 거래처의 광범위한 관리자들과 두루 접촉하는 것으로도 무방하다.

하지만 고객관계가 심화될수록 판매를 담당하는 영업 실무자가 고객사의 구매 의사결정권자와 더 깊은 관계를 형성하고 그를 위해 해당 고객의 필요를 충족할 만한 제품과 서비스를 구성할 수 있도록 해주어야 한다. 결국 고객관계를 더욱 심화된 것으로 전환하려면, 제품 및 고객 플래닝이 필수불가결하다는 말이다.

그러므로 지혜로운 마케팅 관리자라면, 단편적인 판매에서 더욱 심화된 판매(수익성이 높은 다량 판매)로 이동하도록 영업 인력을 훈련시키고 그로 하여금 정확한 정보를 제공하고 신뢰를 얻도록 교육하는 일을 게을리 하지 않는다. 주먹구구식의 사교성이 아니라, 정확한 프로세스에 근거해 판매를 하도록 돕는 것이다.

고객 관리의 과학 4_ 고객 플래닝

고객 플래닝의 목표는 영업자가 고객의 의사결정 프로세스를 관리함으로써 계속해서 관계를 진전시키는 것이다. 효과적인 고객 플래닝은 거래처의 누군가가 회사를 떠나는 일이 있더라도 판매 실적을 지속할 수 있도록, 거래처의 모든 관계자들과 탄탄한 관계를 구축하는 데 집중한다.

단기 판매 전략은 훌륭한 고객 플래닝의 일부일 뿐이다. 개념이 잘 정립된 고객 플래닝은 영업자를 지도하고 진척도를 평가하면서 문제점을 분석하고 해결하는 기반을 제공한다. 만일 개발 기간이나 판촉 투자 같은 자원이 필요할 때면, 고객 플래닝은 열성적인 비즈니스 추진 사례가 된다. 또한 이것은 장기적 관계 형성이 판매를 위해 무엇보다 중요하고 초기에 비록 매출이 미미하더라도 의미 있는 업무를 한 것에 대해 실적 보상을 하는 데도 중요한 기준이 된다.

효과적인 고객 플래닝은 적어도 여섯 가지의 중요한 행동을 포함한다. 이것은 영업 담당자가 점검해야 할 체크리스트와도 같다.

첫째, 고객 프로필 작성. 잠재되어 있는 매출과 이익, 고객 요구사항의 적합성, 구매 형태 및 빈도, 내부 변화를 관리할 의지와 능력, 약력 등이 여기에 포함된다.

둘째, 타깃의 확인. 고객을 공략할 때 가장 의사결정 능력이 있는 주요 인물들의 프로필을 작성한다.

셋째, 요구사항 파악. 제품과 서비스를 재구매하기 위해 필요한 고객의 요구사항을 정리한다. 서비스 지원, 가격, 고객가치, 홍보, 신속한 방문, 장시간 상담 등 요구사항은 모두 다를 것이다.

넷째, 마음의 빗장을 열 방법 결정. 고객이 어떤 말에 귀를 기울일 것인가, 어떤 질문이 가장 영향력 있으며 그들에게 신경 쓰고 있다는 것을 보여줄 수 있는가 등을 고려하는 것이다. 이것은 아주 중요한 단계지만 해답은 명확하지 않다. 하지만 이 단계에 소홀하면 방문은 의미가 없어진다. 최고 의사결정자를 상대할 때면 그 타격은 더 커진다.

다섯째, 액션플랜의 작성. 단계, 자원, 측정 방법, 획기적인 이벤트가 포함된 액션플랜을 작성한다. 이것은 끈기 있으면서도 면밀한 일종의 시나리오와도 같다. 더욱이 사전 분석에 근거한 것이어야 한다는 데는 재론의 필요가 없다.

여섯째, 코칭 계획의 수립. 담당자가 관리자의 코칭을 필요로 할 때, 그 내용을 요청할 필요가 있다. 관리자 역시 이를 바탕으로 개별 담당자의 코칭 및 교육 계획을 세운다.

01 영업 인력의 생산성을 높이는 비결은 '과제를 명료하게 만드는 것'이다. 영업자는 매일의 업무에서 무엇을 달성할지 완벽하게 이해해야 한다. 그런 명료함을 획득할 수 있는, 체계적이고 효과적인 프로세스를 제공하는 것이 바로 리더들의 책임이다.

02 이런 체계가 없으면 영업자들은 마치 망망대해에 떠 있는 것과 다를 바 없다. 일부는 성공하는 방법을 알아내겠지만 대다수는 자신의 능력을 십분 발휘하지 못할 것이다.

03 실적에 대한 보상은 판매 시스템이 수익성에 따라 이뤄져야 한다. 만일 모든 매출이 동등하게 '바람직한 것'으로 취급된다면 기업은 고정된 비수익성 요소로부터 절대 벗어나지 못할 것이다.

04 훌륭한 판매 프로세스의 네 가지 핵심요소는 수익성 관리, 고객관계 선별, 관계 전환 경로, 고객 플래닝이다. 이 요소들이 제 효과를 발휘하면 영업자는 자기가 해야 할 일이 무엇인지 명확히 알 수 있게 된다.

10

'수익에 집중하는 판매'의 포인트

영업 인력 각자의 생산성을 비약적으로 증대시킴으로써
기업의 수익성을 극대화한 한 총괄관리자의 드라마틱한 이야기,
그 3년의 여정을 추적한다.

어떻게 하면 관리자가 지속적으로 최상의 '영업 인당(per person) 생산성'을 달성할 수 있을까?

많은 관리자들은 이렇게 생각한다.

'영업 인당 생산성은 결국 매출 증대에 달려 있고, 비용 절감은 운영의 묘미일 뿐이다.'

철저한 오산이다. 게다가 매우 대가가 큰 오산이기까지 하다. 영업 인력은 매출 증대, 그리고 수익 극대화 두 영역에서 매우 중요한 역할을 한다. 여기, 이제는 전설이 된 한 총괄관리자는 이 두 가지 본질적인 목표를 달성하도록 '수익성 관리 프로그램'을 개발했다.

한 총괄관리자의 수익 확대 분투기

미국 남부에 있는 제지용품과 청소용품 제조사의 총괄관리자(general manager) 하나가 내게 이메일을 보내왔다. 스스로를 〈업무 지식〉의 내 칼럼 애독자라고 밝힌 그는 이메일에 다음과 같이 썼다.

> 당신이 말한 대로 앞선 3개월 동안의 데이터를 샅샅이 들여다봤습니다. 도처에서 '20:80의 법칙', 즉 20%의 고객이 전체 수익의 80%를 만들어낸다는 현실이 그대로 발견됐습니다.
> 그리고 나서 고객별로 각기 다른 판매 방식을 적용할 수 있도록 그들을 분할하고 계층을 나누었습니다. 결과는 놀라웠습니다. 주문당 총수익은 지난 4년에 걸쳐 82%나 증가했습니다. 올해의 순수익 또한 지난 3년에 비해서도 50% 이상 상승할 것으로 예측됩니다. 이제 나는 다음 단계로 옮겨가려 합니다. 그 전에 무엇보다 이 기쁜 소식을 당신과 함께 나누고 싶습니다.

편의상 이 총괄관리자를 A라고 지칭하겠다.

7년 전부터 A는 70년의 전통을 자랑하는 성공적인 회사의 판매 매니저로 일하기 시작했다. 그 회사의 거래처는 대학, 제조업체, 건강용품 업체, 조리기구 업체 등 다양하게 포진해 있었고, 그가 관리하는 팀에는 평균 20여 년의 경험을 가진 베테랑 영업 인력들이 배치돼 있었다.

매년 조금씩 매출 목표가 높아지고 베테랑 인력들인 만큼 노하우도 축적돼 있었지만, 수익성은 계속 제자리걸음이었다. 팀을 맡은 지 2년 정도가 지났을 때, A는 이대로는 안 되겠다는 위기감을 느끼기 시작했다. 그리고 3년여에 걸쳐, 영업 인당 생산성과 회사의 수익성 모두를 극대화할 수 있는 강력한 프로세스를 구축했다. 이 프로세스는 나의 이론대로 수익성 관리를 위한 세 가지 핵심 요소, 즉 수익 맵핑, 수익 레버, 수익 관리 프로세스를 모두 포괄하고 있다.

프로세스 개혁의 성공 도구 1_ 수익 맵핑

A는 IT 관리자와 함께 '고객별 수익성 분석 도구'를 개발하는 것부터 시작했다.

고객의 수익성을 계산하기 위해, 주문 내역과 거래처별 순수익을 파악했고 거기서 판매비와 운영비를 공제했다. 이 작업을 통해 각 주문과 거래처별 수익 추산치가 산출됐고, 이것을 통해 공급 체인별 순수익을 뽑아냈다. 그러고 나서 해당 고객을 맡은 영업자별로 수익을 분류하고, 운영 수익을 기준으로 등급을 매겼다.

A가 해당 결과를 영업자들에게 보여주었을 때, 그들은 아연실색하지 않을 수 없었다.

"여기는 내가 최고로 꼽는 거래처인데, 수익성이 겨우 꼴찌에서 두 번째라니요?"

데이터가 잘못됐다는 원성이 여기저기서 튀어나왔다. 해당 영업자가 이의를 제기하면, 관리자는 해당 세부사항을 보여주고 어떤 방식으로 산정된 것인지 알려주었다. 데이터 오류로 나온 경우는 전체 2,400건 중에서 30건에 불과했다.

> 결과를 영업자들에게 보여주었을 때,
> 영업자들은 아연실색하지 않을 수 없었다.
> "여기는 내가 최고로 꼽는 거래처인데,
> 수익성이 겨우 꼴찌에서 두 번째라니요?"

프로세스 개혁의 성공 도구 2_ 수익 레버

A는 수익성을 높이는 요소 중 하나가 주문건별 '운영 수익'이라는 사실을 포착했다. 영업자들은 고객을 방문해 주문을 받아왔다. 그런데 이런 방문과 출장에는 비용이 많이 들기 때문에, 그런 비용을 제하고 나면 총수익은 줄어들 수밖에 없었다.

A는 수익성을 증대시키기 위한 특단의 정책을 개발했다.

첫 번째는 영업자 한 명이 담당하는 거래처 숫자를 240개에서 56개로 줄인 것이다. 목적은 영업자 각자가 잠재력 높은 거래처를 보다 더 심도 있게 공략하도록 하기 위한 것이었다.

영업자는 단순한 구매 매개 역할을 넘어서 거래처의 핵심 의사결정권자와 더 끈끈한 관계를 형성하기 위해 더 많은 학습을 해야 한다는 것도 깨닫게 되었다. 영업자들이 자신이 담당하는 고객을 좀 더 명확하고 체계적으로 이해할 수 있도록 고객 프로필 책자를 만들도록 했다.

프로필을 작성하는 과정에서 영업자는 의사결정권자, 경쟁자, 고객사의 전략을 확인했고 고객을 제대로 공략할 수 있는 플랜을 수립했다.

우선 프로필을 작성하기 위해서 거래처와 인터뷰를 해야 했다. 영업자들은 고객들이 그간 얼마나 많은 이야기를 쏟아내고 싶어 했는지 알고는 깜짝 놀랐다. 그 이야기 속에는 자신에 대한 정보뿐만 아니라 경쟁사의 약점, 회사가 더 많은 기회를 만들어낼 수 있는 방법 등이 들어 있었다. 몇몇 영업자는 프로필 작성 과정에서 '더 잘할 방법'을 찾아냈다고 A에게 자랑을 늘어놓기도 했다.

영업자들 스스로 잠재력이 풍부한 고객을 좀 더 심도 있게 공략하는 게 훨씬 더 능률적이고 현명한 일이라는 확신을 갖기까지는 긴 시간이 걸렸다. A는 또한 팀 방문 제도, 즉 몇몇 운영부서 관리자(물류, IT, 재무 등)들이 함께 방문해 고객을 위한 비용 절감 제안을 하는 방식도 도입했다.

두 번째 도입한 정책은 상대적으로 수익성이 적은 B, C등급 고객에 대한 적절한 판매 방식을 개발한 것이다. 처음에 A는 운영 수익

마지노선 이하의 모든 거래처를 직영 관리 고객으로 지정했다. 이 고객들을 응대하는 일은 전화 영업을 담당하는 회사 내부의 고객 서비스(CS) 팀이 맡았다. 그런 다음 600~750개 정도의 중간 규모 거래처를 담당하는 미들 마켓 통합 판매 팀을 만들었다. 이들은 내부 고객 서비스 팀과 비정기적인 회의를 통해 문제점을 짚어내고 필요할 때만 거래처를 방문했다.

A가 도입한 세 번째 정책은 고객 교육을 시작한 것이다. 담당자들은 소규모 거래처들에 대해서 회사가 계속 원활한 서비스를 제공할 수 있도록 최소한 일정 규모 이상의 주문을 해줄 것을 요청했다. 대다수의 거래처는 거래를 계속 유지하기 위해 기꺼이 구매 프로세스와 주문 패턴을 변경했다.

프로세스 개혁의 성공 도구 3_ 수익성 관리 프로그램

A는 영업자가 새로운 수익성 관리 프로세스를 따를 수 있도록 실적 보상 시스템을 개편했다.
새로운 시스템 하에서 영업자에 대한 보상은 세 가지로 분류됐다.
첫째, 보상의 45%는 급여 형태로 지급했다.
둘째, 보상의 35%는 커미션 방식으로 지급했다.
셋째, 보상의 20%는 지난해의 주문당 총이익 증가에 대한 보너스 방식으로 지급했다.

이외에도 커미션을 받을 조건을 충족하는 최소 주문량 제도를 도입했다. 수익성 관리 프로그램은 엄청난 성공을 거두었다.

A는 그 비결을 한 문장으로 정리했다.

"직원들에게는 '숫자'를 보여주고, 거래처에는 '논리'를 제시한 것이다."

주문당 운영 수익을 높이는 데 집중한 방법은 깜짝 놀랄 만한 결과를 가져왔다. 이 회사의 주문당 운영 수익은 80% 이상 증가했으며, 순이익은 50% 이상 치솟았다.

> **대다수의 거래처는 거래를 계속 유지하기 위해 기꺼이 구매 프로세스와 주문 패턴을 변경했다.**

당신이 파는 것은 바로 당신 자신이다

기업에 있어서 영업 인력은 자동차의 앞바퀴를 굴리는 동력과 같다. 기업을 시장으로 끌어당긴다. 그러나 경영자의 계획이나 의도가 무엇이냐와 무관하게, 기업이 판매하고 있는 것은 바로 기업 그 자체가 된다.

그렇다면 당신의 회사는 무엇을 판매하고 있는가?
이 질문에 답하기 위해 실적 보상 시스템을 살펴보라.

대부분의 기업은 영업 인력에 대해 주로 매출액, 간혹 총수익이나 판매 수량에 따라 보상을 한다. 수익성에 의해 보상하는 경우는 거의 없다. 하지만 모든 매출이 균일한 수익성을 갖지는 않는다. 이것이 바로 문제의 본질이며 또한 기회다.

A는 '매출액에 집중한 판매'에서 '수익에 집중한 판매'로 전환함으로써 회사의 수익성을 추가 자본 투자 없이 50% 이상 증가시켰다.
그가 사용한 세 가지 방법을 압축해 다시 설명하면 다음과 같다.

첫째, 잠재력 높은 거래처를 확인하고 영업 자원을 거기에 집중시켰다.
불신에 사로잡혀 내게 하소연을 하던 다른 회사 사장의 말과는 180도 다른 정책이다.
"우리 영업자들은 꼭 벌떼 같다니까. 된다 싶은 이 꽃 저 꽃으로 옮겨 다니기만 해요."
A는 영업자들이 담당하는 고객 범위를 축소시킴으로써, 그들의 에너지를 우수 거래처와 심도 깊은 관계를 확장하는 데 집중하도록 했으며, 결과적으로 수익성의 핵심 근원을 확보할 수 있었다.

둘째, 복합 판매 시스템을 창안했다.
최고의 거래처는 집중적인 영업 서비스를 제공받았고, 중간 정도의 거래처는 내부 고객 서비스 팀과 비정기적인 영업자의 방문이 혼합된 서비스를 받았으며, 작은 거래처는 내부 고객 서비스 팀의 서비스만 받았다. 이렇게 해서 A는 직접 영업 인력을 잠재수익성이 가장 높은 고객에게 집중시켰으며, 영업 자원에 들어가는 비용을 그들 고객에게서 발생하는 이윤으로 충당했다.

> A는 결국 가장 잠재력이 높은 고객을 공략해서
> '나쁜' 고객을 '좋은' 고객으로 전환시켰다.
> 결국 회사의 단단히 고정된 비수익성 요소를 깨뜨리고
> 50%의 수익 증대로 탈바꿈시킨 것이다.

셋째, 거래처가 주문을 통합하도록 유도함으로써 주문별 운영 수익을 증가시켰다.

또한 새로운 실적 보상 시스템을 개발하고 폭넓은 교육 프로그램을 통해 그것을 보완함으로써 영업 인력이 이 조치를 달성하도록 추진했다.

A는 결국 가장 잠재력이 높은 고객을 공략해서 '나쁜' 고객을 '좋은' 고객으로 전환시키는 강력한 수익 집중 판매 시스템을 도입했으며, 회사의 단단히 고정된 비수익성 요소를 깨뜨리고 50%의 수익 증대로 탈바꿈시켰다.

01 수익성 관리 프로세스를 정비하는 일은 어렵지 않다. 하지만 그 효과는 대단하다. 이 유통회사의 A는 신중하게 설정한 조치를 일관되고 효율적으로 실행함으로써, 비교적 단기간에 엄청난 수익 증대를 달성했다.

02 수익 맵핑은 이 액션플랜을 개발하는 핵심요소였다. 그것을 통해 A는 적절한 정책을 찾아낼 수 있었고, 영업자들 역시 이 변화가 옳은 것임을 확신할 수 있었다.

03 두둑한 지갑에서 자기 몫을 늘리는 데 집중하라. 영업자가 움직여야 할 포인트도 바로 그것이다. 바쁘게 움직인다고 수익이 생겨나는 게 아니다. 지혜롭게 움직일 필요가 있다. 당신이라면 어떻게 할 것인가?

영업 조직에 열정을 불어넣는 베스트 프랙티스 활용 전략

A등급의 실적과 베스트 프랙티스를 통해
B, C등급들을 훈련시키고 동기부여 하는 일은 어떻게 가능할까?
여기 그 생생한 사례가 있다.

많은 관리자들이 자신이 벤치마킹할 수 있는 '베스트 프랙티스'의 필요성을 강조한다.

하지만 정말 모델이 없어서 못한 것일까?

확신컨대 지금까지 내가 보아온 모든 기업의 문제의 답은 바로 그 기업 안에 있었다. 한 기업 내에도 얼마나 많은 베스트 프랙티스가 존재하는지 알게 된다면 깜짝 놀라게 될 것이다.

베스트 프랙티스란 이런 것이다.

만약 누군가가 자사의 영업팀 구성원들이 했던 모든 일을 비디오로 촬영해두었다고 치자. 그것들을 잘 편집한 다음 최고의 부분만 선별해보면, 누구든 세계 최고의 비즈니스 실행 모델을 보게 될 것이다. 장담한다.

물론 편집실 바닥에는 문제들이 널려 있다. 기업이 제대로 실적을 내지 못하는 증거가 바로 거기에 있다. 하지만 여기에도 좋은 소식은 있다. 만일 영업 조직 전체가 베스트 프랙티스를 해낼 수 있게 된다면, 얼마나 더 많은 돈을 벌 수 있을지 보여주기 때문이다.

영업 인력의 평균 수행 역량은 최고와 중간, 최하의 평균치다. 그러니 성과를 개선하는 가장 빠르고 쉬운 방법은 모든 직원이 최고가 되도록 만드는 것이다. 이것은 영업 조직에서는 가장 강력한 수익 레버다.

지금쯤 당신은 이런 생각을 하고 있을 것이다.

'그게 어디 쉬운가? 어느 회사건 A등급, B등급, C등급이 있기 마련이지, 어떻게 모든 사람을 다 A등급으로 만들어? 꿈같은 얘기 하고 있네.'

그러나 나의 경험상, 그런 추정은 거의 항상 틀렸다.

이런 사고방식이 유지되는 이유는 영업(혹은 그 어떤 분야든) 프로세스 자체가 '평균적인 능력을 가진 직원이 지속적으로 우수한 성과를 낼 수 있도록' 분석되고 명문화되고 교육되고 있지 않기 때문이다.

그렇다면 왜 그것이 안 되는가?

현상유지 프로세스를 '개조' 프로세스로 변화시켜라

나는 몇 년 전 한 제조업체를 방문했다.

당시 그 회사는 장기 생산 방식을 특징으로 하는 대량 생산 시스템에서 단기 생산 방식을 기조로 하는 신속 대응 시스템으로 전환하고 있었다. 신속 대응 시스템을 설계할 때 유의할 점은 생산 라인이 어떤 제품을 생산하든 거의 즉각적으로 바뀔 수 있어야 한다는 점이다.

예를 들자면 이런 식이다.

장기 생산 방식을 취한다면 주방가전 제조업체의 한 생산 라인은 3개월 동안 특정 모델의 스토브만 생산한다. 다른 모델을 생산하기 위해서 생산 라인을 전환하는 데 이틀 이상의 시간이 걸렸다. 하지만 신속 대응 시스템을 도입하면 같은 회사 같은 라인에서 매일 다른 제품을 생산할 수도 있다. 결국 생산 라인을 한 제품에서 다른 제품으로 얼마나 신속히 전환하느냐에 성패가 달려 있다.

이 제조업체는 생산 라인 전환 문제를 해결할 수 있는 간단하면서도 교묘한 방법을 개발했다. 전환 시스템을 맡은 팀은 라인이 전환되는 과정을 비디오에 담았다. 그리고 마치 프로팀 코치가 게임 녹화 내용을 검토하듯 샅샅이 문제를 찾아냈다. 그 정보를 바탕으로 새로운 프로세스를 개발했다. 거기에 덧붙여 새로운 전환 방식을 체계적으로 정리해서 교육 자료를 만들고 이를 감독하는 메커니즘까지 만들어냈다. 그 결과, 전환 시간은 극적으로 감소했다.

> 이런 사고방식이 유지되는 이유는 영업(혹은 그 어떤 분야든) 프로세스 자체가 '평균적인 능력을 가진 직원이 지속적으로 우수한 성과를 낼 수 있도록' 분석되고 명문화되고 교육되고 있지 않기 때문이다.

비즈니스도 의학 분야의 '진료 스탠더드'를 벤치마킹하라

의학 분야에는 '진료 스탠더드(Standards of Care)'라고 불리는 가이드 원칙이 있다.

예를 들어 수술을 앞둔 당신에게 의사는, 구체적으로 어떤 절차를 거치게 될지 설명해야만 할 의무가 있다. 의사들은 이렇게 말한다.

"A가 보이면 B를 할 겁니다. C가 보이면 D를 할 겁니다."

모든 의사들은 경험과 지식 수준에 관계없이 훌륭하게 구성된 '진료 스탠더드'에 의한 베스트 프랙티스를 보여준다.

이 기준은 엄밀한 연구와 경험 분석을 기반으로 만들어지며, 이 분야에 종사하는 모든 사람이 이용하고 따른다. 이는 또한 '최고의 업무 방법'에 대한 이해를 공유하게 만들어준다.

의학 분야 최고의 연구자들과 전문가들은 이 기준을 개선하게 위해 늘 연구하고 노력하며, 어느 누구도 이 프로세스를 어기면 안 된다.

'진료 스탠더드 프로세스'의 위력은 강력하다.

이것은 해당 분야 전문가들이 과연 제대로 일처리를 했는가에 대한 체계적인 분석과 검증 도구가 되어주며, 모든 이들이 가능한 한 베스트 프랙티스에 가깝게 다가가도록 해준다.

최고의 의사들이라면 능력이 있기 마련이지만, '진료 스탠더드'가 있기 때문에 그렇지 못한 의사들도 최대의 능력을 발휘하게 만든다. 결국 업계 최고의 방법론을 '기준'으로 삼고 그것을 지속적이고 신속하게 확산시키기 위해 노력하고 있는 셈이다.

그렇다면 영업 등 여타의 비즈니스 관리자들은 왜 그렇게 하지 못하는가?

"고객마다 전부 다 다르고 모든 영업자가 개성이 있으며, 따라서 프로세스로 만들어 체계화하는 일은 사실상 불가능하다. 우리는 본래부터 특별하다!"

어디서 많이 듣던 이야기 아닌가? 이런 견해는 틀렸을 뿐만 아니라, 반생산적이기까지 하다.

예를 들어 상대가 중요한 고객이고 처음 공략할 때는 누구나 어려워한다. 특히 경험이 부족한 영업자라면 이런 거물급에게 다가가는 것조차 꺼릴 것이다. 애써 새 고객을 공략하지 않아도 괜찮다고 생각하거나, 그런 고객을 공략하는 일은 애초부터 어려운 일이기 때문에 노력 대비 효과가 적다고 생각할 수도 있다. 하지만 언제나 기회는 아직 아무도 공략하지 않은 잠재력 높은 고객을 잡았을 때 찾아온다.

몇몇 대기업에서 이 문제를 놓고 조사할 기회가 있었다. 나온 결과는 모두 유사했다.

각 기업에서 최고 실적을 내는 영업자들을 개별적으로 인터뷰하면 각자 수완 있는, 그러나 비교해보면 다른 최고들과 눈에 띄게 유사한 '거래처 공략 프로세스'가 있다. 이들은 매번 어떤 접촉 방식이 가장 효과적일지 정확히 예측하고 그 결과에 대한 예상도 거의 적중한다. 거래처마다의 차이를 고려해 프로세스를 미세하게 변경하며, 그런 차이에 대처하는 방법 또한 알고 있다. 문제는 이런 최고의 방법론이 기업과 업종을 막론하고 거의 유사하다는 것이다.

하지만 B등급이나 C등급 영업자들을 만나보면, 전혀 다른 생각을 갖고 있었다. 이들은 이런 류의 프로세스 자체에 대해 극도로 알레르기 반응을 보이거나 혹은 지나치게 특정 프로세스에 안주하는 경향을 보였다. 전자 쪽은 프로세스 자체를 외면했고 따라서 다른 이의 베스트 프랙티스를 모방하는 것에도 관심이 없었다. 후자 쪽은 어설픈 프로세스로 접근하다가 효과가 없으면 나가떨어지곤 했다.

놀라운 것은 A등급의 영업자들은 이 B등급이나 C등급이 왜 공략이 힘든 고객을 포기하고 그 대신 보다 용이한 고객 쪽으로 집중하게 되는지 그 이유까지도 말해줄 수 있다는 것이다. 즉 성과가 낮은 이유도, 그것을 개선할 방법도, 효과적인 프로세스도 이미 다 나와 있다는 말이다. 그것을 정확히 데이터화해서 명문화하지 않았을 뿐.

A등급 영업자들의 대화 방식을 보면 의사들과 화법이 비슷하다.
"A가 보이면 B를 할 겁니다. C가 보이면 D를 할 겁니다."
이들은 자신만의 프로세스를 정리하고 개선하며 발전시킨다.

하지만 B등급이나 C등급 영업자에게는 자기가 해온 베스트 프랙티스를 발견해본 경험도, 그럴만한 능력도 없다. 그러나 대개 기업에서 진행되는 직무 훈련은 매우 일반적인 내용에 포커스가 맞춰져 있고, 최고의 방법을 배우는 것보다는 '대화 스킬'이나 '기초 매뉴얼' 수준에 머무른다. 결국 학습할 대상이 부재한 셈이다.

게다가 관리자들은 최상의 '판매 스탠더드'을 가르치고 훈련시키는 대신, 실적만을 닦달하거나 프로세스의 단편만 지도하는 오류를 저지른다. 그러니 판매 성과와 수익성은 어떤 사람이 일시적으로 존재하다 나갔느냐에 따라 들쭉날쭉할 수밖에 없다.

베스트 프랙티스를 어떻게 '프로세스'로 만들 것인가?

여기에 영업 인력의 '판매 스탠더드'를 만들어낼 수 있는 7가지 방법론이 있다.

판매 스탠더드 1_ 베스트 프랙티스를 확인하라

A등급 영업자와 인터뷰를 하라. 지역 관리, 고객 선별, 고객 공략 주기, 영업 방문과 후속조치와 같은 매일의 기본사항이 어떤 프로세스로 이뤄지는지 집중하라.

판매 스탠더드 2_ 베스트 프랙티스를 명문화하라

여기에서, 핵심은 반복 가능한 프로세스를 만들어내는 것이다. 즉 당신만의 '판매 스탠더드'로 전환할 수 있는 몇 가지 성과가 큰 활동에 집중하는 것이다.

미식축구에 비유하지만, '기초 훈련'과 '게임 플랜'으로 나누는 것이다. 기초 훈련에는 기분 좋은 통화 요령이나 편안하게 대화하는 능력 등이 들어가며, 게임 플랜에는 고객이 무엇을 우선순위로 삼는지 혹은 공략 주기를 어떻게 설정할지 등이 포함된다.

판매 스탠더드 3_ **프로세스를 훈련하라**

가장 효과적인 훈련은 일반적인 영업력을 가르치는 것 이상이 되어야 한다. 이 훈련은 담당자들에게 기업의 특성을 감안한 베스트 프랙티스를 체계적으로 가르치는 것에 집중해야 한다. 예를 들어, 고객 공략 프로세스에는 이미 입증된 몇 개의 게임 플랜이 있을 것이며 이 각각의 플랜에는 매 단계마다 특별히 중요한 활동이 담긴 몇몇 확인 가능한 단계가 포함되어 있을 것이다. 모든 담당자가 이 베스트 프랙티스 프로세스를 알아야 하고, 매 단계마다 성공을 위해 꼭 필요한 필수 기술에 통달해야 한다.

판매 스탠더드 4_ **프로세스를 지도하라**

미식축구 팀 뉴잉글랜드 패트리어츠의 스타 쿼터백 톰 브래디(Tom Brady)는 이렇게 말했다.

"슈퍼볼에서 세 번 연속 승리하는 목표 따위는 최고의 훈련 코스를 세 번 마치고 난 후에나 생각할 일이다."

거래처 공략 프로세스의 각 단계마다 확인 가능한 주요 포인트가 나타날 것이다. 예를 들어, 특정 단계에 반드시 거래처 기술자와 대화를 나누는 것이 중요하다면, 관리자는 담당자가 그 프로세스를 명확히 수행하도록 반복해 지도하고 훈련시켜야 한다.

판매 스탠더드 5_ **프로세스를 측정하라**

영업 실적에 대한 측정 기준이 애매모호하고 광범위한 경우가 너무나 많다. 거래처 공략에서는 단계별 진척 상황을 측정하는 것이 매우 중요하다. 때때로 중대한 진전이 즉각적인 매출로 연결되지는 않는 경우도 있다.

판매 스탠더드 6_ **프로세스를 보상하라**

실적 보상 시스템은 베스트 프랙티스 프로세스와 조화를 이루어야 한다. 만일 전환을 앞두고 있는 거래처 관리가 중요하다면, 보상의 요소도 거래처 공략의 중요한 단계와 관련되어야 한다.

판매 스탠더드 7_ **끊임없이 프로세스를 개선하라**

다른 어떤 '스탠더드'와 마찬가지로 최고의 성과 달성자들도 늘 프로세스를 발전시킬 방법을 찾는다. 핵심은 이런 개선점을 확인하고 포착해서, 전체 영업 인력이 이 새롭고 더 발전된 수준까지 체계적으로 이동하도록 만드는 것이다.

'성과'를 중심으로 사고하고 움직이는
일관된 문화를 만들어라

내부의 베스트 프랙티스를 활용하는 것이 강력한 효과를 발휘하는 이유는 영업 인력이 그 발전을 선뜻 받아들이기 때문이다. 스스로의 베스트 프랙티스야말로 자기 것으로 만들기 가장 좋다. 조직 내의 모든 사람이 존경하고 감탄하는 최고의 성취자들에 의해 개발되었기 때문이다.

  베스트 프랙티스가 효과를 발휘하면, 그 성공의 결과로 쟁취한 고객이 바로 우리 회사 고객이 된다. 영업자라면 누구나 '자신도 그렇게 할 수 있는 방법'을 알고 싶어 할 것이다.

  스스로의 베스트 프랙티스를 활용하는 것이 곧 세계 최강의 방법이다. 자신의 스탠더드는 스스로가 제일 잘 안다. 그러므로 리더들은 그 기준을 확인하고 명문화하고 가르치고 지도함으로써, **빠르고 효과적으로** 확산시킬 수 있다. 영업 인력 역시 그것을 기꺼이 수락하고 채용함으로써, 근본적인 수익률 제고를 달성하는 데 직접적인 영향을 미칠 것이다.

12

새로운 경영 도구_
잠재력에 근거한 판매 예측

판매 예측이 빈약한 실적을 지속시키는가?
잠재력에 근거한 판매 예측은
매출 증대와 변화를 추진할 새롭고 강력한 방법이다.

'판매 예측'은 모든 기업에서 매출 증대의 핵심 도구가 되어야 한다. 그러나 너무나 자주 관리자들은 '예측'을 그저 생산적인 업무에서 파생된 기분 전환 거리 정도로 취급한다.

판매 예측이 제대로 적중하지 못하는 이유는 대부분의 기업에서 이것이 강제성 있는 프로세스가 아니라 의례적인 서류 작업으로 은연중에 취급되기 때문이다.

관리자들은 이 프로세스를 통해 매출 동향을 분석하고 관리하며 개선하기보다, 현재의 평균적인 실적을 토대로 미래를 예상하는 데만 이용한다. 이런 현상은 그 예측이 제대로 되었든 아니든 현재의 관행을 고착시키며, 결과적으로 관리자들은 생산성과 실적을 향상시킬 중요한 기회를 잃게 된다.

우리의 미래 청사진에는 무엇이 잘못 그려져 있는가?

전형적으로, 판매 예측은 두 가지 방식으로 이루어진다.

첫째, 확인할 수 있는 거래처를 통한 평균 매출을 기초로 자료를 추출한다.

둘째, 인구통계학적 데이터와 경쟁 상황을 전망해 판매 수치와 연동시킨다.

유지보수 제품을 유통하는 A라는 기업이 있다. 이 회사는 전통적인 영업 조직을 보유하고 있다. 각 담당자는 5~10개의 대형 거래처, 10~15개의 중형 거래처, 100개 정도의 소형 거래처(이들 중 상당수는 잠재력이 높지만 아직은 거래 규모가 적은 회사)를 포함해 약 120개의 거래처를 담당한다.

담당자는 대형 거래처의 경우 기껏해야 1주에 한 번, 중형 거래처는 2주에 한 번, 소형 거래처는 한 달에 한 번 방문한다. 영업 조직은 일반적인 판매 관리 소프트웨어를 사용해 담당자별 실적을 확인한다. 이 소프트웨어는 판매 금액, 경향, 타이밍을 토대로 예상 판매 실적을 계산하는 보고서를 만들어낸다. 이것이 판매 예측의 핵심이 된다.

B기업은 약 500개의 매장을 보유한 소매 체인 기업이다. 마케팅 그

룹은 각 매장의 판매 수치를 지역의 인구와 경쟁 상황과 연동해 예측 모델을 개발했다. 이 기업은 이 모델을 토대로 운영 중인 매장과 향후 신규 오픈할 매장의 판매를 예측한다.

무엇이 잘못되었는가?

예측을 잘못되게 만드는 잃어버린 고리

A와 B기업 모두 비즈니스를 성장시킬 목적이 아니라, 기존의 재무 관점에 의해 설계된 예측 프로세스를 보유하고 있다. 이들은 향후에도 지금처럼 움직일 것이며, 따라서 이 프로세스가 미래에도 적용될 것이라 암묵적으로 가정한다.

그러나 경영의 요점은 근본적으로 다르다. 요점은 비즈니스를 성장시킬 수 있는 핵심 요소를 확인하고, 기업이 더 발전하도록 그것을 변화시키는 것이다.

예측의 주된 목적은 빈약한 실행모델을 지속하는 대신에, 기업 내에 존재하는 베스트 프랙티스를 발견하고 이것을 통해 향상된 결과를 예측에 반영하는 것이다. 판매 예측 프로세스를 제대로 설계하면 적극적인 변화는 가속화되지만, 예측 프로세스가 낙후하면 오히려 변화 자체를 방해한다.

> 예측의 주된 목적은 빈약한 실행모델을 지속하는 대신에,
> 기업 내에 존재하는 베스트 프랙티스를 발견하고
> 이것을 통해 향상된 결과를 예측에 반영하는 것이다.

유통 전문 기업인 A사는 어떻게 판매를 예측해야 하나?

유통업체인 A사부터 시작하자. 이 기업의 최고 경영진에게 성공의 열쇠는 '잠재력'에 기준을 둔 2단계의 예측 프로세스를 효율적으로 활용하는 것이다.

판매 예측 1단계_ 잠재 매출 예측

한 지역의 모든 주요 거래처에 대해 현재의 매출이 아닌 '잠재' 매출을 예측한다.

해본 적이 없다면 도대체 어떻게 해야 할지 막연할 수도 있다. 방법은 이렇다. 관리자는 자사 내 베스트 프랙티스에 집중해 그 고객들의 특징을 파악한다. 매출액이나 장비 보유 대수 등이 그것이다.

그런 다음, 수익 맵핑을 이용해 거래처나 지역의 잠재력에 대해 70% 정도의 정확도를 목표로 예측 수치를 산출한다. 이 분석을 바탕으로 다른 거래처들의 핵심 특징을 알아내고 잠재 매출을 추산하는 것은 어려운 일이 아니다. 게다가 거래처별 잠재력은 매년 크게 바뀌

지 않기 때문에, 이 정보를 일단 한 번 확보하고 나면 지속적으로 예측을 해내는 것은 어렵지 않다.

이 단계에서 몇 가지 놀라운 사실이 발견된다. 매출이 너무 미미해서 과거에는 별 주목을 받지 못했던 일부 소형 거래처가 미처 공략되지 않았을 뿐 잠재력이 아주 높은 거래처라는 사실이 밝혀진다. 기업의 베스트 프랙티스를 바탕으로 체계적인 훈련을 받은 담당자가 이 고객에게 집중하면, 두드러진 매출 증대를 이룰 수 있다.

판매 예측 2단계_ 성과 기준의 변화

상당한 잠재 매출이 기대되는 거래처의 잠재 매출 예상 수치와 현재 매출의 '차이'를 추산한다.

이 간단한 계산을 통해 해당 거래처에서 미처 실현하지 못한 잠재 매출이 어느 정도인지 알 수 있다. 이 계산법은 관리자가 해당 영업자의 업무 효율성을 측정할 수 있는 효과적인 수단이 되기도 한다. 예를 들어 해당 실무자가 본래 척박한 지역에서 열심히 일해 훌륭한 성과를 냈는지, 아니면 가능성이 오히려 더 큰데도 성과는 평범한 수준인지 알 수 있다. 이런 균형감을 갖추면 효율적인 영업 관리와 보상이 용이해진다.

결국 관리자는 영업자로 하여금 전년도 매출을 기준으로 거래처를 상대하게 하는 대신, 목표로 삼은 잠재성을 기준으로 시간을 할애하도록 지시할 수 있다. 이 중요한 수익 레버는 영업 부서의 생산성을 단기간에 증대시킬 것이다.

잠재 매출 예측은 매출이 변화하고 증가되는 와중에도 정확히 측정할 수 있다. 거래처와 지역의 잠재력을 분석하고 나면 영업팀은 지역별로 '투입 대비 효과'가 가장 큰 거래처를 공략 목표로 삼을 수 있다. 자사의 베스트 프랙티스를 통해 달성할 수 있는 매출액과 시기를 반영해 계획을 수립하기 때문에, 영업팀은 매출 증대의 최대 한도까지 이를 수 있다.

관리자들은 전환 거래처의 매출 증가에 따른 각 담당자의 상대적인 효율성을 측정할 수 있기 때문에, 한 담당자가 최선의 실행을 했을 때 달성할 수 있는 매출 증가율을 정확히 예측할 수 있다.

소매 체인 기업인
B사는 어떻게 판매를 예측해야 하나?

소매에서도, 잠재력에 근거한 2단계의 예측 프로세스가 중요하다.
하지만 이 경우는 프로세스가 조금 다르다.
B사의 경우로 돌아가 보자.
이 회사는 다양한 제품군을 판매한다. 이전 같으면 지역 총인구, 평균 수입, 경쟁 상황 같은 광범위한 측정 수단과 매장별 매출을 연동시키는 예측 모델을 사용했을 것이다. 이 모델은 기존 매장에서도, 신규 오픈 예정인 매장에서도 동일하게 사용되었다.
이 회사가 비약적인 성장을 이루는 열쇠는 A사와 유사하게, 잠재력에 근거한 2단계 예측 프로세스를 적절히 활용하는 것이다.
우선 각 매장의 잠재 매출을 예측한다. 이 소매 기업은 그간 다른 회사들과 유사하게 매장별 전년도 매출과 시장 동향, 경쟁 환경 등을 고려해 매출을 예측했다. 하지만 이 경우에도 최고의 매장, 즉 회사 내에 있는 베스트 프랙티스를 통해 최고 실적을 산출하고 각 매장에서 최고 실적에 미달하는 사례를 추적함으로써 잠재력을 바탕으로 판매 예측을 할 수 있다.

그 다음 단계로는 관리자들이 아직 실현되지 못한 잠재 매출, 즉 최고 실적에 미달한 거래 고객을 공략하기 위해 어떤 전략으로 움직일지, 마케팅 자원을 어떻게 배치해야 할지 정밀한 지침을 제시했다.

매장별로 실제 매출과 잠재 매출을 비교함으로써, 관리자들은 상권을 효과적으로 개발하는 과정에서 각 매장이 상대적으로 얼마나 효율적인지 측정할 수 있다. 이것을 측정할 수 있게 되면 이들의 효율성을 높이기 위한 방법론 역시 효과적으로 도출할 수 있다.

잠재력에 근거한 판매 예측은 신속한 매출 증대를 위한 최고의 원동력이 될 수 있다.

과거 데이터를 바탕으로 판매 목표를 설정하는 나약한 방식으로는 성공을 이룰 수 없다. 대신, 가능한 최고의 실적을 토대로 예측을 해야 하며, 2단계 프로세스를 통해 회사 전체의 성과에 뚜렷한 향상을 이뤄야 한다. 이 프로세스를 잘 활용하면 관리자는 과거의 실패를 답습하는 대신, 수익성이 높은 미래를 창조할 수 있다.

> **잠재력에 근거한 판매 예측은 신속한 매출 증대를 위한 최고의 원동력이 될 수 있다.**

01 판매 예측은 기업 내부에 존재하는 베스트 프랙티스를 찾아내고 이를 확산시킴으로써 뚜렷한 실적 향상을 가능케 하는 도구가 되어야 한다. 그것이 아니라면, 예측은 그저 현재의 좋은 점과 나쁜 점을 나열하는 불필요한 작업이 되고 만다.

02 평범한 수준의 성과를 반영해 가능할 법한 예측을 답습하고 그것을 잘 지킨다 해도, 그 기업은 탁월한 성공을 거두기 힘들다.

03 잠재력에 근거한 판매 예측은 기업의 잠재력과 비즈니스 개발 속도에 대한 일련의 구체적인 기준을 제시한다. 이 기준들이 판매 관리와 프로세스 코칭의 중심이 되어야 한다.

04 잠재력에 근거한 판매 예측 모델을 개발한다면, 그 관리자는 회사의 실적에 지대한 영향을 미칠 수 있다.

13

당신의 조직은 파충류인가, 포유류인가?

고객과 공급자로서 관계를 맺을 때, 어떤 기업은 파충류처럼 행동하고
어떤 기업은 포유류처럼 행동한다.
그리고 어떤 기업은 어정쩡한 상태에 머물러 있다.
이 둘은 어떤 차이가 있으며, 왜 그 차이가 중요한가?

구매자와 공급자로서 관계를 맺을 때, 어떤 기업은 파충류가 되고 어떤 기업은 포유류가 된다.

파충류와 포유류는 번식과 신진대사 둘 다 근본적으로 다르다.

첫째, 번식 방법이 다르다. 뱀 같은 파충류는 몇몇만은 살아남으리라는 희망을 안고 수백 수천 개의 알을 낳는다. 반면, 곰 같은 포유류는 적은 개체수의 새끼를 낳아 오랫동안 키운다.

둘째, 신진대사 방법이 다르다. 파충류는 냉혈동물이며 환경에 민감하게 좌우되는 반면, 온혈동물인 포유류는 비록 큰 대가를 치르게 되더라도 자신의 운명을 통제할 능력을 가진다.

어떤 것이 파충류 식 비즈니스 전략인가?

많은 기업들이 파충류나 포유류의 번식 전략 같은 거래 관계를 형성하고 있다.

예를 들어 대다수의 카탈로그 판매 기업들은 불특정 다수의 잠재 고객에게 직접 광고물을 발송한다. 이 기업들은 유관 분야 잡지 구독자나 다른 소스로부터 얻은 메일 리스트로 종종 재미를 본다. 그들은 개중 몇몇 고객이 될 것이라는 기대를 안고 수많은 가망고객과 접촉을 시도하며, 약 2~3%가 구매를 하면 이 투자는 성공한 것이 된다. 이런 접근 방식은 파충류의 번식 전략과 유사하다.

대부분의 제품을 다수의 공급자 네트워크로부터 입찰을 통해서 공급받는 기업이 있다. 이 기업은 수십 개의 업체에 공급 요청서를 발송하거나 온라인 경매나 시장을 통해서 공급받을 수도 있다. 이런 구매 방식 또한 파충류의 번식 전략과 유사하다.

어떤 것이 포유류 식 비즈니스 전략인가?

잘 설계된 통합적인 고객 관리 시스템을 보유한 기업들의 판매 프로세스는 어떨까? 이런 기업들은 우수 고객과 밀접한 관계를 유지하는 것에서 통합 운영에 이르기까지 고객 계층별로 신중한 정의를 내린다. 고객 관리자, 마케팅 관리자, 공급 체인 관리자가 함께 일하면서 시장을 분석한다.

기존 고객과 잠재 고객을 잠재 이익, 운영 적합성, 구매 형태, 내부적인 변화 관리 의지와 능력 등 다양한 자질 검증 수단을 통해 분류한다. 이들 기업은 고객관계 전환 경로를 설정했는데, 이것은 새로운 고객에게 가치 있는 일련의 서비스를 제공한 후, 만일 해당 고객의 잠재력이 계속 보장된다면 관계를 더욱 심화시킬 다른 서비스를 점진적으로 제공하는 고객 서비스 방식이다. 그들은 고객 개발을 위해 경제 상황에 대한 안목을 키우는 한편, 고객에 대한 지식과 신뢰, 핵심 고객 내부의 변화를 관리할 수 있는 능력을 배가해 경쟁자가 넘보지 못하도록 진입장벽을 높이며 잠재력 높은 고객들과의 밀접한 관계를 개발하고 이를 발전시킨다.

오랜 기간 관계를 지속하는 종합적인 형태의 관계는 본질적으로 아주 소수의 개체만을 낳고 키우는 포유류의 번식 방법과 유사하다.

벤더 공동운명체라는 새로운 개념

'벤더 운명공동체(codestiny)'는 포유류 방식의 '구매-공급자' 관계의 궁극적인 결정판을 의미하는 일본식 개념이다.

이 개념은 공급자와 구매자가 혼연일체가 되는 관계를 나타낸다. 이런 관계를 설정하게 되면, 정보 공유의 폭이 확장되고 파트너십은 길고 튼튼하게 유지되며, 한 공급자로부터 보다 넓은 범위의 제품을 구매하게 된다.

> '벤더 운명공동체'는 포유류 방식의 '구매-공급자'
> 관계의 궁극적인 결정판을 의미하는 일본식 개념이다.

    이 관계에서 구매자와 공급자 모두 상당한 운영 효율과 품질 향상을 달성할 수 있다. 각 파트너가 거래처에 대해 더 깊은 지식을 갖게 되고 관계에 지속적으로 전념하며, 상대에 맞춰 비즈니스 방식을 수정하고 장기적인 투자를 마다하지 않기 때문이다. 이렇게 해서 이들은 근본적인 운영 패러다임과 비즈니스의 비용 구조를 함께 변화시킨다. 벤더 공동운명체는 결과적으로 구매자와 공급자 모두 승리하게 만들어준다

    물론 여기에도 위험 요소는 있다. 특정 핵심적인 비즈니스 파트너에 대한 의존도가 너무 커진다는 점이다. 그러므로 파트너를 선별하고 관계를 수립하는 과정에서 상당한 주의를 요한다. 이런 류의 계약서는 어느 한쪽이 철회를 원하면 언제든 원상태로 복귀함을 명시하는 내용이 포함되어야 한다. 신의와 성실에 의해 관계를 유지하는 것이 쌍방의 최대 관심사가 되도록 하기 위함이다.

    맥도널드의 경우는 핵심 벤더들과 애초부터 공동운명체 관계를 형성했다. 이들 공급자들은 맥도널드가 성장하고 번창해감에 따라 엄청난 성공을 거두었으며, 이들의 충성도가 높아졌음은 두말할 필요가 없다.

지혜로운 중도, 오리너구리 전략

그렇다면 델은 파충류 전략을 구사하고 있을까, 포유류 전략을 구사하고 있을까?

델의 고객관계 관리 방법은 오리너구리로 비유할 수 있다.

오리너구리는 파충류처럼 알을 낳지만, 포유류로 분류된다. 오리너구리는 두 개의 알을 낳아서 자기 배 위에 나 있는 털에 붙어 있게 한다. 새끼가 알에서 나오면 어미는 머리털에 새끼를 붙여놓고 보살핀다. 결론은 '알에 속지 말라'는 것이다.

델은 이메일이나 광고, 웹사이트 등을 통해 불특정 다수 시장을 상대한다. 이런 면에서 보면 델은 파충류 방식을 취하는 것처럼 보인다. 하지만 자세히 들여다보면 이들의 시장 진출 철학은 체계적이며 집요하게 포유류 방식을 취하고 있다.

세 가지만 보아도 알 수 있다.

첫째, 규모가 큰 기업 고객과의 거래가 상당한 비율을 차지한다. 그리고 이 영역에서 델은 전형적인 포유류 방식으로 행동한다. 델은 대형 거래처를 위해 고객사 내부에 종합적인 내부 인트라넷을 설치해주고, 고객이 직접 옵션을 구성하고 자신이 원하는 바를 요구할 수 있도록 했다.

둘째, 가격 정책을 통해 기술적 지원이 덜 필요하며 비교적 예측 가능한 수량을 반복 구매하는 거래처를 선별한다. 수익성이 높은 고객에게는 더 양질의 서비스를 제공할 수 있다.

셋째, 거래처 리스트를 면밀히 분석해 그에 적합한 지원 활동에 집중하고 예상되는 구매 시기에 맞춰 공급 제안을 한다.

여기서 중요한 교훈이 한 가지 있다. 대부분의 기업은 핵심 고객의 매출을 예측하고 그와 관련된 활동을 광범위하게 감행한다. 어느 기업이 성공하고 어느 기업이 실패하느냐는 그런 시장 개발 노력에 분명한 성과가 도출될 수 있도록 제대로 전략을 선택했느냐에 달려 있다. 그런 분명한 전략 선택이 부재하다면, 기업은 서로 다른 두 개의 시장 전략을 어정쩡하게 구사하는 상황에 놓이게 되며, 이들은 종종 사내에 두 개의 파벌을 이뤄 자원을 차지하기 위해 불필요한 경쟁을 하게 된다.

기업의 신진대사를 누가 통제하고 있는가?

파충류와 포유류는 신진대사 측면에서도 근본적으로 다르다.

파충류는 냉혈동물이다. 파충류는 체온을 조절할 수 없고, 살아남을 수 있는 환경을 찾아가야 한다는 의미다. 도마뱀이 먹이를 구하기 전에 충분히 에너지를 모으기 위해 바위 위에서 햇볕을 쬐고 있는 모습을 상상해보면 된다. 반면, 포유류는 온혈동물이다. 포유류는 환경과 무관하게 체온을 유지할 수 있다. 온혈동물이라는 조건은 포유류에게 원하는 것을 원하는 때 할 수 있는 융통성을 제공하지만, 체온을 유지하기 위해 더 많이 먹어야 하는 투자를 필요로 한다.

단적으로 말하면 파충류는 환경의 지배를 받고, 포유류는 환경을 지배한다.

이런 신진대사 방법을 기업 내 개인에게 빗대볼 수 있다.

판매를 하는 사람들이 파충류 전략과 포유류 전략으로 갈린다는 말이다. 어떤 사람은 신규 시장 개척에 수동적이다. 이들은 평범한 수준의 가능성을 가진 자료를 발송해서 구매 의사가 있는 거래처를 찾는다. 이런 방식을 지속하면 환경을 파악할 수 있게 되거나 운좋게 만족스러운 상황이 생길 수도 있다. 하지만 그것은 거의 우연의 빈도와 유사하다. 따뜻한 바위를 찾아다니는 도마뱀과 다를 바가 없다는 말이다.

이런 사람들은 반복 구매 거래처를 정기적으로 방문해 일상적인 대화를 나누면서, 마치 바위에서 햇볕을 쬐는 도마뱀처럼 온화한 관계를 유지하려 한다. 이런 전략에는 담당자가 상황 통제력을 잃어버릴 위험성이 늘 내재돼 있다. 친분을 맺었던 구매 담당자가 회사를 떠나거나, 사장과 라인이 있는 경쟁자가 나타나면 지금까지의 관계는 없었던 것이 된다.

대조적으로 다른 유형의 사람들은 포유류 같은 접근방식을 택한다. 이들은 스스로 판매 환경을 통제할 수 있는 방법을 개발하는 데 투자한다. 활발하게 새로운 거래처를 물색하고 자신이 가능한 한 시간을 생산적으로 투자할 수 있도록 신중하게 거래처의 자질을 검증한다. 이들은 유력한 거래처를 확보하면 더 깊숙이 공략해 들어가면서, 거래처의 의사결정 프로세스를 관리함으로써 판매를 증대시킨다.

> **포유류 전략은 에너지와 훈련, 조직적인 협조와 같은 보다 체계적인 투자를 필요로 한다.**

　이들도 역시 고객과 전화로 대화를 나눈다. 하지만 파충류 유형과 동일한 점은 이게 전부다. 포유류 전략을 구사하는 사람은 신제품이나 신규 서비스나 향후의 접촉을 제안할 기회를 지속적으로 찾으며, 고객의 비즈니스가 어떻게 변화하는지 파악해 그 변화에서 유리한 지점을 선점하려 노력하며, 대화 중에도 판매를 증대시킬 준비를 늘 하고 있다. 이런 사람들에게 '그냥 만나러 간다'는 목적 따위는 없다. 이들의 방문은 늘 아주 구체적이고 행동지향적인 목적을 갖는다.

　포유류 방식을 구사하려면 사전에 상당한 에너지와 시간 투자가 소요된다. 고객을 파악하고 자질을 검증하며 주어진 상황을 이해하고 거래처의 구매 핵심을 공략하고 관리하는 법을 심사숙고하는 등 많은 준비가 필요하기 때문이다. 이들은 구매 내역을 열심히 들여다보는데 그 목적은 구매 패턴이나 행위가 어떻게 변화했는지 단서를 찾기 위함이다. 이들은 고객의 비즈니스를 깊이 이해하기 위해, 그리고 고객에게 유리한 새로운 가치를 어떻게 창출할까 고안하기 위해 늘 분투한다.

　놀라울 일도 아닌 것이, 이들은 언제나 가장 성공적인 창조자로서 판매 환경이 변화하고 진화할 때조차, 지속적으로 훌륭한 실적을 달성한다.

관리자들은 조직을 어떤 유형의 동물로 키울 것인가?

구매-공급자 간의 관계를 수행하거나 감독하는 책임을 지닌 관리자들을 위한 세 가지 교훈이 여기서 도출된다.

첫째, 파충류 방식으로 비즈니스에 접근하는 기업이나 개인 모두 살아남을 수는 있다. 그러나 이들은 환경에 따라 휘둘린다. 공룡들에게 무슨 일이 일어났는지 기억하라.

둘째, 포유류 전략은 에너지, 훈련, 조직적인 협조 등 보다 사전적인 투자를 필요로 한다. 하지만 이 접근 방식을 추구하는 기업이나 개인은 환경을 통제할 수 있고 자신의 성공을 창조하는 능력을 확보할 수 있다.

셋째, 이도 저도 아닌 상태는 더 위험하다. 기업이든 개인이든 최선은커녕, 최악의 결말을 맞게 만든다. 대다수 기업들이 양쪽의 전략 요소를 두루 가지고 있지만, 성공의 열쇠는 기본 운영 전략에 명확성을 기하고 모든 활동을 일관성 있게 추진하는 것이다.

> 이도 저도 아닌 상태는 더 위험하다. 기업이든 개인이든
> 최선은커녕, 최악의 결말을 맞게 만든다.

01 기업은 기본적인 시장 진출 전략에 대해 분명한 결정을 해야 한다. 여러 마리의 물고기를 잡으려는 희망으로 그물을 넓게 칠 것인가, 아니면 몇 가지만 중점적으로 향상시킬 것인가? 전자는 파충류 전략이고 후자는 포유류 전략이다.

02 두 개의 전략 모두 성공할 수 있지만 포유류 전략은 미래를 설계할 수 있는 기회를 제공한다.

03 어떤 전략을 추구할지 결정 못한 기업이나 개인은 결국 최악의 결말을 맞을 운명에 놓이게 된다.

04 포유류 전략은 더 많은 사전 숙고와 계획을 필요로 하지만, 예측 가능한 결과를 보여주고 당신의 성과를 체계적으로 분석하고 향상시킬 수 있는 기회를 제공한다.

05 당신의 회사에서 작년에 실제로 무슨 일이 발생했는지 생각해보라. 어느 전략이 회사의 활동을 가장 잘 묘사하는가? 온화한 관계를 유지하기 위해 규칙적으로 거래처를 방문했는가, 아니면 다르게 할 수 있는 체계적인 방법을 찾아내려는 노력에 많은 시간을 할애했는가? 담당 지역에 아직 공략하지 못한 잠재력 높은 거래처가 있는가?

14

상식의 수준을 넘어서는 고객 서비스를 창출하라

선도적인 기업들은 고객 서비스의 개념을 재정립하기 위해 에너지를 쏟는다.
새로운 고객관계를 형성하고 요구사항을 예측하며,
고객들 스스로가 더 많은 수익을 내도록
지원함으로써 경쟁 우위를 구축한다.

잠시 시간을 내어 이 질문에 대해 생각해보라.

"당신 기업이 실행하고 있는 최악의 고객 서비스는 어떤 것인가?"

최근 MIT에서 열린 한 임원 워크숍에서 나는, 고위 관리자들에게 자신들이 경험한 최악의 고객 서비스에 대해 물었다. 배송 일자를 어기거나 전화를 받지 않거나 한없이 기술 지원을 기다리게 만드는 등 오싹한 시나리오들이 속속 등장했다.

그 다음, 나는 질문을 바꾸어보았다.

"당신 기업이 서비스를 변화시켰을 때, 경쟁자를 오싹하게 만들 만한 것은 무엇인가?"

대답은 다음과 같았다.

- 그동안 놓치고 있었던 중대한 서비스를 찾아내서 고객에게 제공한다.
- 고객에게 더 가까이 다가갈 수 있도록 협력 문화와 공동 작업 문화를 창조한다.
- 고객 환경을 조직적으로 재정비하고 회사의 모든 부서와 고객사의 부서가 밀접한 업무 협조를 하도록 만든다.
- 우리 회사와 고객사 사이에 놓인 시장에 진입한다.
- 쓸모없는 고객 정보를 갱신해서 고객에게 새로운 서비스를 제공하는 데 활용한다.
- 복잡한 여러 부문들을 통합해 고객이 하나의 접점만으로도 모든 것을 해결할 수 있도록 한다.

무엇이 혁명적인 고객 서비스를 가능케 하는가?

임원들의 바로 이 대답들 속에 오늘날 고객 서비스가 지향해야 할 근본적인 변화가 모두 들어 있다. 과거, 고객 서비스란 '회사가 고객에게 했던 약속을 지키는 것'을 의미했다. '고객의 기대를 만족시키는 것', '고객이 원하는 것을 원하는 때에 제공하는 것' 등의 개념이 이런 목적을 반영했다.

그러나 이제 선도적인 기업들은 고객 서비스의 개념 자체를 재정의하고 있다.

'고객과의 관계를 구축하라', '고개의 요구사항을 예측해서 미리 대비하라', '고객이 자신에 대해 알고 있는 것보다 더 잘 고객을 파악하라' 등의 슬로건이 새로운 목적을 보여주는 전형이다.

워크숍에 모였던 임원들은 구매자들이 공급자 수를 40~60%까지 줄이고 있다는 것, 그러므로 공급자로서 시장점유율을 높이려면 고객의 가치를 혁명적으로 높일 만한 새로운 고객 서비스를 창조해야 한다는 것에 동의했다.

고객 서비스에 대한 이 새로운 관점은 '이전과는 다른 헌신'을 필요로 한다. 아울러 고객의 수익성을 극적으로 증대시킬 수 있을 만큼 충분히 고객을 이해해야 한다는 것을 역설한다. 또한 중요한 점은 고객 서비스 혁신을 제대로 설계하면, 서비스를 하는 기업의 운영비도 동시에 감소한다는 것이다. 고객과의 밀접한 관계란 결국 고객 서비스에 대한 새로운 정의(협력적 변화 관리)를 의미하며, 이 모든 것의 목적은 고객의 수익성을 급진적으로 증대시키는 것이다.

이것이 '정밀 시장의 시대'에서 비즈니스의 성공을 특징짓는다.

> 고객 서비스에 대한 이 새로운 관점은
> '이전과는 다른 헌신'을 필요로 한다. 아울러 고객의 수익성을
> 극적으로 증대시킬 수 있을 만큼
> 충분히 고객을 이해해야 한다는 것을 역설한다

날코 케미컬의 고객 서비스 사례

오늘날의 공격적인 비즈니스 세계에서 단순히 제시간에 원하는 제품을 공급함으로써 고객의 기대를 충족시키는 것은 기본에 불과하다. 비즈니스를 지속하고자 하는 기업이라면 누구나 그렇게 한다.

그러므로 차별화가 가능하려면 고객 서비스 혁신이 필수불가결하다. 이 혁신은 기업으로 하여금 비즈니스의 경계를 확장시키고 가치 창조의 범위를 넓혀준다. 나는 이것을 다른 말로 '현재의 비즈니스 가까이에 더 큰 상자를 짓는 것(building a bigger box around your business)'이라고 표현한다.

지금은 일용품이 된, 오수 처리 용액을 만드는 화학 전문 기업 날코 케미컬(Nalco Chemical)은 이 분야의 선도적인 사례다.

날코의 핵심 고객은 시 당국이다. 시의 수질 정화 시스템에 날코의 화학 물질이 담긴 탱크를 설치하기 때문이다. 그런데 이 탱크에 담긴 용액이 언제쯤 떨어지는지 알 방법이 없어 고객들은 곤란을 겪었다. 용액이 떨어진 다음, 날코의 배송이 오기까지 기다려야 하는 경우도 부지기수였다.

날코는 이들 화학물질 탱크에 센서를 설치해서 언제쯤 용액이 떨어질지 알 수 있게 했다. 날코 역시 용액 보충 시기를 미리 예측할 수 있기에 배송 등에서 상당한 비용을 절약할 수 있었다. 또한 제품 생산 계획 역시 사전에 세울 수 있어 이 역시 비용 절감 효과를 낳았다.

날코는 거기에서 멈추지 않았다. 센서를 또 다른 목적으로도 활용할 수 있다는 것을 깨달았기 때문이다. 해당 용액이 어떤 메커니즘으로 오수를 처리하는지 잘 알고 있었기 때문에 용액 소진 속도를 통해 시스템이 제대로 작동하는지 파악할 수 있었던 것이다. 날코는 예측 수치와 실제 사용량을 비교함으로써, 이 데이터를 문제를 파악하는 지표로 활용했다. 이상이 발견되면 날코는 고객에게 연락해 그 사실을 알려주었다.

시 당국이 시스템 고장을 수리하는 비용은 날코 제품을 구입하는 금액의 몇 배에 달했기 때문에, 날코의 조치는 고객에게 그야말로 소중한 혜택이었다. 계약을 갱신할 무렵, 날코는 상세한 보고서를 작성해서 제품 사용량과 그에 의한 혜택을 고객에게 알려주었다.

날코는 제품의 활용도를 확대해서 자신과 고객 모두에게 이익이 되는 혁신적인 고객 서비스를 제공했다. 고객들은 제품을 구매하는 데 들인 비용 이상의 시스템 유지 비용을 절감할 수 있었고, 날코 역시 운영비를 대폭 낮출 수 있었다.

> **날코는 제품의 활용도를 확대해서 자신과 고객 모두에게 이익이 되는 혁신적인 고객 서비스를 제공했다.**

상자 밖으로 나와서 사고하기

날코는 기존의 상자 밖으로 나와 사고했고, 고객 서비스를 혁신했다.

단순히 고객의 기대해 부응해 정량을 공급하는 수준을 넘어선 것이다. 날코의 혁신적인 서비스는 이전의 '상자 안 고객 서비스(in the box customer service)'와는 사뭇 다른 것이었다.

'여기까지'라고 경계 지어졌던 것을 넘어서 비즈니스 영역을 확장함으로써, 날코는 고객 가치를 창조하고 경쟁자들을 차단했으며 비용을 절감할 수 있는 새로운 기회를 열었다. 그렇게 함으로써 제품의 아이덴티티를 재정립하고 전통적으로 한계 지어졌던 비즈니스의 경계를 확장했다. '현재의 비즈니스 가까이에 더 큰 상자를 지은' 것이다. 이 과정에서 날코는 최고의 고객들을 확보하고 회사의 수익성을 현저히 끌어올렸다.

극도의 포화 시장에서도 차별화는 가능하다

SKF 베어링즈(SKF Bearings)의 사례는 혁신적인 고객 서비스의 또 다른 예를 제시한다.

전통적으로 볼 베어링은 차별화가 힘든 상품이다. 그러나 SKF는 고객의 요구를 면밀히 분석해 좀 더 완벽히 충족시킬 수 있도록 제품의 범위를 확대했다. 현재의 비즈니스 가까이에 더 큰 상자를 지은 것이다. 예를 들어 SKF는 두 개의 중요하지만 매우 다른 애프터마켓(after-market)을 운영했다.

자동차 애프터마켓, 즉 수리 시장에서 정비사들은 볼 베어링을 수리할 때마다 고질적인 문제에 직면했다. 대체 베어링을 어디서 찾을 것인가, 새 베어링을 어떻게 장착할 것인가, 장착에 필요한 부속은 어디서 구할 것인가 등 산 넘어 산이었다.

  SKF는 이에 대해 해결책을 제시했다. 그것은 바로 '기성품 수리 세트를 만드는 것'이었다. 이 세트에는 수리에 필요한 모든 부품과 장착에 필요한 재료와 장착 매뉴얼까지 포함돼 있었다. SKF는 시장의 요구만 있다면 경쟁사 제품의 수리 세트도 만들었다.

  이와는 대조적으로, 산업 장비 애프터마켓의 경우는 기계가 멈췄을 때의 손실이 수리 비용보다 훨씬 더 크다. 이 경우 볼 베어링의 수명이 매우 중대한 요건이다. 그리고 볼 베어링의 수명은 제품의 품질, 제품 장착 방법, 훼손에 대한 저항, 유지보수 품질 등 네 가지 요인에 의해 결정된다.

  시장의 요구에 부응하기 위해 SKF는 '베어링 고장으로 인한 기계 정지 시간을 줄이는 것'을 목표로 한, 계획된 유지보수 프로그램을 창안했다. 그 프로그램에는 특정한 윤활유를 지정하거나 접근하기 어려운 베어링에 자동으로 윤활유가 공급되게 하는 장치를 만들거나, 불순물을 제거해주는 제품과 외부 유입물을 차단해주는 제품, 감시와 유지관리 서비스 등이 포함되어 있었다.

  SKF는 고객 가치를 창조할 수 있는 방법을 확대함으로써, 단순히 제품을 파는 것을 넘어서 고객이 지불해야 할 전체 비용을 절감할 수 있도록 했다. 이것은 그들이 할 수 있는 '상자 밖 사고'였고, 그 결과 전혀 새로운 비즈니스 영역을 창출한 셈이다.

고객의 신발을 신고 걸어라

이렇듯 특별한 고객 서비스를 창안하는 프로세스를 만들기 위해서는 두 가지 요소가 필수적이다.

첫째, 고객의 비즈니스에 대해 정확히 이해해야 한다.

둘째, 유통 비용(회사와 고객이 결합된 운영비)에 대해 명확히 이해해야 한다.

고객에 대해 이해한다는 것

고객에게 이득이 되는 혁신을 창조하려면 '고객의 입장에서' 생각할 수 있어야 한다. 이것은 고객의 비즈니스를 철두철미하게 이해하는 것을 의미하며, 그렇기 때문에 방문이나 인터뷰를 통해서만이 가능하다.

이런 정보는 영업자들이 많이 확보할 수 있기 마련이다. 하지만 영업자들의 관심사는 더 많은 제품을 파는 것이다. 그러므로 독창적인 혁신을 이루려면 운영이나 마케팅 관리자들이 직접 고객을 접촉하고 현장을 방문함으로써 고객에 대한 상세한 지식을 얻어야 한다.

잠재력이 높은 고객에게 많은 시간을 할애해서 그들이 진정으로 무엇을 필요로 하는지 알아내는 것이다. 자문해보라.

'내가 고객사의 관리자라면 무엇을 제일 바꾸고 싶을까?'

이 질문에 답할 만한 충분한 정보가 없다면, 무엇에 관심을 기울여야 생산적인 지식 확보가 가능해질지 알게 될 것이다.

날코나 SKF의 혁신이 가능했던 것은 '기존의 고객관계라는 상자에서 벗어나' 신선한 관점을 가졌던 덕분이다. 이런 통찰력에는 상세한 분석이나 전문적인 기술 지식이 필요하지 않다. 명확한 비전과 오픈 마인드만 있으면 된다.

채널 맵을 명확히 그린다는 것

어떤 서비스가 어떤 방식으로 제공되고 있는지 파악하는 것이 '탁월한 고객 서비스'를 창안하는 데 필요한 두 번째 핵심 요소다.

채널 맵(Channel map)은 그 구체적인 지도가 되어준다. 제품이나 서비스가 흘러가는 모든 것을 나타내는 이 지도는 시간, 활동, 비용, 주문 변화 등 상세 내용이 담긴다.

여기, 한 기업의 작은 업무 팀이 채널 맵을 개발해 활용한 실제 사례가 있다.

팀은 특정 지역에서 지난 3개월 동안 특정 타깃 제품이 어떻게 이동했는지 추적하는 것부터 시작했다. 이들은 몇몇 타깃 거래처를 통해 제품이 공급되고 소비되는 제품 흐름을 추적했다.

이 자료를 활용해서 이들은 소비 패턴과 제품 이동, 재고에 대해 이해할 수 있었다. 더불어 각 단계에서의 활동(운송, 하역, 창고보관, 제품 출하 등)을 차트로 만들고 각 단계별 비용을 추산했다.

팀은 기업의 제품 보충, 선적, 재고 패턴 등을 검토했을 뿐만 아니라, 고객사와 공급자의 운영 방식을 이해하고 이런 패턴을 만들어내는 내부적인 요인을 확인하기 위해 이들을 방문했다. 한 거래처에서 간단한 현장 비용 조사를 하고 대략적인 추정치를 확정했다. 타깃 제품과 타깃 거래처를 샘플로 해서, 팀은 실제 제품 이동과 비용 구조에 대한 구체적인 정보를 수집할 수 있었다. 팀은 이 정보를 이용해서 제품 이동의 매 단계마다 거래처의 상황을 보여주는 PC 프로그램을 개발했다. 일단 활동 과정과 비용 현황이 명확하게 파악되자, 팀은 기업 내부와 거래처에서 제거될 수 있는 비용들을 체크할 수 있었다.

이 시점에서 팀은 예측에 정확성을 기하고 거래처 주문 패턴의 변동성을 제거하기 위해 대형 거래처들과 확실한 관계를 맺는 데 집중하기로 결정했다. 그리고 나서 이것이 비용을 신속히 절감하는 최선의 방법이라는 추정을 확인하기 위해 수많은 다른 제품, 지역, 거래처, 유통업체 등을 추가로 분석했다. 팀은 달성 가능한 새로운 비용 예측 수치를 가지고 고객사와 공급자들과 토론했으며, 기업과 거래처 모두에게 이익이 될 수 있는 주문 규모를 산출하기 위해 수정된 정보를 이용해 비용 모델을 재가동했다. 마침내, 팀은 새로운 시스템에서 요구되는 중대한 변화 지점을 포착해냈다.

언제나 그렇듯 먼저 행동하는 쪽이 이익이다

혁신적인 고객 서비스는 모든 측면에서 평범한 고객 서비스와 근본적으로 다르다. 이 서비스는 고객에게 새로운 가치를 만들어주는 동시에 공급자의 비용 역시 눈에 띄게 감소시킨다. 이것은 수익성 관리의 필수적인 요소로서, 최상의 고객을 안정적으로 유지하고 고객사와 당신의 회사 모두의 매출과 수익성을 증대시킨다.

선제 행동이 중요하다. 신속히 행동하지 않으면 고객이 공급자를 통합하거나 경쟁사가 선수를 쳐서 혁신적인 서비스를 제공할 때, 최상의 고객을 잃을 위험성이 높아진다. 가격 경쟁과 달리, 혁신적인 고객 서비스 경쟁에서는, 한 번 잃은 고객을 되찾기가 거의 불가능하다. 반대로 창의적으로 신속하게 행동한다면, 최상의 고객뿐만 아니라 수익성까지도 확보할 수 있다.

01 정밀 시장의 시대, 고객 서비스의 성격은 급격히 변화하고 있다. 전통적인 고객 서비스(정시 공급, 해피콜 등)는 낡은 방식이다. 고객의 수익성을 향상시킬 수 있는 새롭고 강력한 방법을 개발하는 것이 이기는 방법이다.

02 구매자들은 공급자의 수를 40~60% 줄이고 있다. 혁신적인 특별대우 고객 서비스를 창조하는 능력이 바로, 당신이 머무를지 떨어질지 결정할 것이다. 수익성과 시장점유율로 얻는 이득은 막대하다.

03 채널 맵은 탁월한 고객 서비스를 포착할 수 있게 해준다. 목표치를 최고로 잡아라. 그리고 고객에 대해 속속들이 탐색하라.

04 운영 관리자들은 주목해야 한다. 당신이 바로 이 프로세스의 중심이다. 고객사의 운영 부서와 관계를 형성해서 자사와 고객 모두를 향상시킬 수 있는 새로운 방식을 개발하기 위해 협력하는 것이 매우 중요하다.

05 고객에게 혁신적인 제품을 팔면, 경쟁자는 더 좋은 제품으로 당신을 제칠 수 있다. 그러나 비즈니스 프로세스와 연결된 혁신적인 관계를 통해 고객을 사로잡으면, 경쟁자가 당신을 밀어내는 것이 거의 불가능하다. 이런 관계는 고객에 대한 지식과 신뢰, 고객의 건설적인 변화를 관리하는 능력을 통해서 당신이 구축할 수 있는 강력한 방어막이다.

3부
수익을 내는 '운영' 방식을 적극적으로 도입하라

Islands of Profit in a sea of Red Ink

Islands of Profit in a sea of Red Ink

15

'월마트 세계'는 어떻게 그들의 공급 체인을 관리하고 있는가?

월마트 공급 체인 관리 방식이 모든 기업에게 적용될 수 있는 것은 아니다.
모든 거래처를 만족시킬 수 있는 방법은 무엇일까?
전략 고객에게 서비스 차별화의 원칙을 적용하라.

지난 10년간 월마트가 주요 공급자와 적극적으로 협조해 공급 체인 제휴 관계를 구축했다는 사실은 잘 알려져 있다. 이러한 제휴 관계는 제품 흐름의 효율성을 높이고, 그 결과 월마트의 수익성을 향상시키도록 설계되었다.

많은 기업이 이 도전의 대열에 팔을 걷어붙이고 나섰다. 우선 유명한 사례로는 벤더 재고 관리, 항목 관리, 기타 기업 간 혁신을 통합한 '월마트-P&G 연합'을 꼽을 수 있다.

P&G는 심지어 아칸소의 벤턴빌이라는 지역에 월마트 전담팀까지 파견했다. 이는 매우 창의적인 접근 방식으로, 전담팀에는 영업·마케팅, 공급 체인 관리, IT, 재무 등 P&G의 핵심 기능을 담당하는 팀

원이 모두 포함되어 있었다. 당시 이 프로젝트에 깊숙이 관여했던 P&G 부사장은 월마트의 CFO를 핵심 내부 고객이라고 생각했다. P&G의 목표 자체가 월마트의 내부 수익성을 극대화하는 것이었기 때문이다.

점차적으로 각 기업의 최고 경영진은 자사의 공급 체인을 월마트처럼 주요 고객에게 통합시킴으로써 강력한 고객 운영 제휴 관계를 구축하는 법을 배우게 되었다.

'고객 제휴 관계'의 필요성에 대해서는 다양한 서적과 연구 결과가 발표되어 있으며, 대부분의 기업은 이 분야에서 적어도 하나 이상의 프로젝트를 추진하고 있다. 그러나 대다수 기업이 아직 파악하지 못한 것은 주요 고객 이외의 다른 모든 고객과 어떠한 형태로 거래를 하느냐 하는 부분이다.

좋다, 그런데 그 다음은 무엇인가?

이 문제에 대한 가장 보편적인 대책은 월마트 식의 제휴 관계를 모든 기업에 적용해보는 것이다. 시장과 고객 장악력을 높여가는 이런 변화 과정은 언뜻 논리적으로 보일지 모른다. 시간이 경과함에 따라 공급 체인을 관리하는 기업의 역량이 지속적으로 발전하므로, 고객과 더욱 효과적인 운영 통합을 추진할 수 있기 때문이다.

그러나 문제점은 월마트 식의 공급 체인 제휴 관계를 구축하려면 상당한 자원과 관리 노력이 필요하다는 점이다. 또한 적합한 운영 체제를 가진 혁신적이고 의지가 강한 제휴사도 있어야 한다. 이러한 접근 방식을 지나치게 광범위하게 적용하다 보면, 비용이 증가할 뿐만 아니라 좌절감마저 느끼기 십상이다.

> **문제점은 월마트 식의 공급 체인 제휴 관계를 구축하려면 상당한 자원과 관리 노력이 필요하다는 점이다.**

과거 유통업체에 제품을 공급하는 공급자는 매스 마켓에 적합한 단일 공급 체인을 보유하고 있었다. 따라서 전체 주문을 동일한 방식으로 처리하도록 설계되어 있었다. 또한 주문의 효율성과 관계없이 모든 고객에게 똑같은 판매 가격을 적용했다. '효과적인 예측'이라는 것은 거의 존재하지 않았다. 재고를 여러 고객에게 할당해야 할 때에는 주요 고객에게 약간 우선순위를 부여했지만 이는 예외적인 조치에 불과했다. 아무리 비효율적이더라도 상품은 고객이 요청한 방식으로 납품했다. 오랫동안 대다수 산업의 공급자가 이런주문 처리 방식을 유지해왔다.

최근에는 유통업계의 판도 자체가 크게 변하고 있다.
특히 합병의 추세가 두드러지게 나타나고 있으며, 몇 년 안에 상위 10개의 유통업체가 전체 매출의 약 50%를 차지할 전망이다. 각 회사의 혁신에 대한 의지와 역량은 천차만별이지만, 혁신을 추구하는 기업들이 빠르게 성장하고 있다.

대다수 구매자는 오랫동안 상당한 구매력을 유지해왔고, 상당수가 아직도 프로세스 혁신을 통해 수익성을 향상시키기보다는 공급자에게 가격 하락 압력을 가하는 데 주안점을 두고 있다. 동시에 업계 선두를 달리는 유통업체들은 공급자들을 축소하는 추세다. 이들은 점점 더 유력한 몇몇 공급자에게 공급 체인 혁신과 우선순위 부여를 요구하고 있으며, 그 보답으로 진열 공간을 널찍하게 확보해준다.

이러한 변화는 대형 소매 유통업체에게는 커다란 부담으로 다가왔다. 울며 겨자 먹기로 점차 까다로워지는 핵심 고객들의 요구에 부응해야 하는 동시에, 소규모 고객에게도 필요 이상의 자원을 투입해야 하는 실정이다. 이렇게 앞뒤로 갑갑한 상황에 처한 다양한 업계의 유통업체들은 고객관계 구축이나 공급 체인의 확대 문제를 재고해보지 않을 수 없었다.

서비스 차별화의 중요성

서비스 차별화는 합리적인 비용으로 양질의 일관된 서비스를 제공하기 위한 핵심 요소다. 이는 매우 중요한 수익 창출 수단으로, 주문 주기에서 운영 통합 수준에 이르기까지 다양한 고객 집단에 각각 서로 다른 서비스 프로세스 정책을 수립하는 것을 말한다. 기업이 언제나 약속을 지킨다는 점에는 변함이 없지만, 구체적으로 어떠한 약속인지는 각 고객 집단에 따라 달라진다는 의미다.

'차별화'라는 개념은 적절한 공급 체인 정책을 마련하는 데 유용한 지침이 될 수 있다. 특히 공급자의 입장에서 비용 책정이나 혁신적인 조치를 각 고객의 잠재력에 맞게 조절할 수 있기 때문에 성공적인 수익성 관리에 필수적이다.

현명한 공급자라면 서비스 차별화를 통해 잠재력은 낮은데 까다롭기만 한 고객에게 과도한 자원을 투자하거나, 아직은 거래가 미미하지만 잠재력이 큰 고객에게서 큰 매출을 올릴 수 있는 가치 있는 서비스를 간과하는 실수를 피할 수 있다.

서비스 차별화는 고객의 입장에서도 이익이 된다.

차별화된 서비스를 통해 고객은 분명한 서비스 표준과 일관된 서비스 수준을 기대하며 자사의 운영을 계획할 수 있다. 그러나 이러한 고객관계는 각각 양쪽의 합의를 바탕으로 한 몇 가지 프로세스로 구성되기 때문에, 고객사의 운영 역시 잘 정비되어야 비로소 좋은 효과를 얻을 수 있다.

> **오늘날 유통업체와 그들의 공급자가 겪고 있는 거대한 변화는 점차 다른 업계로 확대되기 시작했다.**

서비스 차별화 매트릭스

다음 그림의 서비스 차별화 매트릭스는 고객관계를 분류하고 체계적으로 고객 서비스를 구성하는 방식을 보여준다. 여기서 세로축은 고객의 규모이며, 가로축은 혁신에 대한 의지와 역량을 나타낸다.

[서비스 차별화 매트릭스]

고객의 규모

통합 고객 (Integrated Accounts) — 작음 / 낮음
- 잘 정비된 비즈니스 전략과 스코어카드(scorecard)
  - 공동의 신뢰할 수 있는 조치
- 프로세스 중심의 업무 공조
  - 협력을 통한 공급과 수요 체인 구축
  - 필요한 경우 전용 자원 할당

전략 고객 (Strategic Accounts) — 작음 / 높음
- 제휴를 바탕으로 한 장기적 비즈니스 전략
  - 3~5년의 장기적 공동 계획
  - 혁신적
  - 리스크 공유
- 완전 통합
  - 통합된 공급과 수요 체인 구축(프로세스 및 시스템)
  - 다기능 전담팀 할당
  - 고객의 관점에서 기회에 접근

안정 고객 (Stable Accounts) — 큼 / 낮음
- 신뢰할 수 있는 서비스
  - 일관된 서비스
  - 높은 비용 효율성
- 제품과 서비스의 다양한 조합을 마련

신흥 고객 (Emerging Accounts) — 큼 / 높음
- 기능적으로 뛰어난 서비스
  - 융통성 있는 서비스
  - 혁신적인 서비스
- 일부 고유한 요구를 충족 확대 가능한 혁신 조치를 선도

혁신에 대한 고객의 의지와 역량

이 매트릭스는 다음 네 가지 영역으로 구성되어 있다.

첫째, 전략 고객, 즉 통합 공급 체인 제휴 관계를 구축할 의지와 역량이 있는 주요 고객이다.

둘째, 통합 고객, 즉 중요하지만 전략 고객보다는 규모가 작은 고객이자 공급 체인 혁신에 참여하려는 의지와 역량도 다소 부족한 고객이다.

셋째, 신흥 고객, 즉 아직 거래 규모가 적은 고객이지만 혁신 마인드가 강하며 빠르게 성장하는 고객이다.

넷째, 안정 고객, 즉 과감한 혁신 추진을 주저하는 소규모 거래 고객이다.

이들 각 고객 집단마다 전혀 다른 고객관계와 공급 체인 구조를 구축해야 한다.

서비스 차별화 대상 1_ 전략 고객

이 범주에 해당하는 고객은 높은 수준의 운영 통합, 맞춤 서비스, 혁신을 보장하는 동시에 요구하기도 한다. 두 가지 주요 영역에서 이 점이 분명하게 드러난다.

첫째, 유통업체와 전략 고객은 서로 손을 잡고 장기적인 비즈니스 계획을 수립해야 한다. 이렇게 하려면 보통 3~5년에 걸친 합동 전략 계획을 수립해 밀접한 관계를 구축하고, 장기적인 공동 계획을 수립하게 된다. 양측의 관계는 혁신적이어야 하며, 리스크는 반드시 공동으로 부담한다.

예를 들어 매우 규모가 큰 혁신적인 유통업체가 중요한 소비재 제조업체에게 몇 가지 유망한 신규 서비스를 시도해보자고 제안하는 경우를 생각해보자.

이 유통업체는 제조업체가 제품을 공장에서 물류센터로, 다시 유통업체로 배송하느라 배송비가 이중으로 발생하고 있다는 사실을 알게 되었다. 따라서 물류센터를 거치지 않고 공장에서 직접 유통업체로 제품을 배송함으로써 비용을 절감하는 것이 어떻겠냐고 제안한 것이었다. 이는 전혀 새로운 업무 방식인데다가 극소수의 대규모 회사들 이외에는 적용할 수 없는 방식이었지만, 유통업체는 기꺼이 고유한 프로세스를 개발하여 이 서비스를 추진해보기로 마음먹었다.

둘째, 기업의 공급 체인이 완전히 통합되어야 한다. 그러려면 공급 체인 프로세스와 시스템이 모두 관여하게 된다. 제품을 계속 보충해야 하기 때문에 일일이 건별로 주문을 하기보다 아예 유통업체가 재고를 관리하는 경우도 적지 않다. 유통업체는 전략 고객에게 다기능 전담팀을 배치하며 고객사의 구조와 사업 내용을 파악하고 개선하기 위해 상당한 자원을 투자해야 한다.

예를 들어 일부 공급자는 유통업체의 물류센터만이 아니라 매장 진열 공간까지 확대되는 새로운 관리 프로세스와 시스템을 개발하기 위해 선도적인 노력을 기울이고 있다. 오늘날에는 대다수 공급자가 유통업체의 물류센터에 제품을 납품하는 데까지만 관여한다. 그러나 혁신을 추구하는 일부 유통업체는 RFID(RFID는 라디오 주파수 식별 시스템을 가리키는 말로, 전자기장으로 스캔하여 제품을 식별할 수 있는 작은 전자 '꼬리표'를 뜻한다) 도입을 시도하고 있다. RFID 기술을 활용하면 공급자가 고객의 매장 내까지 자사 제품을 추적할 수 있다. 따라서 제조사는 매장 진열대에 이르기까지 유통업체의 전체 제품 흐름을 새로운 방식으로 관찰하고 분석하고 관리할 수 있게 된다.

서비스 차별화 대상 2_ 통합 고객

이 범주에 해당하는 고객은 중요한 고객으로 상당히 신경을 쓰고 자원을 투자해야 하지만, 포괄적인 맞춤 서비스까지 제공할 필요는 없는 경우다. 이는 두 가지 영역에서 드러난다.

첫째, 주요 공급자와 통합 고객은 공동으로 비즈니스 계획과 스코어카드(scorecard, 평가표)를 만들어야 한다. 이때 전략 고객처럼 반드시 해당 고객에게만 적용되는 맞춤 비즈니스 계획을 수립할 필요는 없다. 계획은 보다 짧은 기간, 보통 1년을 기준으로 하지만 양자 간의 관계는 협력과 신뢰를 기반으로 해야 한다.

둘째, 기업의 공급 체인을 공동으로 조직해야 하지만 완전히 통합할 필요는 없다. 공급자는 기존의 내부 프로세스를 활용하여 통합 고객의 주문을 처리해야 한다. 벤더 재고 관리 시스템 역시 비용을 절감할 수 있기 때문에 통합 고객에게 적합하다. 그러나 공급자가 매장 진열대까지 관리하는 새로운 시스템 도입이 반드시 필요한 것은 아니다.

서비스 차별화 대상 3_ 신흥 고객

이 범주에 해당하는 소규모 고객들은 매우 혁신적이고 빠르게 성장한다. 공급자는 이 고객에게 상당한 신경을 써야 하는데, 그 이유는 두 가지다.

첫째, 빠르게 성장하는 기업이기 때문이고, 둘째, 이들을 대상으로 비교적 적은 비용과 낮은 리스크 부담으로 새롭게 개발한 시스템과 프로세스를 시험해볼 수 있기 때문이다. 여기서 성공을 거두면 즉시 전략 고객에게 적용할 수 있다. 그러나 이 범주의 고객은 상대적으로 규모가 작으므로 공급자는 투자에 일정한 제한을 두어야 한다.

신흥 고객에게는 효율적이면서도 유연성 있는 서비스를 제공해야 한다. 서비스의 효율성이 떨어지거나 전반적으로 표준화되어 있지 않으면 비용이 감당할 수 없는 수준으로 증가한다. 그러나 신흥 고객이 독특한 요구를 하는 경우 이를 수용하는 쪽이 합리적인 경우도 적지 않다. 특히 보다 대규모의 고객에게 확대 적용할 수 있는 혁신적인 조치일 때에는 더욱 그렇다. 신흥 고객은 공급자에게 지속적인 혁신을 촉구한다는 점에서 매우 중요하다.

서비스 차별화 대상 4_ 안정 고객

이 범주에 해당하는 고객은 제대로 시스템이 정비되지 않았고 프로세스가 독특하기 때문에 일반적으로 수익성에 비해 지나치게 많은 비용이 발생한다. 예를 들어 온라인 주문이 아닌 팩스 주문을 하거나, 배송 때 특이한 요청을 하는 식이다.

이러한 고객에게 제품을 공급하면서 수익성을 유지하기 위한 핵심은 구체적인 주문 처리 규정을 마련하고 서비스를 조건부로 제공하는 것이다.

예를 들어 리드 타임이 다양한 경우 최소 주문 수량을 지정하거나, 1주일 단위로 주문을 받거나, 물류센터로만 일괄 배송하는 것 등의 조치가 이에 해당한다. 이렇게 하면 공급자는 신뢰할 수 있고 일관되며 비용 효율적인 서비스를 제공할 수 있다. 공급자와 구매자 모두에게 효율적인 거래가 되는 셈이다.

이 범주에 해당하는 고객을 상대하기 위해 공급자 측에서 과도기적 전략을 세워야 하는 경우도 적지 않다. 일부 대형 공급자는 이미 이런 고객과 직접 거래를 하지 않고 있으며 총판 유통업체를 통해서만 서비스를 제공한다.

선진적인 유통업체와 공급자 간의 공급 체인 변화에서 무엇을 읽을 것인가?

오늘날 유통업체와 그들의 공급자가 겪고 있는 커다란 변화는 다른 업계로 점차 확대되기 시작했다.

다른 업계의 최고 경영진들 역시 점점 까다로워지는 고객의 요구에 직면해 수익성을 높이면서도 최고의 서비스를 제공한다는 언뜻 불가능하게 보이는 딜레마에 직면하고 있는 것이다.

유통 공급 체인의 진화 과정은 이들에게 하나의 해답을 제시해줄 것이다.

01 서비스 차별화는 각 고객 집단에 맞는 올바른 고객관계를 구축하는 것으로서, 합리적인 비용으로 일관되고 품질 높은 서비스를 제공하기 위한 열쇠다.

02 서로 다른 고객의 특징에 따라 차별화된 관계를 구축해야 하며, 여기에는 완전 통합된 공급 체인에서 상호 대등한 거래에 이르기까지 다양한 형태가 있다. 서비스 차별화 매트릭스는 규모와 혁신 의지 및 역량을 기준으로 고객을 분류하므로, 차별화된 고객관계를 구축하기 위한 좋은 출발점이 되어 준다.

03 서비스 차별화 프로세스의 근간에는 모든 고객이 원하는 서비스를 전부 제공할 수는 없으며 전체 고객에게 똑같은 방법을 적용할 수 없다는 전략적인 판단이 자리 잡고 있다. 너무나 많은 기업이 단일 고객 서비스 정책의 강력한 유혹에 시달리는 것은 매스 마켓 시대가 남긴 가장 심각한 폐해 중 하나다.

16

하나의 공급 체인만으로 충분한가?

공급 체인과 관련하여 우수 고객의 요구를 제대로 충족시키기 위해
필요한 단 하나의 조치를 꼽으라면 세 개 이상의 공급 체인을
갖추는 것이라고 말하고 싶다.

괴상한 주장일지 모르나 하나의 공급 체인보다 두 개가 더 좋고, 세 개 이상의 공급 체인을 갖춘다면 금상첨화다.

왜 그런지 살펴보자.

몇 년 전에 나는 한 대형 통신 장비 제조업체의 공급 체인 최고 책임자들을 만난 적이 있었다.

그 회사는 고가의 디지털 중앙 교환기(central office switch)에서 전신주 사이를 잇는 케이블, 다양한 세대의 통신 장비 교환 부품에 이르기까지 수많은 제품군을 생산하고 있었다.

우리는 회의실에서 하루 종일 그 회사의 공급 체인을 검토하고, 생

산성을 높이는 방법을 논의했다. 책임자는 자사의 공급 체인 운영 방식을 설명해주었다. 우선 공장에서 제품을 생산한 뒤 트럭에 가득 채워서 미국 전역에 흩어져 있는 현지 물류센터로 운송한다. 그러면 고객의 주문이 들어올 때까지 현지 물류센터에 제품을 보관하는 형태였다.

공급 체인을 단계별로 짚어가자, 이 회사가 모든 고객과 제품에 대해 똑같은 공급 체인 운영 방식을 적용하고 있다는 사실이 분명하게 드러났다. 예를 들자면, 이 회사에서 생산하는 제품 중에 전기 교환기의 성능을 업그레이드하는 소형 회로 보드가 있는데, 이 제품의 가격은 3만 달러가 넘었다. 그런데도 이 고가의 제품을 다른 모든 저가 제품과 함께 공장에서 물류센터로 운반하고 있었으며, 심지어 트럭이 가득 찰 때까지 기다리는 경우도 드물지 않았다.

두 개의 공급 체인을 갖추는 것이 더 좋은 이유

이 이야기를 듣고 나는 이런 생각을 했다.

누군가 생산 라인 끝에 서 있다가 고가의 회로 보드를 페덱스 봉투에 넣어서 직접 고객에게 배송하면 어떨까?

이렇게 하면 재고 비용뿐만 아니라 운송비까지 크게 절약할 수 있을 게 분명했다. 작고 값비싼 회로 보드가 여기저기 창고를 전전하며 트럭이 꽉 찰 때까지 기다리거나 전국 곳곳에 흩어져 있는 물류센터에서 잠자고 있어야 할 이유가 없었다.

언뜻 너무나 당연한 해결책처럼 보일지 모르지만, 이 점을 한 번 생각해보기 바란다.

도대체 왜 지금까지 아무도 문제점을 깨닫지 못했을까?

그 이유는 이 공급 체인이 회사가 전혀 다른 제품을 생산하던 '과거'에 설계된 것이기 때문이다. 이 공급 체인은 전화 케이블처럼 무겁고 별로 가격이 비싸지 않은 제품을 효율적으로 운송하기 위해 구축되었다. 이런 제품은 대량으로 생산되었고 운송비가 재고 관리 비용보다 훨씬 중요했기 때문에, 트럭에 꽉 채워서 한꺼번에 운반한 다음 고객 근처에 있는 현지 물류 창고에 저장한 것이다.

> **이 공급 체인이 회사가 전혀 다른 제품을 생산하던 '과거'에 설계된 것이기 때문이다.**

이 회사가 부피는 작지만 값비싼 전자 교환기 부품을 생산하기 시작했을 때, 관리자들은 아주 단순하게 이 새 제품도 기존의 공급 체인을 통해 운송하면 된다고 생각했다. 그러나 그런 안일함이 결국 엄청난 비효율을 낳고 말았다.

이 회사의 경우, 하나의 공급 체인보다 두 개의 공급 체인을 갖추는 편이 훨씬 효율적이다. 부피가 크고 단가가 저렴한 제품 라인을 위한 공급 체인, 작고 값비싼 전자 부품을 위한 전혀 또 다른 공급 체인이 그것이다.

공급 체인에는 일반적으로 물류센터와 바코드 스캐너처럼 수명이 긴 시설과 장비가 동원된다. 대다수 기업에서는 약 10~20년 전 당시의 운영 상황에 맞춰 설계된 시설을 아직까지 그대로 사용한다. 이 통신 장비 제조업체가 직면한 문제의 근본 원인도 바로 이것이었으며, 오늘날 수많은 기업들이 공급 체인을 제대로 운영하지 못하는 가장 핵심적인 이유도 여기 있다.

수많은 기업에서 모든 제품에 적합한 공급 체인은 존재하지 않을뿐더러, 똑같은 공급 체인을 일괄적으로 적용할 경우 대부분의 제품에 맞지 않는 경우가 더 흔하다.

세 개의 공급 체인을 갖추면 금상첨화다.

한 대형 의류 소매업체에는 몇 개의 공급 체인이 필요할까?

이 회사는 다음 세 종류의 제품을 생산한다.

첫째, 흰색 속옷 같은 기본 상품, 둘째, 양모 바지 같은 계절 상품, 셋째, 최신 유행 블라우스와 같은 패션 상품.

두말할 것 없이, 각 유형마다 서로 다른 공급 체인이 필요하다.

기본 상품의 공급 체인

기본 상품은 1년 내내 꾸준히 팔리며 대부분 상대적으로 이윤폭이 적다. 기본 상품의 수요는 쉽게 예측할 수 있으며, 제품은 물이 파이프를 타고 흐르듯 원활하게 공급 체인을 따라 움직인다. 재고는 대부분 매장에서 보관하고, 현지 물류센터에서는 만약을 위해 약간의 재고만 비축한다. 이런 종류의 제품은 대량으로 트럭에 가득 채워 운반하는 것이 효율적이다.

계절 상품의 공급 체인

계절 상품은 특정 시기에 수요가 크게 증가하며, 수요를 예측하기가 어렵다. 계절 상품의 경우, 소매업체는 제철이 돌아오기 전에 미리 재고를 확보해두어야 하므로 매장에 제품을 공급하는 '속도'가 관건이다. 그리고 이런 상품의 공급 체인은 그 민감함을 뛰어넘어 훨씬 복잡하다.

소매업계에서 매출이 높은 매장은 매출이 낮은 매장보다 계절 상품이나 수명 주기가 짧은 제품의 재고 수준을 판매량 대비 훨씬 높은 수준으로 유지하는 게 가능하다. 사실 여러 소매업체에서 가격을 인하해 판매하는 재고품 대부분은 매출이 낮은 매장에 쌓여 있다가 수명 주기를 다한 제품이다. 그러므로 매출이 높은 매장과 매출이 낮은 매장에는 서로 다른 종류의 공급 체인이 필요하며, 제품이 계절이나 수명 주기를 따라 이동하는 경우 차별화된 공급 체인의 필요성은 더욱 커진다.

유행 상품의 공급 체인

패션 상품의 특징은 수요를 예측하기가 지극히 어렵다는 점이다. 특정 제품이 선풍적인 인기를 끌 수도 있지만 반대로 아예 쓸모없어질 수도 있다. 또한 시장에 내놓자마자 즉시 인기를 모으는 제품이 있는가 하면, 시간이 지나면서 점차 판매가 늘어나는 제품도 있다. 그러므로 패션 제품의 경우에도 매우 특별한 공급 체인이 필요하다.

스페인에 본사를 둔 의류 소매업체 자라(Zara)는 이중 공급 시스템을 도입하고 있다.

시간에 따라 제품 수요가 변동되는 것을 파도에 비유하여 떠올려 보자. 모든 제품의 수요에는 안정되고 예상 가능한 부분(잔잔한 파도 아래의 바닷물), 변동이 심하며 예측하기 어려운 부분(잔잔한 파도의 윗부분)이 있다. 그러나 일부 제품은 다른 제품보다 변동 폭이 훨씬 크다(거대한 파도).

유행 상품은 본질적으로 크고 예측 불가능한 파도에 해당한다.

소매업체는 제품이 언제 유행을 탈지, 언제 유행이 지나갈지 알지 못한다. 따라서 '자라'는 생산 비용이 높지만 대응 속도가 빠른 현지 제조업체로부터 '파도(수요의 변동하는 부분)' 만큼의 제품을 공급받고, 비용이 낮은 대신 대응 속도가 느린 동유럽의 제조업체로부터는 '바닷물(수요의 안정된 부분)' 만큼의 제품을 공급받는다. 자라는 이러한 방식으로 양쪽 지역의 장점을 모두 취하고 있다.

이렇게 하면 경제적인 이익을 얻을 수 있다는 점은 분명하다.

한 대형 소매업체가 극동아시아 지역에서 제조하는 패션 상품에 48시간의 대응 시간을 갖춘 공급 체인을 구축했다고 가정해보자.

만약 소비자가 가까운 쇼핑몰에 있는 매장에서 패션 의류를 구입하면, 그 정보는 극동에 있는 공장으로 전송된다. 공장에서는 반가공 상태의 재고를 보유하고 있다가 그날 바로 옷감을 자르고 재단해 소비자가 구입한 재고의 대체품을 생산한다. 이렇게 생산한 의류를 전세 화물기로 미국에 실어 보내면 전용 세관을 통과한 뒤 운반 차량에 실려 그날 밤 내에 매장에 도착하므로, 줄어든 재고를 보충할 수 있다.

비용이 많이 들 것 같다고?

물론 그렇다. 이러한 신속 대응 공급 체인을 운용하면 원가가 몇 달러 추가된다. 그러나 의류의 이윤폭은 원가 증가분의 몇 배에 해당하고, 매출이 생기지 않으면 재고도 추가로 생기지 않는다. 따라서 경제적으로 합리적인 선택인 셈이다.

세 개 이상의 공급 체인이 금상첨화

이제까지 공급 체인 차별화의 여러 측면을 살펴보았다.

- **제품 특성** 가격, 부피(여기에 중요도와 대체품의 존재 여부가 추가될 수도 있다)
- **제품 수요** 기본, 계절, 패션(다른 산업의 경우 여기에 다른 항목을 추가 수 있다)

- **시간** 계절 요인 혹은 수명 주기에서의 단계(초기, 중기, 후기)
- **매장유형** 매출이 많은 매장, 매출이 적은 매장(여기에 특수 매장 또는 대형 할인 매장 등 다른 항목을 추가할 수 있다)

또 하나의 중요한 공급 체인 차별화 요소는 이것이다.
바로 '고객과의 관계'.

고객이 주문을 하는 시점에서 고객이 제품을 수령하는 시점까지의 시간을 나타내는 '주문 처리 시간(Order cycle time)'은 매우 중요한 수익 창출 수단이다.

한마디로 말해 대량으로 꾸준히 주문을 하는 고객은 대부분의 업무와 협력 관계가 예측 가능하기 때문에 그 보답으로 주문을 빠르게 처리해야 한다. 가끔씩 주문을 하는 고객의 경우, 필요에 따라 제품을 중앙 재고 창고에서 조달해야 하기 때문에 주문 처리 속도가 다소 늦어질 수밖에 없다. 이러한 고객이 더 빠른 서비스를 받고 싶어 한다면 상호 간의 관계를 업그레이드하면 된다.

여기서 핵심은 모든 고객에게 약속한 주문 처리 시간을 반드시 지키되, 관계에 따라 각 고객에게 서로 다른 주문 처리 시간을 약속하는 것이다. 앞 장에서 설명했던 주요 고객과의 운영 통합 차별화에도 마찬가지의 원칙이 적용된다. 고객과의 관계가 다르다면, 그에 따라 별도의 공급 체인을 운영하는 것이 경제적으로나 마케팅 측면에서 볼 때 합리적인 선택이다.

미래의 공급 체인은 어떤 모습이 될 것인가?

공급 체인 관리 분야에서 근본적인 변화가 일어나고 있다.

매스 마켓 시대에는 대다수 기업이 비교적 정적(靜的)인 공급 체인을 구축했으며, 대량 판매를 지향하고 하나의 공급 체인을 모든 제품에 일괄 적용했다. 일부 기업의 경우 두 개의 공급 체인(일반 주문과 속달 주문)이 나란히 공존하기도 했지만, 일단 체제가 자리 잡히고 나면 상황은 별로 달라지지 않았다.

과거의 정적인 공급 체인에는 다음 두 가지 환경적인 제약이 반영되어 있다.

첫째, 최근까지의 공급 체인 정보 기술(IT)로는 역동적인 공급 체인 관리를 할 수 없었다.

둘째, 모든 기업의 상황이 비슷했기 때문에 경쟁에서 불이익을 당하는 경우가 거의 없었다.

하지만 '정밀 시장 시대'로 접어들면서 모든 것이 빠르게 변하고 있다.

현대의 공급 체인 IT 기술은 올바른 제품을 적절한 시기에 알맞은 공급 체인에 할당하는 등, 공급 체인을 보다 역동적으로 관리할 수 있도록 발전하고 있다. 이미 거의 모든 업계에서 일부 업체가 이러한 공급 체인 혁신을 추진함으로써 남보다 한 발짝 앞서가고 있다.

미래의 공급 체인은 어떤 모습을 하게 될지 생각해보자.

상품은 파이프, 밸브, 저수지의 네트워크처럼 보이는 공급 체인을 통해 유통업체에서 고객 쪽으로 흘러간다. 현명한 공급 체인 관리자는 앞에서 언급한 요소를 포괄하는 뛰어난 공급 체인 IT 시스템을 사용하여 제품의 흐름을 좌우한다.

IT 시스템은 제품의 수명 주기 위치나 고객의 주문 규모와 변동 패턴 등 각 상품·고객의 중요한 특징을 식별해낸다.

이러한 정보를 기반으로 IT 시스템은 상황에 가장 적합한 사전 설정 공급 체인을 골라 상품을 유통시킨다. 상황이 바뀌면 상품을 보다 적합한 공급 체인으로 옮긴다. 상품이 상황에 따라 사전 설정된 물류 흐름 사이를 자유롭게 이동하게 되므로 공급 체인이 훨씬 역동적이고 빠르게 반응하게 될 뿐만 아니라 비용 효율성도 높아진다.

> 고객과의 관계가 다르다면 그에 따라 별도의
> 공급 체인을 운영하는 것이 합리적이다.

이런 방식으로 기업은 여러 개의 병렬 공급 체인을 매우 유연하고 효율적인 방식으로 배치하게 된다. 이 혁신적인 새 공급 체인을 사용하면 훨씬 적은 비용으로 고객에게 맞춤 서비스를 제공할 수 있으므로 수익성이 향상된다.

머지않아 경쟁이 심화되면 대다수 기업이 역동적이고 차별화된 공급 체인을 도입하지 않을 수 없게 되므로, 남들보다 먼저 행동을 취하면 그만큼 앞서갈 수 있다. 이러한 혁신적인 시스템을 처음 구축하는 공급 체인 관리자는 그만큼 새로운 수익을 올릴 수 있고, 결국 경쟁에서 우위를 확보하게 된다.

01 시설이나 장비와 같은 대부분의 공급 체인 관련 자산은 수명이 길다. 결과적으로 대다수 기업에서 기존 시설과 변화하는 기업의 요구가 부합하지 않는 현상이 생기게 된다. 이는 엄청난 비효율성을 야기하며, 특히 단일 물류 시스템을 보유하고 있는 기업의 경우 상황은 더욱 심각하다.

02 공급 체인 관리자는 철저한 분석과 최신 소프트웨어를 사용하여 자사의 제품과 고객의 요구에 적합한 여러 개의 병렬 공급 체인을 구축할 수 있다.

03 이렇게 여러 개의 병렬 공급 체인을 구축하는 데에는 별도의 새로운 자본 투자가 필요하지 않다. 공급 체인을 효율적으로 관리하고 사전에 계획과 판단 원칙을 분명히 설정해두면, 기존 시설을 사용하면서도 지금까지와는 다른 방식으로 상품을 유통해서 변화하는 상품의 특징과 고객의 요구를 충족시킬 수 있다.

04 제품과 고객을 주의 깊게 관찰하여 공급 체인이 역동적으로 움직이며 지속적으로 변하는 비즈니스 요구에 대응하여 상품을 하나의 계획에서 다른 계획으로 신속하게 움직일 수 있도록 관리하는 것이 중요하다.

17

제품 흐름 관리로 추가적인 수익을 얻어낼 수 있다

효율적인 제품 흐름 관리로 '수익'과 '고객 만족도'라는
두 마리 토끼를 모두 잡을 수 있는 방법이 있다. 지금부터 살펴보자.

제품 흐름 관리(product flow management)는 관리자로 하여금 수익을 향상시키고 주요 고객에게 혜택을 제공하게 해주는 중요한 수익 창출 수단이다. 제품 흐름 관리의 목표는 기업의 입장에서 볼 때 가장 큰 운영비를 발생시키는 고객의 '주문 패턴'에 직접적으로 영향을 미치는 것이다.

고객의 주문이 불규칙하고 예측하기 힘들다면 제조업체는 만약을 대비한 예비 재고를 대량으로 보유하거나 추가적인 서비스를 제공할 인력을 확보해야 하며, 특히 핵심 제품이나 서비스에 대한 주요 고객의 요구가 불규칙할 경우 더 심각한 문제가 발생한다. 하지만 대다수

관리자는 '주문이란 고객의 고유한 권한이므로 우리의 역할은 그에 대해 최대한 효율적으로 응대하는 것'이라고 단순히 생각한다. 그러나 이러한 사고방식은 상당한 손실로 이어질 수 있다.

일부 선구적인 운영 관리자는 고객과 협력함으로써 주문 패턴의 변동 폭을 줄이거나 주문을 더욱 효율적으로 처리할 수 있는 규모로 변경하는 방법을 알아냈다. 이런 방식으로 제품의 흐름을 관리해, 상당한 수익을 올리는 데 성공하기도 했다. 서비스 기업의 경우에도 똑같은 원칙이 적용된다.

수요는 일정한데 주문량은 왜 불규칙적인가?

한 산업용 자재 제조업체의 이사진은 여러 시설을 추가로 마련해야 하는 상황 속에서 납품 품질을 개선해달라는 고객의 압력에 직면하고서 운영 담당 부사장에게 기업의 운영 전반을 검토하는 작업을 맡겼다. 새로운 관점에서 회사 운영 상태를 파악하기 위해, 부사장은 기업의 내부 운영뿐만 아니라 고객과 공급자까지 포함한 전체 '제품 흐름'에까지 시야를 넓혀보기로 했다.

그 첫 단계로 부사장은 몇몇 우수 고객을 방문해 자재 납품 후에 어떤 일이 벌어지는지 살펴보기로 했다.

부사장 눈앞에는 놀라운 광경이 펼쳐졌다.

고객사 내부의 엔드유저들은 자사가 대량으로 납품하는 거의 모든 자재를 아주 일정한 속도로 사용하고 있었다. 매일 또는 매주 사용하는 양에는 거의 변화가 없었다. 그런데도 고객의 주문서를 보면 매우 불규칙한 패턴을 보였다.

그 고객사가 워낙 우수 고객인데다 거기 납품하는 제품이 자사의 생산 프로세스에서 매우 중요한 역할을 하고 있었기 때문에, 주문이 들어오는 즉시 대응을 해야 했다. 따라서 현지 창고에 엄청난 양의 재고를 쌓아놓을 수밖에 없었다. 게다가 고객사와 해당 제품군의 중요도 때문에 제조 부서는 기존 생산 일정을 중단하고 예측하지 못한 대량 주문을 처리해야 하는 경우도 부지기수였다. 이런 상황이 되면 제조 부서는 다시 공급자에게 급하게 주문을 할 수 밖에 없었는데, 이렇게 주문을 하면 평소보다 비용이 더 많이 들었다.

이렇듯 갑작스러운 주문 탓에 발생하는 불필요한 응급 사태 때문에 많은 사람이 고충을 겪고 있었고, 소요되는 비용도 만만치 않았다.

부사장은 이런 현상을 관찰하고 나서, 이것이 모든 고객의 문제인지, 아니면 극히 일부 고객만의 문제인지 궁금해졌다. 그래서 몇 가지의 주요 제품을 중심으로 특정 지역에 있는 모든 고객의 주문 패턴을 분석해보기로 결심했다.

부사장은 3개월에 걸쳐 각 고객의 주문을 살펴보면서 대부분의 문제를 일으키고 있는 것은 몇몇 대형 고객이라는 사실을 알아냈다. 대다수 주요 고객이 상대적으로 꾸준하게 정해진 양을 주문하고 있다는 것은 다행스러운 일이었고, 소형 고객의 주문이 설령 불규칙하더라도 어느 정도는 서로 상쇄되므로 큰 문제가 없었다.

그러나 예측 불가능하게 대규모 주문을 하는 몇몇 핵심 고객 때문에 갑자기 제품 수요가 크게 증가해, 너무나 많은 문제점이 발생하고 있었다. 특히 이러한 고객은 가끔씩만 주문을 하는 게 아니라 큰 규모로 장기간 거래해온 충성스러운 고객이었기 때문에 더욱 우려하지 않을 수 없었다.

> 예측 불가능하게 대규모 주문을 하는 몇몇 핵심 고객 때문에 갑자기 제품 수요가 크게 증가해, 너무나 많은 문제점이 발생하고 있었다.

이렇게 불규칙한 주문들이 어떤 영향을 미치는지 차근차근 살피는 과정에서 부사장은 제품의 수요가 갑자기 크게 증가하면 공급 체인에 속한 모든 회사들이 각자의 하청업체에게 연쇄적으로 주문을 하게 되므로 그 영향은 점점 커지며, 결국 고객에게까지 큰 손해가 미친다는 사실을 알게 되었다.

이 점이 분명해지자 부사장은 모든 관계자가 애초부터 비합리적인 주문 패턴에 최대한 효율적으로 대응하는 데에만 집중하고 있음을 깨달았다. 심지어 보다 빨리 난감한 주문을 처리한 공로를 인정받아 포상을 받는 경우도 있었다. 하지만 주문 패턴 자체가 완전히 잘못되어 있다는 근본적인 문제를 아무도 깨닫지 못했다는 사실에 아연실색하지 않을 수 없었다.

그렇다면 왜 아무도 이 문제를 눈치 채지 못했을까?

이 문제가 수면 위로 드러나지 않았던 이유는 기업 내부가 아니라 기업 간에 벌어진 문제였기 때문이다. 누구나 단순히 '고객의 주문은 어쩔 수 없는 것'이라 여겼고, 자신의 역할은 그저 최대한 효율적으로 주문에 응대하는 것이라 생각했다.

제품 흐름을 원활히 하기 위해 필요한 해결책

이 문제의 해결책은 너무나 간단해 보였다.
불규칙하게 대규모 주문을 하는 몇몇 대형 고객의 관행을 고치기 위해 모종의 조치를 취하는 것이었다. 그렇게만 할 수 있다면 정체 현상이 사라지므로 상품이 공급 체인의 처음부터 끝까지 보다 원활하고 일정하게 흐르게 된다.

부사장은 이 문제를 해결할 여러 가지 접근 방식을 생각해보았다. 그리고 문제를 일으키는 몇몇 주요 고객과 비교적 단순한 '자동 주문 계약'을 체결하기로 결심했다. 2주에 한 번씩 정기적으로 미리 결정된 수량의 자재를 납품하기로 한 것이다. 운영 관리자가 매달마다 고객사의 담당자를 만나서 상황을 검토하고 납품 수량을 조절하며, 예상치 못한 수요가 발생하면 급한 주문을 신속하게 처리할 수 있도록 비상 계획을 세우는 것도 중요한 조치였다.

이렇게 해서 주요 고객에게 꾸준히 제품을 공급하게 되었다.
부사장은 재고를 크게 줄일 수 있었고, 제조 과정을 정비할 수 있었으며, 하청업체에게도 급한 주문을 하지 않게 되었다.

그 결과는 놀라울 정도였다. 회사의 운영비가 35% 이상 감소한 것이다. 재고가 반으로 줄어들었기 때문에 수백만 달러의 자본을 투자해 새로운 시설을 지을 필요가 없게 되었고, 재고가 바닥나는 상황도 거의 사라졌다. 창고를 관리하는 인력의 수요 역시 일정하게 유지되어 인건비도 크게 감소했다. 고객의 주문이 규칙적으로 들어오면서 대량 주문 제품의 대부분이 '크로스도킹' 형식으로 물류센터를 통과하여 중간에 멈추거나 적체되는 일 없이 직접 트럭에 실려 고객의 자재 하역장까지 운반되었다.

이 기업의 운영 관리자는 주요 고객에게서 자동 주문을 받을 경우 무작정 상자 여러 개에 담아 납품하기보다는 각 제품을 훨씬 쉽게 찾을 수 있도록 규격화된 화물 운반대에 제품을 적재해서 납품할 수 있다는 사실을 알아냈다.

이렇게 하면 고객이 제품을 인도한 다음 정리하기가 훨씬 쉬웠다. 비록 사소해 보이는 개선이었지만 고객사 운영 담당자의 일손을 크게 덜어주는 중요한 조치였다. 이러한 전체 과정을 통해 고객사 역시 처리 비용과 재고를 상당히 줄일 수 있었다.

> **재고가 반으로 줄어들었기 때문에 수백만 달러의 자본을 투자해 새로운 시설을 지을 필요가 없게 되었고, 재고가 바닥나는 상황도 거의 사라졌다.**

이제 고객의 주문 패턴을 예측할 수 있기 때문에, 기업 입장에서는 안정된 생산 일정을 유지할 수 있었다. 따라서 하청업체에게 확실한 장기적 주문 예상치를 통보하는 한편 반드시 자재를 구입할 것을 약속할 수 있게 되었고, 하청업체는 그 보답으로 자재가를 크게 낮추고 납기 엄수를 보증하게 되었다. 공급 체인과 관련된 모든 주체가 커다란 이익을 얻은 셈이다.

아울러 이 회사의 판매 프로세스는 예상치 못한 방향으로 개선되었다. 새로운 시스템이 도입되자 판매 담당자는 고객의 불만 사항을 처리하는 시간이 크게 줄어들어 자연스럽게 엔드유저를 대상으로 한 판매 활동에 더욱 집중할 수 있게 되었다. 또한 기업의 지역 운영 담당자와 고객사의 구매 및 운영 담당자가 정기적으로 주문 상황을 검토하기 위해 만나기 시작하면서 새로운 신뢰 관계가 구축되기도 했다. 보다 생산적인 판매 활동에 주력하게 되고 제품 흐름의 효율성이 향상되자, 몇몇 대형 고객이 이 기업의 생산 라인에서 더욱 많은 제품을 구매하게 되었다. 주요 고객을 상대로 한 매출은 지속적으로 높아졌다.

문제 해결에 왜 이렇게 오랜 시간이 걸렸을까?

이 기업은 선진 경영으로 잘 알려져 있었고 고객이나 하청업체 관리도 뛰어났지만, 이 놀랄 만큼 간단하고 너무나 명백해 보이는 해결책을 찾아내는 데 몇 년이라는 시간이 걸렸다. 또한 과거에도 여러 경쟁사가 비슷한 자동 주문 시스템을 구현하려고 시도하다가 실패를 맛보기도 했다.

그렇다면 두 가지 의문이 생겨난다.

첫째, 운영 관리자가 이 문제를 인식하는 데 왜 그토록 오랜 시간이 걸렸는가?

둘째, 왜 경쟁사는 실패했는데 이 회사는 성공했는가?

부사장은 제품 흐름을 관리하는 과정에서 흔하게 발생하는 다음 세 가지 문제를 해결해야 했다.

문제 해결의 포인트 1_ 모든 측면에 의문을 제기하라

이전에는 개선의 여지가 있다는 것이나 문제의 근원을 아무도 인식하지 못하고 있었다. 기업의 운영과 생산을 맡은 관리자는 단순히 주문을 받아 처리하고 재고를 보충하는 '패턴'을 당연하게 생각했고, 고객의 주문은 자신들이 통제할 수 없는 영역이라 생각했으며, 주문을 최대한 효율적으로 처리하는 데에만 집중했다. 따라서 예전에는 운영 개선 조치도 모두 전형적인 기업의 관점 안에서만 추진되었다.

부사장이 운영의 모든 측면에 의문을 제기하는 새로운 관점으로 바라보기 전까지는 고객의 주문 패턴을 바꿀 수 있다는 가능성과 제품 흐름 관리를 통해 기업 실적을 여러 가지 측면에서 비약적으로 개선할 수 있다는 사실을 아무도 깨닫지 못하고 있었다.

문제 해결의 포인트 2_ 사각지대를 찾아내라

진보된 컴퓨터 설비를 보유하고 있었음에도 불구하고 기업 간의 제품 흐름 비용을 전반적으로 이해하는 데 꼭 필요한 데이터는 제대로 갖춰져 있지 않았다. 따라서 부사장은 새로운 자료를 수집해 주문 패턴과 비용을 분석해야 했다. 고객사와 공급자의 경우에도 각각 운영 분석과 비용 회계 시스템 상에서 비슷한 사각지대가 있었다.

문제 해결의 포인트 3_ 직접 대면하라

자동 주문 시스템을 구현하려면 중요한 구조의 변화가 필요했으며, 몇몇 관리자들이 그 영향을 받았다. 지역 운영 관리자는 정기적으로 주요 고객사 담당자들을 만나 서비스를 검토하고 자동 주문 수량을 조절했다. 시설 관리자는 창고를 재구성하고 규모를 줄였다. 자재 관리자는 회사의 손을 떠난 후까지 제품을 추적했다. 구매 관리자는 하청업체와 장기적인 구매 계약을 맺고, 그 대가로 보다 저렴하게 자재를 공급받고 우대 서비스를 받으며, 비상사태에 대한 대책도 마련할 것을 약속받았다. 생산 관리자는 새로운 수요 패턴의 도입으로 생산 일정과 절차를 조절하여 효율성을 높이게 되었다.

01 고객의 주문 패턴에 일관성을 부여하고 예측 가능성을 높이는 제품 흐름 관리를 활용하면, 비용을 절감하고 수익성을 크게 향상시킬 수 있다. 또한 우수 고객에게도 같은 혜택이 돌아간다.

02 제품 흐름 관리는 비교적 소수의 주요 고객이 제품을 대량으로 주문하는 경우에 가장 큰 효과를 거둘 수 있다.

03 대다수 기업의 운영 관리자는 고객의 주문 패턴을 당연한 것으로 여기고 주문에 대한 대응을 하는 데 엄청난 시간과 자원을 소비한다. 운영 관리자가 고객사의 담당자와 협력해 고객의 주문 패턴을 조절하고 관리하면, 놀라운 결과를 낼 수 있다.

04 관리자가 고객의 주문 패턴 정보를 조직적으로 검토하지 않는 기업이 너무나 많다. 매우 중요한 수익 창출 수단이지만 어느 누구의 업무 영역에도 속해 있지 않기 때문이다. 이는 매스 마켓 시대의 나쁜 유산 중 하나다.

18
고객의 마음을 사로잡는 최고의 서비스를 구축하는 법

고객 서비스에 문제가 발생했을 때 이를 제대로 해결하면
애초에 문제가 없었을 때보다 고객의 신뢰를 더욱 확보할 수 있는 경우가 많다.
기업 가치를 증명하고 고객의 마음을 사로잡는 방법을 알아보자.

당신은 느린 엘리베이터를 기다리는 동안 무엇을 하는가?

몇 년 전, 한 기업이 야심차게 지은 신사옥에서 문제가 발견됐다. 엘리베이터가 참기 힘들 만큼 느리다는 것이었다. 그렇다고 엘리베이터를 다시 설치하기에는 비용이 너무 많이 들었다. 그렇다면 어떤 조치를 취할 수 있을까?

건축가들은 이 문제를 검토해본 후 좋은 아이디어를 만들어냈다.

로비와 엘리베이터에 '거울'을 설치한 것이다. 엘리베이터를 기다리는 사람들이 거울에 비친 자기 모습을 바라보고 있으면 오래 기다려도 그다지 지루하게 느껴지지 않는다는 점에 착안한 것이다. 오늘

날 대다수 고층 건물의 로비나 엘리베이터에는 거울이나 비슷한 기능을 하는 철제 표면이 설치되어 있다.

디즈니월드에도 비슷한 문제가 있었다. 놀이기구를 타기 위해 기다리는 줄이 너무 길어졌고, 아이들은 참을성이 부족했다. 어른도 마찬가지였다. 그렇다면 디즈니는 어떤 조치를 취했을까?

디즈니의 고객 서비스 팀은 이 문제를 장기간 검토해, 하나의 과학으로 발전시켰다. 정확히 어느 정도 시간이 흘러야 사람들이 따분함을 느끼는지 알아낸 것이다. 따라서 '캐리비안의 해적' 같은 제일 인기 있는 놀이기구를 타기 위해 줄을 서야 하는 곳에는, 세심하게 설계된 간격으로 캐릭터 복장을 한 도우미, 비디오, 거울 등 사람들이 마음을 빼앗기는 요소를 설치했다. 디즈니의 고객 서비스 공학자들은 심지어 기다리는 줄을 구불구불하게 설계해 계속 앞으로 나아가고 있다는 느낌을 주면서도 실제 줄이 얼마나 긴지는 눈치 채지 못하게 만들었다.

'최고의 서비스'라는 평판을 통해 차별화를 추구한 한 호텔 체인의 비결도 살펴보자. 이 호텔에서는 모든 직원이 상사의 승인 없이 고객 서비스를 위해 재량껏 최대 몇 백 달러까지 쓸 수 있는 권한을 가지고 있다. 세탁물이 제시간에 도착하지 않으면 와인 한 병을 서비스로 제공하는 식이다.

이런 방식으로 이 호텔은 전화위복 효과를 노리는 것이다.

> 고객 서비스에 문제가 발생했을 때 이를
> 제대로 해결하면 애초에 문제가 없었을 때보다
> 고객의 신뢰를 더욱 확보할 수 있는 경우가 많다.

사우스웨스트 항공(Southwest Airlines) 역시 유사한 고객 서비스 정책이 있다. 이 항공사에서 고객을 직접 상대하는 모든 직원은 고객의 필요에 따라 규칙을 어느 정도 어길 수 있는 권한이 있다. 사우스웨스트가 저가 항공사임에도 불구하고, 최고 수준의 고객 서비스라는 평가를 받는 것은 결코 우연이 아니다.

고객 서비스에 문제가 발생했을 때 이를 제대로 해결하면 애초에 문제가 없었을 때보다 고객의 신뢰를 더욱 확보할 수 있는 경우가 많다. 바로 이때 오히려 기업의 가치를 증명하고 고객의 마음을 사로잡을 수 있는 기회가 발생한다.

그렇다면 고객 서비스의 본질은 무엇인가?

여기서 중요한 의문 하나가 떠오른다.

그렇다면 모두가 입을 모아 말하는 고객 서비스란 정확히 무엇인가? 거의 모든 회사가 수많은 고객 서비스 정책을 갖고 있지만, 그중 제 역할을 하는 것은 얼마나 될까?

한 복사기 회사는 고객이 수리를 의뢰하면 95%의 확률로 수리 기사를 2시간 내에 현장으로 파견한다.

이것은 과연 좋은 서비스일까?

여기에는 문제가 있다.

이 정책에서는 모든 문제를 동등한 것으로 취급한다. 어떤 A/S 요청은 기계 고장으로 인한 것인 반면, 토너가 떨어졌다든지 하는 다른 문제일 수도 있다. 그런데 이 서비스 정책은 모든 고객과 상황을 동일하게 취급한다. 중요한 고객 회사 경영진 사무실 내에 단 한 대 있는 복사기가 고장났을 수도 있고, 행정 부서에 있는 12대의 복사기 중 하나가 고장 났을 수도 있다.

고객이 서비스를 불쾌하게 받아들이는 기준은 대다수의 평균적인 서비스가 아니라 가장 나빴던 기억 때문에 생긴다.

예를 들어 복사기 업체가 앞서 말한 서비스 정책을 완벽하게 이행했다 하더라도, 2시간이 아닌 4일을 기다려야 했던 5%는 크게 실망해 등을 돌릴 수도 있다. 그리고 이 서비스 정책은 기술자 파견 '타이밍'만을 강조하고 있을 뿐, 문제가 언제 해결되는지에 대해서는 전혀 고려하지 않는다.

이 정책은 고객 서비스를 설계할 때 범하기 쉬운 가장 기본적인 실수 유형을 잘 보여준다. 이 정책에는 복사기 회사의 관점만 반영되어 있을 뿐, 고객의 관점은 전혀 반영되지 않았다. 고객을 위한 서비스 정책이 아니라 운영상의 편의를 위한 서비스 정책인 셈이다.

그렇다면 고객 서비스는 고객의 경험과 동의어일까?

반드시 그렇지는 않다. 고객 서비스는 고객이 받는 '인상'이다.

고객 서비스의 진정한 척도는 향후 고객의 행동이다.

디즈니월드가 실제 대기 시간을 20% 줄였다 해도 대기 고객에게 충분한 볼거리를 제공하지 않아 대기 시간에 대한 고객의 인상을 바꾸지 못했다면, 고객 서비스에 대한 불만은 끝도 없이 쏟아질 것이다.

여기서 가장 중요한 것은 실제 서비스가 아니라 고객의 '인상'이다.

제품 신뢰도는 어떻게 형성되고 강화되는가?

앞서 말한 복사기 업체가 뛰어난 품질 관리 프로세스를 개발해 잔고장이 없고 믿을 수 있는 제품을 생산하게 되었다고 가정해보자.

이는 고객 서비스에 어떠한 영향을 미칠까?

대답은 예상과 정반대다. 제품이 튼튼해지면 잔고장이 사라진다. 따라서 가장 고치기가 까다롭고 시간이 많이 걸리는 심각한 고장만 남게 된다. 고객이 좋지 않은 경험만 기억하게 된다는 점을 잊지 말자. 실제로는 전반적인 서비스가 상당히 향상되었는데도 고객은 오히려 서비스 품질이 떨어졌다고 생각하게 될지도 모른다.

그렇다면 이 문제를 어떻게 해결할 수 있을까?

첫째, 고객의 인식을 창조해나가라.

몇몇 앞서가는 기업은 실제로 고객에게 어떤 서비스를 제공했는지 보여주는 평가표를 해당 고객에게 발급한다. 이렇게 하면 고객은 가끔 문제가 발생하더라도 그저 이따금씩 일어나는 예외 사례로 생각하게 된다.

둘째, 눈앞의 문제보다 앞서 나가라.

어떤 기업은 핵심 부분을 세밀하게 분석하여 예방 점검 조치로 큰 효과를 거둔다. 또한 자체 진단 기능을 갖춘 기계를 설계하는 기업도 있다. 그중에는 머지않아 문제가 발생할 수 있는 고장에 대해 사람의 개입 없이 스스로 서비스 요청을 하는 기계도 있다.

셋째, 수리하기 쉬운 기계를 만들어라.

수리 시간이 오래 걸리는 가장 큰 이유는 필요한 부품을 쉽게 확보할 수 없기 때문이다.

한 복사기 업체의 부사장은 '나사받이(washer)의 벽'을 만들었다. 이 부사장은 제품 설계 엔지니어들이 각기 자기가 선호하는 나사받이를 사용하도록 지정한다는 사실을 발견했다. 이 때문에 서비스 현장에서 비상용 부품 재고를 확보하기가 어려웠고, 그 결과 수리가 크게 지연되었다. 문제가 얼마나 심각한지 강조하기 위해 그 부사장은 직원에게 독특한 나사받이를 모두 모아 벽에 붙이도록 했다. 작업을 마무리하자 벽에는 1,000개 이상의 나사받이가 모였다.

부사장은 제품 설계 공학자들을 불러서 나사받이 벽을 보여주었다. 공학자들은 깜짝 놀랐고, 즉시 최대한 공통되는 부품을 사용하도록 제품을 재설계했다. 서비스 완료 시간(고객이 서비스를 요청한 시점부터 기계 수리가 완료되는 시점)은 엄청나게 단축되었다. 재고 비용도 뚝 떨어졌음은 물론이다.

고객 서비스는 효과적인 고객관계 구축의 출발점이자 종착점이다. 매우 중요한 수익 창출 수단이지만, 그만큼 오해를 낳는 경우도 많다. 성공적인 고객 서비스를 제공하는 열쇠는 고객이 실제로 서비스에서 어떤 '인상'을 받는지를 분명하게 파악한 뒤 창의적인 방법을 동원하여 서비스에 대한 고객의 '인식'을 형성하고 관리하는 것이다.

세심한 분석을 통해 완벽한 고객 서비스를 제공할 수 있다. 그러나 경쟁사보다 빨리 행동을 취해야 한다는 점을 잊지 말자.

> **Key Point**
>
> **01** 고객 서비스는 효과적인 고객관계 구축의 출발점이자 종착점이지만, 비즈니스에서 가장 오해가 생기기 쉬운 영역이기도 하다.
>
> **02** 서비스에 대한 고객의 부정적인 인상은 대부분 평균적인 서비스가 아니라 가장 나빴던 서비스 때문에 생긴다. 문제가 발생하는 빈도가 높지 않은 경우에도 마찬가지다. 각 기업은 효과적이고 다양한 방법을 통해 고객의 인상을 만들어갈 수 있다.
>
> **03** 고객 서비스의 진정한 척도는 향후 고객의 행동이다. 최고의 고객 서비스는 기업의 내부 실적보다 실제 고객의 경험, 고객의 인상, 향후 고객의 행동을 더욱 중시한다. 자사의 고객 서비스 정책은 무엇을 기준으로 설계되었는가?
>
> **04** 비용을 낮추면서도 고객 서비스를 향상시키는 방법은 제품 설계와 같이 언뜻 전혀 관계가 없어 보이는 영역에서 발견할 수 있는 경우도 적지 않다. '엘리베이터의 거울'이나 '나사받이의 벽'과 같은 사례를 생각해보자.

주문생산 방식으로 성공하기

한 대기업이 어떻게 주문생산 방식을 통해 완성품 재고와
창고 관리 비용, 최소 생산 시설 규모를 줄였는지 살펴본다.

몇 년 전에 한 대형 가전제품 제조업체가 혁신적인 생산 공정을 도입하여 난로, 냉장고, 기타 백색 가전제품의 주문 처리 시간을 4개월에서 단 3일로 단축했다.

게다가 이렇게 혁명적인 새 공정을 도입하는 데에는 비용이 단 한 푼도 들지 않았다. 사실 처음 공정을 도입하는 순간부터 수익을 창출했다.

도대체 이 회사는 무슨 조치를 취했을까? 그리고 어떤 방법으로 이러한 기적을 이뤄냈을까?

이 기업이 중대한 변화에 착수한 것은 그보다 몇 년 전이었다. 이 회사의 최고 경영진은 지속적으로 관리자들에게 새로운 업무 방식을

모색하도록 장려하고, 가끔씩 발생하는 실패를 성공적인 혁신 과정의 일부로 인정해줌으로써 '혁신의 문화'를 구축했다. 이것이 바로 이 회사의 궁극적인 경쟁력이다.

이 기업의 생산 담당 임원은 업무 혁신 노력의 일환으로 새로운 생산 관행을 찾아 전 세계를 찾아다니기로 결심했다. 그러다가 뉴질랜드에서 매우 효과적인 생산 방식을 개발해낸 회사를 알게 되었고, 그 생산 공정을 북미에 도입했다.

이렇게 도입한 주문생산(make-to-order manufacturing) 방식은 이 회사가 엄청난 성공을 거두는 데 밑거름이 되었다. 그 후 여러 업계에 몸담고 있는 다양한 관리자들이 이 기업의 선례를 따랐다. 하지만 성공의 근간에 있는 몇 가지 핵심 요소를 미처 파악하지 못한 후발주자도 적지 않았다.

전통적인 생산 방식으로는 혁신을 이룰 수 없다

혁신적인 생산 공정을 도입하기 전에 이 회사 역시 매스 마켓 시대에 개발된 전통적인 생산 방식, 즉 일단 제품을 생산한 후 판매 시점까지 재고로 보관하는 방법을 사용했다. 대량의 제품을 한꺼번에 생산하되, 각 제품을 4개월마다 한 차례씩 생산하는 일정이었다. 판매 예상치를 기준으로 생산 분량을 정하고 한 번에 4개월 치를 생산한 후, 다음 예정 생산일이 다가올 때까지 창고에 보관했다.

판매 예측은 아주 복잡한 과정이었다. 제품을 생산하기 4개월 전에 판매 담당자, 주요 고객사를 담당한 임원진, 해당 분야의 판매 관리자가 판매량 전망을 내놓았다. 이러한 전망을 지역 책임자와 관리자가 검토하고 조절한 다음, 가격 책정 관리자와 판매 담당자가 다시 분석 작업을 했다. 생산을 시작하기 60일 전에 이 전망치를 판매 예상치와 통합해 판매 담당 임원, 제품 관리자, 마케팅 임원이 재차 검토하고 조정했다. 최종적으로 30일 전에 생산부서가 정확한 생산 일정과 수량을 정했다.

그러나 문제는 그동안 시장의 동향이 변하기 때문에 이 시점, 즉 생산을 시작하기 30일 전이 되면 기존에 예측한 일정과 수량이 적합하지 않다는 것을 알게 된다는 점이다. 그러나 판매량 예측 과정이 너무나 복잡하기 때문에 쉽사리 계획을 바꿀 수가 없었다. 그 결과 이 회사는 엄청난 재고와 형편없는 서비스 때문에 만성적인 두통을 앓았다. 매달마다 예측 작업에 12개 부서에서 무려 87명의 인원을 동원하여 거의 3인년(人年, 한 사람이 1년에 하는 작업량-옮긴이)에 해당하는 노력을 투입하는 데도 말이다.

주문생산 공정은 어떻게 이루어지는가?

새로운 주문생산 공정을 도입하게 된 가장 중요한 계기는 이 회사가 제품군의 판매량은 정확하게 예측할 수 있다 해도, 해당 제품군의 각 모델이 얼마나 팔릴지는 정확히 예측할 수 없다는 사실을 깨달았기 때문이다.

예를 들어 가스레인지 사업부의 제품군 중 하나는 색상이나 기능에 따라 4가지 모델로 구성되어 있었다. 각 모델의 판매량은 월별로 최대 25%나 변동했으므로 정확한 판매 예측을 하기가 매우 어려웠다. 그러나 전체 제품군의 월별 판매 변동폭은 3%에 불과했다. 그야말로 엄청난 차이다.

이 사실을 알게 되자 앞서 언급했던 임원은 자사의 생산 공정을 개편하기로 결심했다. 4개월마다 각 제품을 한꺼번에 생산하는 대신, 각 제품군을 지속적으로 생산하는 체제로 바꿨다. 그 다음 관리자들에게 매일 각 제품군 내에서 모델별 생산량을 조절할 수 있는 프로세스를 개발하는 임무를 맡겼다. 모든 준비가 갖춰지자 이 회사는 한 달 전에 수량을 정하고 4개월 치를 한꺼번에 생산하는 방식에서, 실시간 수요 변화를 기준으로 하여 매일 제품 구성 비율을 바꾸는 생산 시스템으로 전환했다.

주문생산 방식에 대한 판매 부서의 우려를 불식하다

이 무렵, 판매 부서에서 걱정의 목소리가 들려왔다.

판매 담당자는 예상치 못하게 수요가 크게 증가하는 경우 새로운 시스템이 과연 이에 대처할 수 있을지 우려했다. 생산 용량은 확보할 수 있었지만 필요한 부품은 어떨까?

판매 부서 입장에서는 당연한 우려였다. 이를 누그러뜨리기 위해 생산 부서는 언제 어떤 제품이라도 생산을 최대 50%까지 늘릴 수 있도록 부품의 충분한 재고를 확보하기로 결정했다. 이렇게 하자 판매 부서도 만족했다.

그렇다면 이 회사는 부품 창고를 늘리지 않고도 어떻게 엄청난 재고를 확보할 수 있었을까?

임원은 제품을 만드는 데 필요한 부품을 면밀히 검토했다. 그러자 제품군에 속한 모든 모델에 공통적으로 사용되는 부품도 일부 있었지만, 대다수는 한두 개의 특정 모델에만 사용되는 부품이었다.

임원은 설계를 담당하는 공학자들을 불러 최대한 공통 부품을 사용할 수 있도록 제품을 재설계하라고 지시했다. 이렇게 하자 부품 재고 역시 크게 줄일 수 있게 되었다.

제품 재설계 프로그램은 큰 효과를 거두었다.

예를 들어 9개의 제품군으로 구성된 가스레인지 사업부에서 매출이 50% 증가하는 경우, 한두 가지 모델에만 사용되는 특수 부품을 충분히 확보하는 데 소요되는 추가 비용은 약 75만 달러에 달했다. 이 회사는 추가적인 재고를 활용한 주문생산 시스템을 도입했고, 결국 약 1,400만 달러에 상당하는 완성품 재고를 줄일 수 있었다. 이렇게 하자 가스레인지 사업부의 재고는 반으로 떨어졌다.

공학자들이 보다 많은 제품을 다시 설계하자 추가 부품 재고 조달 비용이 75만 달러에서 30만 달러로 줄어들었고, 남아 있던 1,400만 달러 상당의 완제품 재고도 800만 달러 수준으로 떨어졌다. 냉장고와 기타 백색 가전제품 등 이 기업의 다른 사업부에서도 비슷한 결과가 나왔다.

이 중요한 수익 창출 수단이 기업의 결산 결과에 미친 효과는 어마어마했다. 시간 내에 처리를 마친 주문 비율은 '60% 이하'에서 '95% 이상'으로 상승했다. 회사 전체의 완제품 재고는 1억 달러에서 3,500만 달러로 뚝 떨어졌다. 최소 생산 규모는 200개 단위에서 1개 단위로 축소되었다. 생산 일정이 중단되는 기간 역시 30일에서 3일로 줄어들었다.

이 기업의 관리자들은 새로운 공정을 도입하는 데 있어서 매우 보수적이면서도 철저한 통제식 접근 방법을 취했다. 생산 공정 변경 등 매번 커다란 변화가 있을 때마다 재공품(생산 공정 중에 있는 미완성 제품 – 옮긴이)을 충분히 확보해 새로운 생산 공정을 세부조율하고 안정화시키는 데 시간이 다소 걸리더라도 고객 서비스에는 지장이 없도록 조치한 것이다. 그러나 일단 생산이 정상적으로 재개되고 나면 만약을 위해 확보한 비상 재고를 소진함은 물론 그 이상의 재고 감축 효과를 얻을 수 있었다.

> **매번 커다란 변화가 있을 때마다 원활한 서비스를 제공하기 위해 재공품 재고를 충분히 확보했다.**

주문생산 공정과 함께 변화를 도입함으로써 생겨난 놀라운 변화

이 회사는 관련된 몇 가지 영역에 일련의 변화를 도입함으로써, 주문생산 공정의 효과를 더욱 극대화했다.

첫째, 회사는 모든 핵심 관리자에게 동일한 성과 평가 기준을 적용했다. 모든 관리자의 실적을 매출 수익률(수익성)과 주문 처리 비율에 따라 평가한 후, 그에 합당한 성과급을 지급한 것이다.

둘째, 회사는 주요 공급자와 긴밀하게 협조했다. 처음에는 다섯 개의 핵심 공급자를 선별해 이들의 회사에 주문생산 공정을 설치할 수 있도록 지원했다. 이렇게 하여 해당 공급자들은 9개월 동안 부품의 재고를 60% 줄일 수 있었다. 그리고 그 다음에는 매우 중요한 행보를 취했다. 이 기업은 영향력을 높이기 위해 공급자의 수를 1,300개에서 400개로 줄여서 남아 있는 공급자와는 보다 긴밀한 협력 관계를 유지했다. 심지어 주요 공급자 몇 군데의 설계 공학자를 자사의 제품 재설계 팀에 파견하도록 제안하기도 했다.

셋째, 회사는 물류센터의 수를 26개에서 3개로 대폭 줄였다. 과거에는 각 물류센터가 특정 지역을 담당하며 생산하는 모든 제품 라인의 몇 달치 재고를 보유하는 식이었다. 그러나 새로운 시스템에서는 3개의 물류센터가 각각 공장 하나씩을 담당한다. 각 공장은 특정 제품군을 전담해 생산하므로, 물류센터에는 해당 유형의 제품만 보관하게 된다. 따라서 해당 제품의 전국적인 수요를 이 물류센터에서 모두 처리한다. 새로운 물류 체계와 효율적인 새 주문생산 공정을 결합하자, 기업의 완성품 재고가 거의 0으로 떨어졌다.

넷째, 회사는 지역별 물류센터를 없애면서 여러 개의 지역 크로스도킹 시스템을 구축했다. 새로운 시스템에서는 세 곳의 물류센터에서 소규모 지역 시설로 제품을 배송한 뒤 그곳에서 배달 트럭에 직접 옮겨 싣도록 되어 있었다. 이렇게 하자 화물 운송 효율성이 향상되고 주문에 매우 빠르게 대응할 수 있게 되었다. 이 기업은 새로운 생산과 물류 시스템으로 주문 처리 시간(고객이 주문을 한 시점부터 고객이 제품을 수령한 시점까지를 나타내며, 생산과 배송도 모두 포함된다)을 6일로 단축하는 엄청난 효과를 거두었다.

다섯째, 회사는 유통회사의 효율성을 향상시키기 위해 핵심 고객과도 긴밀히 공조했다. 전통적으로 유통회사들은 약 16주 분의 재고를 보유하고 있었다. 이 기업은 유통사들의 재고 수준을 2주 분량으로 줄일 수 있도록 지원함으로써, 그들의 재고 비용을 크게 절감하게 해주었다. 또한 대규모 고객들과의 합의 하에 매주 정기적으로 주문을 받음으로써 주문의 예측 가능성과 일관성을 더욱 높였다.

> **경험을 통한 학습은 모든 변화 과정에서 매우 중요한 요소다.**

이 회사의 한 경영진은 자사의 성공 비결을 다음과 같이 요약했다.

'완벽함을 추구하면서 계속 지연하는 것보다는 일단 시작하고 나서 지속적으로 개선하는 편이 낫다. 분석 마비증(분석 단계에서 너무나 완벽함을 추구한 나머지 아무런 해결책도 도출하지 못하는 현상-옮긴이)을 주의하라.'

이들은 다른 기업이 공정을 지나치게 분석하느라 실패하는 모습을 여러 차례 지켜보았다. '경험을 통한 학습'은 모든 변화 과정에서 매우 중요한 요소다. 이 기업의 경우 '지속적인 혁신에 대한 의지', '합리적인 새로운 조치를 시도하고자 하는 의욕', '새로운 공정의 모든 측면을 이해할 수 있는 능력'이 수익성을 개선하고 지속적인 성공을 누리는 데 핵심 요소였다.

01 전형적인 생산 시스템은 상대적으로 적은 종류의 표준화된 제품에 대한 수요가 꾸준히 존재하는 매스 마켓 시대에 개발된 방식이다. 따라서 오늘날 같은 정밀 시장 시대의 수요를 충족하기에는 전혀 적합하지 않다.

02 새로운 주문생산 시스템은 새로운 비즈니스 요구에 부합하도록 설계되었다. 새로운 시스템의 성공 열쇠는 비교적 수요의 변동폭이 적은 제품군별로 생산 역량을 할당하는 대신, 제품군 내에서 각 모델의 생산 비율을 매일 변경하는 혁신적인 방법을 개발해 빠르게 변하는 시장에 대응하는 것이다.

03 새로운 생산 시스템은 제품 설계, 납품업체와의 관계, 유통 고객사와의 관계, 공급 체인 구조 등 다양한 관련 분야에 영향을 미쳤다. 이를 통해 이 기업은 완전히 새로운 비즈니스 시스템을 구축할 수 있었다.

04 '완벽함을 추구하면서 계속 지연하는 것보다는 일단 시작하고 나서 지속적으로 개선하는 편이 낫다'는 이 기업의 원칙에 대해 생각해보자. 이 회사의 경험은 70% 정도의 정확성을 지향하는 분석을 통해 결단력 있게 행동을 추진할 때 얼마나 강력한 힘을 발휘할 수 있는지 보여주는 좋은 사례다.

4부
수익을 중심으로 사고하는 '리더십'을 육성하라

Islands of Profit in a sea of Red Ink

Islands of Profit in a sea of Red Ink

위기라고 움츠러들면 잡아먹힌다, '불황'은 오히려 기회다

위기는 피해야 할 끔찍한 상대다.
하지만 경제 위기 상황은 기업의 장기적인 성장을 위해
지속적인 변화를 추진할 수 있는, 드물지만 소중한 기회이기도 하다.

불경기.

최악의 시기인가, 아니면 최고의 기회인가?

답은 '둘 다'다. 곤궁한 시기에 경영자들은 여러 문제에 직면하지만, 이 시기는 쇄신을 만들어낼 수 있는 드문 기회이기도 하다.

'비용 절감' 방법을 심사숙고해보라.

불경기에는 매출이 감소하고 현금이 마르며 주가는 곤두박질친다. 이때 대다수 기업들의 본능적인 반응은 '손을 놓고' 무작정 허리띠를 졸라매는 것이다. 하지만 이런 무조건적인 비용 절감은 두 가지 중대한 문제를 야기한다. 한 가지는 리더들이 정작 '무엇을' 줄여야 할지 오판하는 경우가 흔하다는 것이고, 다른 하나는 경비 절감만으로는 매출 증대, 현금 유동성 개선, 주가 견인, 그 어느 것도 얻을 수 없다는 것이다.

불경기에 '비용 절감'이라는 중책을 안게 된 관리자들은 지나치게 단기 실적에만 치중하게 되고, 그 결과 전략적으로 진정 중요한 기회를 놓쳐버린다. 즉 비용 절감이 무조건 선한 것이 아니며, '나쁜 절감'과 '좋은 절감'이 따로 있다는 것이다.

'나쁜 절감'은 모든 것을 닥치고 잘라버리는 것이다.

'좋은 절감'은 기업 활동을 면밀하게 조사해서 수익성과 성장 가능성 관점에서 '밀어줄 것'과 '잘라낼 것'을 확실하게 구분하는 것이다. 해결책은 잘라낼 놈에게서 자원을 빼내 밀어줄 놈에게 차근차근 옮겨주는 것이다. 전문용어로 정리하자면, '될 놈은 키우고 다른 놈은 죽이는 것'이다.

위기는 변화를 위한 절호의 기회

호황기에, 경영자는 전통적인 방식으로 기업을 발전시키는 일로 분주하다. 그러므로 거꾸로 말하자면 모든 게 잘 돌아가고 있을 때 근본적인 비즈니스 프로세스를 변화시키는 것은 매우 어려운 일이 되고, 경영자가 변화로 인해 지속적인 발전을 이룰 수 있다는 것을 알고 있을 때조차 그렇다.

불황은 흥미롭게도 이 모든 것을 바꿔놓는다. 어려운 시기가 닥치면 기업은 그동안 시도하지 못했던 혁신적인 변화를 추진할 가장 절호의 기회를 맞게 된다. 물론 기업이 위기에 처하면 관리자들은 마음이 조급해진다. 그러나 그 때문에 새로운 계획과 변화를 가장 잘 받아들이게 되는 때 역시 정확히 이때다. 구매자가 됐든 공급자가 됐든 마찬가지다.

> 어려운 시기가 닥치면 기업은 그동안 시도하지 못했던 혁신적인 변화를 추진할 가장 절호의 기회를 맞게 된다.

이때 경영자가 던져야 할 본질적인 질문은 바로 이런 드문 기회를 '어떻게' 가장 잘 활용할 것인가다. 어려운 시기에 기로에 섰던 여러 기업들과 함께 일했던 경험을 되새겨보면, 그들에게는 네 개의 아주 중요한 기회가 찾아온다.

불황의 기회 1_
수익성을 관리하라

수개월에 걸쳐 수익 맵핑 작업을 해보면, 회사의 어느 부분이 수익을 내고 어느 부분이 손실을 내고 있는지 알게 된다. 여기서 얻은 통찰력으로, 최상의 비즈니스는 능력을 배가하고 높은 수익 잠재력을 가진 더 많은 비즈니스를 공략할 수 있으며, 현상유지 비즈니스는 개선하고 수익을 못 내는 비즈니스는 단계적으로 철수시킬 수 있다.

다시 말해 회사의 자원을 재배치함으로써 수익성과 현금 유동성을 높이는 것이다.

이때 주의할 점이 두 가지 있다.

첫째, 영업 인력이 회사의 체계화된 우수고객 확보 프로세스를 활용토록 함으로써 잠재구매력이 높은, 그러나 아직은 제대로 공략하지 못한 고객들에게 다시 집중하는 것이 중요하다. 이것은 수익성 있는 새로운 매출을 즉시 발생시킴으로써, 수익성 없는 고객과의 거래를 중단하는 데서 오는 매출 감소를 대체할 수 있게 해준다.

둘째, 몇 개의 수익 레버를 제대로 선택함으로써 수익성 없는 비즈니스의 많은 부분을 흑자로 전환시키는 것이 중요하다. 많은 경우, 수익성 없는 고객 혹은 거래처는 왜 자신들이 그런 상황이 됐는지 모른다. 예를 들어, 주문 패턴이 변덕스럽고 예측 불가여서 우리 기업이 재고를 과다하게 보유하게 만듦으로써 물류비를 높인다. 중요한 점은 바로 이런 상황이 고객의 입장에서도 매우 불편하다는 것이다. 개선을 통해서 쌍방이 모두 혜택을 볼 수 있다.

불황의 기회 2_
고객이나 유통망의 수익성까지 높여라

어려운 시기에는, 구매자든 공급자든 모두 다 수익성과 현금유동성을 높이기 위해 필사적이 된다. 그러므로 다른 어느 때보다도 새로운 방식을 받아들일 준비가 되어 있다. 따라서 관리자들은 훌륭한 파트너들과 가치 있는 관계를 공고히 할 수 있는 특별하고 소중한 기회를 선사받는다.

고객과의 운영 파트너십(operating partnership)을 강력하게 구축하는 일은 결과적으로 고객이나 공급자의 수익성과 현금유동성에 막대한 영향을 미친다. '벤더 재고 관리' 같은 상호 교류 운영 방식은 우수 고객들의 수익과 자산 생산성(재고나 장비의 효율적인 이용)을 크게 증대시킨다.

동시에, 제조사 입장에서는 고객들의 주문 패턴에 대한 통제력을 확보할 수 있고, 운영비도 현저하게 낮출 수 있다. 운영 파트너십의 위력은 매우 강력하기 때문에 이미 상당한 매출을 발생시키고 있는 고객들에게서조차 30~40%의 매출 증가를 불러올 수 있다.

공급자 역시 운영 파트너십을 통해 동일한 혜택을 얻을 수 있다. 그러므로 주요 공급자를 초청해, 그들로부터 양측의 수익성을 높일 수 있는 방법을 제안하도록 할 수도 있다. 대부분의 공급자들은 자기가 거래하는 기업이 운영 방식을 혁신하는 데 관심이 없다고 은연중에 추정한다. 따라서 능력 있는 업체라면 혁신의 의지가 있는 고객과 일할 기회를 잡고자 할 것이다. 게다가 공급자 관점에서 거래 회사의 구매 패턴을 사전에 분석하고 있을 수도 있다. 두 회사의 비용을 동시에 절감하는 방법을 알아내기란 어렵지 않다. 당연히 그 몫의 수혜자 역시 그 둘 다가 된다.

아래에서 위로든 위에서 아래로든, 영구적인 효과를 발휘할 혁신을 추진할 기회는 불황이 아니고서는 거의 오지 않는다. 그러므로 지금 행동한다면, 당신은 오랫동안 그 수확을 누릴 것이며, 대부분의 경쟁자들은 비용 절감이라는 강박증에 사로잡혀 무능해져 있는 동안 진정한 수익 증대의 단맛을 향유할 것이다.

불황의 기회 3_
고객 혁신을 추진하라

불경기는 당신이 고객에게 제시하는 가치 역시 크게 높여줄 수 있다. 유통업체 하나가 운영 파트너십을 개선함으로써 고객사들의 수익성을 비약적으로 증대시킬 수 있음을 앞서 살펴보았다.

 그 경우 해당 유통업체의 가치는 얼마나 올라갔을까?

 유통업체는 일반적으로 제조사에 비해 제품과 시장에 대해 더 깊이 있고 상세한 정보를 가지고 있다. 거기에는 고객들의 베스트 프랙티스에 대한 소중한 정보도 포함돼 있다. 수요가 왕성한 호황기에는, 제조사들이 평이한 제품과 일반적인 시장 정보만으로도 매출을 확보할 수 있다. 하지만 불경기에는, 얻을 수 있는 최대한의 정보력이 필요하다.

 문제는 두 가지다.

 첫째, 제조사와 유통업체 간의 관계는 종종 겉으로 보이는 것보다 훨씬 더 적대적이다.

둘째, 제조사는 유통업체가 어떤 유용한 정보를 확보하고 있는지 모르는 경우가 다반사다. 정보는 유통업체의 조직 내에 묻혀 있을 수도 있고, 그들과 접촉하는 제조사의 영업이나 마케팅 관리자들에게 미처 입수가 안 되었을 수도 있다.

유통업체가 알고 있는 정보, 즉 고객이 제품을 사용하고 시장에 도입하는 방식을 다시 숙고해봄으로써, 유통업체와 제조사 모두에게 이익이 되는 제안 내용으로 잠재력이 높은 미공략 고객에게 접근하는 것은 매우 중요하다.

그 예를 들어보자.

한 공산품 유통업체는 고객들이 그간 일용품 수준으로 받아들여져 왔던 안전 장비 제품을 차별화하는 데 난항에 부딪혔고, 결과적으로 해당 제품은 극심한 가격 경쟁을 겪었다.

결국 제조사의 마케팅 담당자들은 자신들이 거래하던 최고의 유통업체와 협력해, 고객들이 용도에 맞는 제품을 제대로 선택하고 바르게 사용할 수 있도록 돕는 특별 카탈로그와 웹사이트를 만들었다. 이것은 엔드유저들에게 새로운 가치를 제공했고 결과적으로 제조업체, 유통업체, 구매 고객 모두에게 이득이 되는 큰 폭의 판매 증가를 이뤄냈다.

> 불경기에, 본능은 고통을 최소화하기 위해
> 몸을 움츠리고 단기적인 수단에 집중한다.
> 이것은 분명히 잘못된 일이다.

불황의 기회 4_
전략적 혁신을 창조하라

혁신에 가장 좋은 시기는 언제인가?

　답은, 뜻밖에도 '전혀 그럴 필요가 없을 때'이다.

　GE의 비행기 엔진 부문 혁신을 떠올려보라. 9. 11. 사건 이후 몇 달간, 항공 운행량은 급감했고, 주문량은 끝없이 추락했다.

　당시, GE는 차세대 연비 절감 엔진을 개발하고 있었다. 처음에 이 타이밍은 끔찍해 보였다. 항공산업 자체가 극심한 혼란의 와중에 있었기 때문이다. 하지만 사실은 이때가 가장 적기였다. 개발 과정을 마무리하는 데는 어느 정도 시간이 걸렸고, 이 엔진은 항공업계가 슬럼프에서 빠져나와 힘을 얻고 연료비가 오르고 있을 때 시장에 출시되었다.

타이밍, 타이밍, 타이밍_
타이밍이 관건이다

이 모든 것은 '직관'을 완전히 거스르는 것이다. 불경기일수록 본능은 고통을 최소화하기 위해 몸을 움츠리고 단기적인 수익 창출 수단에 집중하라고 소리친다.

　그러나 그 본능에 굴복해서는 절대 안 된다.

통찰력 있는 경영자라면, 이런 어려운 상황이 바로 기업을 쇄신하고 변화시켜 근본적이고 지속적이며 장기적인 수익성을 확보할 수 있는 소중한 기회라는 것을 안다.

바로 지금, 남보다 앞서 창의적으로 행동할 때다.

당장 조직에 활력을 불어넣을 수 있을 뿐더러, 그 보상을 반드시 얻게 될 것이다.

01 불황에 의한 것이든 기업 내의 문제에 의한 것이든, 재정적 압박은 신속하고 지속적인 결과를 가져올 수익성 관리 시스템을 개발하고 실행할 절호의 기회를 제공한다.

02 비용 절감에는 좋은 절감과 나쁜 절감이 있다. 불행히도 대부분의 기업은 매스 마켓 사고방식에서 벗어나지 못하고 있고, 따라서 장기적으로 끔찍한 결과를 초래하는 전반적인 비용 깎아내기에 전념한다.

03 불황의 시기에는 기업 내부의 혁신뿐만 아니라 유통업체나 고객의 수익성까지도 개선할 수 있는 혁신적인 프로그램을 창안해낼 수 있다.

04 다른 모든 것들이 그렇듯, 힘든 시기는 지나가기 마련이다. 어려운 시기에 적극적인 변화와 새로운 계획을 창출해내는 통찰력을 가진 리더라면, 산업이 회복기에 들어섰을 때 자사의 성과가 더욱 증폭되는 모습을 보게 될 것이다. 헤드라이트 불빛에 얼어붙어서 결단력 있게 행동하기를 두려워했던 경쟁자들은 저 먼 뒤로 뒤처지게 될 것이다.

21

패러다임 전환이라는 도전에 정면으로 대응하라

패러다임 전환은 비즈니스에서 커다란 수익성 향상을 가져올 수 있는 잠재력을
가지고 있지만, 관리의 미학이 발휘돼야만 제대로 그 효과를 거둘 수 있다.

최근에 나는, 예전에 가르쳤던 학생에게서 이메일을 받았다.

한 대기업에서 수익성 향상을 위한 시스템 개편 업무를 맡고 있는 그는 이렇게 토로했다.

"교수님, 실제 이 일을 추진하는 데 있어서 '하드웨어' 문제들은 상대적으로 쉽습니다. 오히려 '소프트웨어' 차원의 문제들이 정말 가장 골치 아프더군요. 정말 고민입니다."

이 말은 무슨 뜻일까?

편지를 보내온 학생은 기업에 잔존해 있던 비즈니스 관행과 싸우고 있다. 시스템을 구축하고 거래 방식을 바꾸는 일 역시 쉽지는 않

지만 해결 못할 문제는 아니었다. 진짜 문제는 오랫동안 몸에 익은 업무 방식을 버리고 새로운 시스템을 받아들이도록 관리자들을 '설득'하는 부분이었다.

몇 년 전, GE는 그동안 시도해온 수많은 프로젝트를 분석해서 '프로젝트 규모에 따른 투자수익률'을 파악하는 내부 검토 작업을 실시한 적이 있다. 그 결과, '작은 규모의 투자보다 대규모의 투자 쪽이 훨씬 높은 수익률을 올렸다'는 사실이 밝혀졌다.

비용을 들이면 효과도 큰 것일까?

반드시 그런 것은 아니었다. 대규모 투자의 수익률이 더 높았던 가장 큰 이유는 대규모 투자일수록 업무 관행을 근본적으로 개선하여 패러다임 전환을 이끌어냈기 때문이었다. 반면, 소규모 투자의 경우에는 관리자들이 기존 업무 관행을 '조정'하는 수준으로만 힘을 쏟았기에 점진적인 변화밖에 일으키지 못했고, 결국 대규모 투자보다 낮은 수익률을 기록할 수밖에 없었다.

GE의 최고경영진은 이 검토 결과를 토대로 기업 문화를 바꾸는 작업에 착수했다.

새로운 프로젝트를 위해 예산을 요청할 때는 관리자들에게 몇 주의 시간을 더 주고, 근본적으로 업무 관행을 변화시키고 개선할 수 있도록 대규모 예산의 기획서를 작성하도록 지시한 것이다.

비즈니스 패러다임 전환의 메커니즘

패러다임 전환은 비즈니스에서도 매우 중요하다.

패러다임 전환은 대규모의 수익성 증가와 기업 구조 개편을 가져오지만, 막상 위기가 닥치기 전에는 누구도 패러다임 전환을 섣불리 추진하지 못한다. 패러다임 전환이란 기존 업무를 단계적으로 개선하는 것과는 본질적으로 다르기 때문이다.

패러다임 전환과 관련해 참고할 만한 좋은 책을 추천해달라는 부탁을 받으면 나는 늘 예외 없이 토머스 쿤(Thomas Kuhn)의 《과학혁명의 구조(The Structure of Scientific Revolution)》를 권한다. 이 책은 경영대학원 박사 과정에서는 필수 교재지만, 인기 도서 목록에 오르는 일은 거의 없으며 심지어 비즈니스에 관한 책도 아니다. 이 책은 '과학의 역사'에 대한 쿤의 연구를 집대성했다.

쿤의 연구가 발표되기 전에는 '과학 분야의 지식 축적이란 과학적인 방법론에 따른 직선적인 과정'이라는 견해가 일반적이었다. 이 전통적인 관점에서는 과학자가 가설을 세우고 그 가설이 맞는지 실험하는 과정을 통해 차곡차곡 지식이 쌓여간다고 보았다. 하지만 쿤은 실제 과학 발전의 역사를 자세히 관찰하고 나서, 이것이 완전히 잘못된 생각임을 알게 되었다.

쿤은 과학 분야의 지식 축적이 간헐적으로 등장하는 '획기적인 진보'를 통해 일어난다는 사실을 깨달았다. 실제로 대부분의 과학 활동은 광범위하고도 암묵적이고 상세한 일종의 틀 안에서 일어나며, 쿤은 이것을 '패러다임'이라 불렀다. '태양이 지구를 중심으로 돈다'는 천동설을 이론화한 아리스토텔레스 시스템이 바로 이러한 패러다임의 한 예다.

따라서 새로이 등장하는 과학 지식은 기존 패러다임에 부합하는지 여부에 따라 평가를 받는다. 기존 패러다임을 뒷받침하는 실험은 유용하다고 간주되며, 이러한 과학적 활동을 통해 패러다임은 더욱 정교해지거나 확장된다. 쿤은 이를 '일반 과학'이라고 불렀다.

과학자들은 패러다임을 중심으로 하나의 문화를 형성한다. 따라서 패러다임에 정면으로 배치되는 실험은 거부하고 배척한다. 가장 좋은 예가 기존의 패러다임을 부정한 갈릴레오로, 결국 목숨조차 위협받는 수모를 겪었다.

일정한 시간이 흐르면 기존 패러다임이 불충분하다는 실험적 증거가 나타나기 시작한다. 쿤은 이를 '변칙(anomalies)'이라고 불렀다.

그러면 어떤 일이 일어나는가? 일단 해당 증거는 무시되고, 과학계는 아무 일 없었던 것처럼 흘러간다. 시간이 흐르면서 점점 더 많은 증거가 축적되지만 계속 외면당한다.

마침내 한 과학자가 완전히 새로운 패러다임을 제시한다. 이 새로운 이론 틀은 기존 패러다임으로 이해할 수 있었던 모든 현상뿐만 아니라 이제까지 밝혀진 모든 '변칙'까지 완벽하게 설명하는 경우에만 인정을 받는다. 게다가 새로운 패러다임은 일반 과학의 지침으로서 유용하게 사용될 수 있도록 세부 사항도 충분히 담고 있어야 한다. 이 모든 조건을 충족시킨다 해도 변화 프로세스는 논리가 아니라 정치에 크게 좌우되며, 보다 열린 마음을 가진 과학자는 새로운 패러다임 쪽으로 기우는 반면, 나머지는 기존 패러다임을 고수한다.

이것이 바로 코페르니쿠스의 패러다임이 아리스토텔레스의 패러다임을 대체했을 때, 그리고 아인슈타인의 패러다임이 뉴턴의 패러다임을 대체했을 때, 과학계에서 일어난 일이다.

이러한 변화를 패러다임 전환(paradigmatic change)이라고 부른다. 쿤은 이러한 전환의 과정을 하나하나 상세하게 설명했다.

쿤이 과학의 역사로부터 발견한 현상은 일상적인 비즈니스에서도 똑같이 일어난다.

시장 집중이든, 공급자 통합이든, 제조 공정이든, 무언가 패러다임 전환을 일으키고자 하는 관리자는 쿤의 설명에서 기존 패러다임에 해당하는 '기존 업무 방식'이라는 벽에 부딪히게 된다.

> **쿤이 과학의 역사로부터 발견한 현상은
> 일상적인 비즈니스에서도 똑같이 일어난다.**

결국 심각한 위기가 코앞까지 닥쳐오지 않은 한, '근본적으로 다른 방식으로 업무를 처리하면 훨씬 높은 수익을 얻을 수 있다'는 증거를 보여주는 것만으로는 혁신적인 변화를 일으키기 어렵다. 이 경우 단순히 '변칙'처럼 무시될 가능성이 크다.

앞에서 설명한 델 컴퓨터의 '주문 제작 시스템'이 탄생한 계기를 생각해보자.

델의 이 새로운 비즈니스 시스템은 엄청난 성공을 거두었지만, 회의 시간에 새로운 제안서를 검토해서 CEO가 이를 승인하는 방식으로 도입된 것은 결코 아니었다.

사실 델의 비즈니스 모델은 시장에서 고전을 면치 못하고 있었기 때문에 적자가 너무 심해 그야말로 자금이 바닥날 상태였다. 회사를 계속 유지하기 위한 현금을 확보하는 유일한 방법은 모든 재고를 하루빨리 처분하는 것뿐이었다. 결국 책임자들은 '재고 없이 회사를 운영할 수 있는 방법'을 찾으라는 지시를 받았다. 언뜻 불가능해 보이는 이 임무를 완수하려고 노력하는 과정에서 이제는 유명해진 주문 제작 시스템이 탄생했다.

여기서 핵심은 '회사의 존폐마저 위협하는 위기가 없었다면', 델의 경영진이 이 새로운 시스템 도입을 결코 승인하지 않았을 것이라는 점이다.

위기가 코앞에 닥치기 전에 패러다임 전환을 추진하라

그렇다면 이런 전환을 조금 앞당길 수는 없을까?

위기가 엄습해오기 전에, 위기의 전조가 관찰될 때 그것에 대비한 패러다임 전환을 이룰 수는 없는 것일까?

쿤의 연구 내용과 여러 기업의 경험을 통해 살펴보면, 그 방법은 다음 세 가지로 요약할 수 있다.

첫째, 패러다임 전환이 없다면 암울한 결과가 닥칠 것이라는 설득력 있는 주장.

기존의 업무 관행이 제대로 먹혀들지 않고 있다는 증거(우수 고객 매출의 감소 등)를 제시하거나 새로운 업무 관행이 더 좋은 수익성을 낳을 것이라는 증거(신규 고객 유치를 위한 자원 재배치 등)를 제시하는 것만으로는 부족하다.

변화하지 않으면 살아남을 수 없으며 시간이 얼마 없다는 것을 설득력 있게 주장해야 한다. 그렇지 않으면 조직은 이미 손을 쓰기에는 너무 늦어 그야말로 선택의 여지가 없게 될 때까지, 꾸준히 변화에 저항하기 마련이다.

둘째, 새로운 패러다임에 대한 포괄적이고 구체적인 설명.

사람들은 추상적인 사실을 근거로 현재의 관행을 바꾸지 않는다. 새로운 패러다임은 일상적인 업무에 지침이 되어줄 수 있을 정도로 구체적이어야 하며, 실천할 수 있는 변화 방법도 함께 제시해야 한다.

여기서는 시범 프로젝트가 특히 위력을 발휘한다. 시범 프로젝트는 변화를 추진할지 여부를 결정하지 않은 상태에서 미리 새로운 업무 방식을 직접 보여주는 것이다.

예를 들어 한 의료기기 공급자는 혁신적인 고객과의 운영 제휴 관계를 개발하는 초기 단계에, 캐나다의 한 소규모 지역 병원에서 시범 시스템을 구축했다. 이렇게 구체적인 사례를 제시하자 새로운 시스템을 실제로 구현할 수 있다는 확실한 증거가 되었다. 북미 전역의 병원 CEO가 새로운 프로세스를 시찰하기 위해 이곳을 방문하면서, 이 작은 병원은 북미에서 가장 많은 방문객을 맞는 병원이 되었다.

> 이 작은 병원은 북미에서 가장 많은 방문객을
> 맞는 병원이 되었다.

마찬가지로 한 선도적인 자동차 부품 공급자는 상시 실험 정책을 유지하고 있다.

이 회사의 경영진은 언제나 수백 개의 매장 가운데 한두 곳에서 새로운 업무 방식을 실험해본다. 실험이 성공적이면 해당 관행을 신속하게 다른 매장에 전파하고, 실패하면 지체 없이 새로운 실험을 진행한다. 이렇게 하면 전체 사업의 1/100 이상을 위험에 노출시키지 않으면서도 매우 효과적으로 신속하게 업무 혁신을 추진할 수 있다.

경험을 통해 터득한 중요한 요령 중 하나는 역량이 뛰어나고 혁신에 적극적이며 사업상 중요한 관계를 맺고 있는 비교적 소규모 고객을 선택해 시범 프로젝트를 추진하는 것이다.

여기서 핵심은 성공적인 혁신을 위해 가장 바람직한 요건이 갖추어져 있는 대상을 찾는 것과 새로운 기획을 완벽하게 정비할 때까지 보다 규모가 큰 고객에게 접근하고 싶은 유혹을 참는 것이다. 이 원칙은 새로운 수익 창출 수단이나 혁신적인 비즈니스 과정의 시험 프로젝트를 위해 제품 라인, 판매 영역, 물류센터를 선택할 때에도 마찬가지로 적용된다.

셋째, 적절한 때가 올 때까지 꾸준히 기다리는 인내심.

패러다임 전환에는 일정한 요건이 필요하다. 대다수의 관리자가 마침내 변화의 필요성을 인정하고 새로운 패러다임의 효용성을 깨달을 때까지, 조직은 여러 차례 변화를 거부한다. 변화의 필요성에 대해서는 굽히지 말고 확고한 태도를 유지하되, '시기'에는 다소 융통성을 갖는 것이 중요하다. 모든 전투를 이기려고 하기보다는 전쟁에서 확실히 승리를 거두는 데 집중하라.

뿐만 아니라 변화 과정을 높은 산을 넘는 것과 비슷하다고 생각하고, 도중에 일종의 '베이스캠프'를 몇 개 세우면 큰 도움이 된다. 이렇게 하면 조직이 보다 체계적이고 효과적인 방식으로 변화 과정을 밟아나갈 수 있다.

패러다임 전환에 임하는 CEO의 자세

CEO는 패러다임 전환을 추진하는 데 매우 중요한 역할을 한다. CEO는 기업 자체를 보다 변화하기 쉬운 조직으로 만들기 위해 여러 가지 조치를 취할 수 있다. 표준 관행을 엄격히 고수하기보다는 각종 시범 프로젝트와 실험을 장려함으로써, 혁신을 가속화할 수 있다.

> 기업의 가장 중요한 자산은 편협하지 않은
> 기업 문화 속에서 사고와 실천을 통해 빠르게
> 배워나가고자 하는 경영진이다.

조직 문화는 조직을 '이끄는' 사람의 행동과 태도를 반영하는 경향이 있다. 근본적으로 새로운 업무 방식을 시도해볼 필요성을 인정하며 다소간의 차질을 실패가 아닌 배움의 기회로 간주함으로써 CEO는 패러다임 전환에 긍정적으로 반응하는 기업 문화를 조성할 수 있다.

기업의 가장 중요한 자산은 편협하지 않은 기업 문화 속에서 사고와 실천을 통해 빠르게 배워나가고자 하는 경영진이다. 통찰력 있는 CEO의 입장에서는 결국 이것이 기업의 성공을 보장하는 가장 확실한 길이다.

01 누구나 패러다임 전환을 주도할 수 있지만, 그 과정은 비즈니스에서 점진적인 개선을 꾀하는 과정과는 전혀 다르다.

02 '기존 업무 방식'을 바꾸는 문제와 관련하여 강한 반발에 부딪혔는가? 그것을 당연하게 생각하라. 혁신을 추구하는 관리자가 직면하는 가장 어려운 문제는 바로 이러한 저항이다.

03 패러다임 전환 과정의 중요한 요소 중 가장 간과하기 쉬운 것은 일상적인 비즈니스 활동에 대한 지침이 될 수 있을 정도로 새로운 업무 방식을 구체적으로 지정해주어야 한다는 점이다. 사람들은 보통 어떻게 다른 방식으로 일을 처리할지 확실히 파악하기 전까지는 기존의 방식을 버리려 하지 않는다.

04 CEO가 해야 할 가장 중요한 업무 중 하나는 변화에 알맞은 조건을 갖추고 지속적으로 긍정적인 변화를 모색하며 수용하는 조직을 만드는 것이다. 이것이 지속적인 기업 성공의 '비결'이자 높은 수익성을 유지하는 열쇠다.

변화 관리_
정원, 모래성, 산, 스파게티

변화를 위한 기획을 할 때는 정원사처럼 사고하는 것이 좋다.
스파게티를 만들 듯 뒤죽박죽이 되게 해서는 절대 안 된다.

변화에 대해 강의할 때 나는 '정원', '모래성', '산', '스파게티 한 접시'라는 네 가지 이미지를 곧잘 활용한다. 이름만 들어도 무슨 말을 하려는지 알 것 같은가?

그럼 각각의 이미지가 무엇을 의미하는지 한 번 살펴보도록 하자.

정원_ 푸르다고 다 좋은 것은 아니다

변화의 첫째 이미지는 '정원'이다. 이 이미지를 내게 심어준 사람은 현명하신 내 장모님이다. 장모님은 '결혼은 정원과 같다'고 입버릇처럼 말씀하셨다. 끊임없이 돌보고 가꾸지 않으면 금세 잡초가 무성하게 자라버린다고 말이다.

나 역시 그 말씀이 진리임을 잘 알고 있다. 모든 아름다운 정원 뒤에는 씨 뿌리기, 비료 주기, 잡초와의 끝없는 싸움 등 엄청난 노동과 땀이 숨어 있다. 정말 뛰어난 정원사는 언제나 어떻게 하면 정원을 더 아름답게 가꿀지 자나 깨나 생각한다. 주기적으로 정원의 모양이나 구조를 바꾸고, 식물의 배치를 변경하며, 새로운 식물을 심고 오래된 식물을 처리한다.

여기서 두 가지 중요한 교훈을 깨달을 수 있다.

첫째, 정원은 하루아침에 나아지거나 망가지지 않는다.

둘째, 일단 정원이 제대로 가꾸어져 있어야 더 아름다운 정원으로 바꿀 수 있는 방법도 보이고, 아름다운 모습을 갖춰야 최고의 정원으로 가꿀 수 있는 방안도 떠오른다.

당신의 비즈니스도 그러한가? 계속해서 잡초를 뽑고, 이것저것 조절하고 개선하는가? 아니면 단순히 '기존의 업무 방식'에 따라 고객, 제품, 서비스를 관리하고 있을 뿐인가?

뛰어난 비즈니스는 멋진 정원과도 같아서, 초소한 현상유지를 위해서라도 끊임없는 관리가 필요하다. 기업 운영에서 매우 중요하지만 쉽게 간과되는 요소가 바로 '지속적인 잡초 뽑기'다. 기업이 발전하고 시장이 변화하면서 특정 고객, 제품, 서비스는 수익성과 잠재력을 잃는다. 이렇게 채산성이 없는 영역은 솎아내야 한다. 이 지속적인 잡초 뽑기가 비즈니스의 핵심 요소로 자리 잡아야, 비로소 잠재력이 큰 새로운 기획을 추진하고 발전시켜 기업을 건전하게 유지할 수 있다.

> **뛰어난 비즈니스는 멋진 정원과도 같아서,
> 최소한 현상유지를 위해서라도 끊임없는 관리가 필요하다.**

예를 들어 델은 제품 수명 주기가 끝나가는 제품을 '퇴출'시키는 과정을 자사의 가장 중요한 경쟁력 중 하나라고 생각한다. 이것이 바로 성공과 실패의 차이를 낳는다.

반대로 다른 업계에 종사하는 한 CEO는 자사의 제품 관리자들이 항상 '거의 최대의 수익성을 올리고 있으며, 별다른 노력 없이도 최고의 성과를 얻을 수 있을 것'이라고 확신하고 있다. 이 두 기업을 비교해보면 확연히 차이를 알 수 있다.

지속적으로 솎아내기 작업을 실시하지 않은 결과, 어떤 관점에서 보더라도 채산성이 없는 비수익 영역이 무려 30~40% 달하는 상황을 맞게 된 기업이 부지기수다. 일단 기업이 이 상태에 도달하면 전반적인 수익성을 크게 향상시킬 수 있다는 답을 내놓고도 비수익성 사업 부문에서 나오는 매출을 포기할 수 없게 된다. 잡초라도 정원이 푸르기만 한다면 된다는 사고방식이다. 지속적으로 수익성을 관리하고 비수익 영역을 솎아내는 시스템은 기업의 성장에 있어서 필수불가결의 요소다.

모래성_ 무너지는 것을 만드는 것의 일환으로 보라

두 번째 이미지는 모래성이다.

모래성을 쌓는 과정을 생각해보자. 일단 처음에는 모래를 잔뜩 쌓아올린다. 모래를 높이 쌓을 때마다 모래 중 일부가 흘러내린다. 그러면 다시 모래를 쌓고, 다시 일부가 흘러내린다. 어느 정도 시간이 지나면 모래성이 제법 모양을 갖추기 시작한다.

때로는 한쪽 부분이 아예 무너져 내리는 경우도 있다. 그러면 그쪽으로 가서 무너진 부분을 매만지고 모양을 바꾼다. 모래를 쌓고 무너지고, 다시 모래를 쌓는 과정이 반복된다.

마침내 모래성이 완성된다. 완성된 모래성은 처음에 생각했던 모래성과는 매우 다른 모습이 된다. 모래성을 짓는 과정에서 일어난 문제점에 대응하면서 처음 머릿속에 떠올렸던 모양을 계속해서 바꿔가야 했기 때문이다.

모래성을 짓는 방식은 대다수 기업에서 작성하는 비즈니스 케이스(Business case, 투자 여부를 결정하고 투자 관리를 지원하기 위한 이론적 근거를 제시하는 문서-옮긴이)와 정반대다. 일반적으로 비즈니스 케이스, 즉 프로젝트에 대한 예산을 요청하려면 관리자가 우선 분명한 비용과 지출 예산을 세우고, 가치를 창출하는 과정을 상세하게 설명하며, 어떠한 결과가 예상되는지 분명하게 제시해야 한다.

기존 공정에 새로운 기계를 도입하는 경우처럼 관련된 모든 정보가 공개된 상황에서는 이런 방식이 합리적이다. 하지만 문제는 핵심 요소가 기획 단계에서 아직 분명하게 파악되지 않은 상황에서도 똑같은 방법을 사용하려 한다는 점이다. 이런 경우의 기획 단계는 마치 처음 모래성을 짓는 상태와 비슷하다고 보아야 한다.

　나는 이른바 IT붐이 일었던 1990년대에 신기술에 대한 투자 여부를 두고 대형 통신사나 첨단 기술 기업에 자문을 해준 적이 있다. 우리 시대의 가장 중요한 혁신 기술로 꼽히는 것들이 개발 당시에는 비즈니스 케이스 검토 단계조차 통과하지 못했던 것을 생각하면 항상 놀라지 않을 수 없다.

　휴대전화와 컴퓨터를 생각해보자.

　청소년들이 학교 교정에서 친구에게 전화를 할 수 있도록 해주려고 휴대전화 네트워크를 개발하기로 결정한 대기업을 상상할 수 있는가? 은퇴한 노인들도 전화만이 아니라 하루에 한두 번은 이메일을 확인하기 위해서라도 컴퓨터를 사용할 것이라고 가정하고 PC를 개발하자는 비즈니스 케이스를 작성했다면 어떤 반응을 얻었겠는가? 그 보고서에 제시할 '시간당 내재 가치'는 얼마인가? 시장에서 쏟아져 나올 여러 수치 중 어떤 걸 제시해야 했겠는가? 도대체 누가 그런 수치를 믿어주겠는가?

> **우리 시대의 가장 중요한 혁신 기술로 꼽히는 것들이 개발 당시에는 비즈니스 케이스 검토 단계조차 통과하지 못했던 것을 생각하면 항상 놀라지 않을 수 없다.**

완전히 새로운 분야에서 사업을 시작하는 것은 마치 모래성을 짓는 과정과 같다.

모래를 쌓고, 윗부분의 모래가 무너져 내리는 것을 보고, 모래를 좀 더 쌓고, 가끔은 여기저기 와르르 무너지는 상황도 맞이하게 된다. 그러다 보면 마침내 시장이 모양새를 갖추고 투자의 가치가 확실히 증명된다. 이때 명확하고 근거가 탄탄한 가치 창출 과정이나 수익에 대한 추산치가 없더라도 상당한 기간 동안 시장 개발을 위해 '펌프에 마중물을 대듯이' 초기 투자를 해야 한다. 또한 지속적인 시행착오나 때때로 일어나는 큰 실패도 받아들이고, 이를 시장 개발 과정의 자연스러운 부산물이라고 보는 것이 무엇보다 중요하다.

불확실하고 앞이 보이지 않는 상황에서는 잠재적인 시장을 면밀히 탐색하고 실제로 행동을 취함으로써 많은 것을 배우는 과정이 반드시 필요하다. 사실 진정으로 중요한 문제는 향후 시장의 발전 방향을 어떻게 빠르고 효율적으로 파악하느냐이다.

특정 시장이 자사에게 전략적으로 중요한 영역이라면 일단 모래를 쌓아놓고 다소간의 후퇴를 시장 형성 과정의 자연스러운 일부라고 받아들이는 것이 최선이다. 만약 이렇게 중요한 문제에 대한 모든 결정권을 비즈니스 케이스에 맡겨버린다면, 시장은 당신의 회사를 그대로 지나쳐버리고 말 것이다.

산_ 목표 지점은 한달음에 도달할 수 없다

변화에 대한 세 번째 이미지는 산이다.

아주 높은 산을 올라가는 과정을 생각해보자. 이때 가장 중요한 작업은 등반하는 길목에 몇 개의 탄탄한 베이스캠프를 세우는 것이다.

여기에는 올바른 위치 선정, 필요한 물품 구성과 조직, 등반뿐만 아니라 하산할 때까지 사용할 수 있도록 충분한 보급품 조달, 높은 고도에 적응할 시간 확보, 등산가가 상황에 따라 대처할 수 있도록 베이스캠프 사이에 여러 개의 경로 확보 등도 포함된다.

이와는 반대로, 기업이 추진하는 대규모 변화 관리 과정은 주로 목표와 결과에만 초점을 맞출 뿐 목표에 도달하기까지의 '과정'에는 크게 주의를 기울이지 않는다.

주로 범하는 실수는 다음 세 가지다.

첫째, 도중에 베이스캠프를 세우기보다 일시에 목표 지점에 도달하려고 한다. 바람직하지도 않지만, 가능하지도 않다. 일반적으로 최종적인 방안에 정착하기 전까지는 새로운 업무 방식을 이것저것 실험해볼 필요가 있다. 부서마다 변화를 추진할 수 있는 속도가 다른 경우도 있다. 따라서 새로운 운영 방식을 찾아내고 여러 부서가 변화의 속도를 서로 조율하기 위해서는 베이스캠프가 필수적이며, 그렇게 하지 않으면 실적에 악영향을 미칠 수도 있다.

둘째, 첫 번째 베이스캠프를 최종 목표로 착각하는 경우다. 변화는 산을 오르는 과정과 마찬가지로 무척 힘들고 인내를 요한다. 목표를 향한 진전을 목표 달성으로 잘못 인식하는 것은 무척이나 자주 볼 수 있는 현상이다. 또한 변화 프로그램이 너무 많으면 어느 정도의 변화로 충분한지 분명한 정의를 내리기 힘들다.

셋째, 초기 베이스캠프에 도착하여 상황을 파악한 다음, 앞으로 갈 길이 얼마나 요원한지 깨닫고 사기가 떨어지는 경우다. 이러한 현상은 변화 과정이 조직적으로 잘 구성되어 있다는 사실을 알지 못하거나 믿지 않을 때 일어난다. 올바르게 구성된 변화 과정에서는 각 베이스캠프에 도착할 때마다 다음 베이스캠프로 이동하기 전에 새로운 환경에 익숙해지고 적응할 기회가 주어진다.

여러 대규모 구조 변화 프로그램에서 발견할 수 있는 근본적인 문제는 관리자가 변화 과정을 '모 아니면 도'라고 생각하는 데에서 발생한다.

이런 관리자는 마땅한 봉우리, 즉 목표를 설정하고 정상에서 내려다보는 경치를 상상하는 것에만 신경을 쓴다. 그러나 실상에서는 변화를 조직하고 관리하는 과정과 중간중간 유용한 베이스캠프를 구축하는 작업이 성공과 실패를 판가름하는 열쇠가 된다.

스파게티 한 접시_ 모든 것을 한 접시에 담지 마라

변화의 마지막 이미지는 스파게티 한 접시다. 지금까지 언급했던 세 가지 이미지를 무시하면, 결국 스파게티 한 접시와 같은 상황에 처하게 된다.

각각 나름대로 장점이 있는 변화 추진 기획을 잔뜩 마련해놓지만, 한데 모아놓고 보면 스파게티 한 접시처럼 뒤죽박죽으로 보이는 경우다. 그러나 앞서 설명한 세 가지 이미지를 잊지 않으면, 이런 상황에 직면할 필요가 없다.

대부분의 변화 계획은 지속적인 쥐어내기, 전략적 시장 개발, 대규모 조직 변화의 세 가지 범주 중 하나에 해당한다. 이 세 가지는 각각 서로 다른 속성을 가지고 있으며, 서로 다른 관리와 통제 과정이 필요할 뿐만 아니라 결과도 다르다. 이런 세 가지 유형의 계획이 모두 필요하며, 이 세 가지를 통합함으로써 유능한 관리자는 '현재', '미래', 그리고 '변화하는 미래'에 모두 대처할 수 있는 지속적인 변화 프로그램을 구현할 수 있다.

> 각각 나름대로 장점이 있는 변화 추진 기획을 잔뜩 마련해놓지만, 한데 모아놓고 보면 스파게티 한 접시처럼 뒤죽박죽으로 보이는 경우다. 이때 가장 중요한 작업은 등반하는 길목에 몇 개의 탄탄한 베이스캠프를 세우는 것이다.

01 변화를 관리할 때에는 지속적인 솎아내기, 전략적 시장 개발, 대규모 조직 변화라는 세 가지 변화 유형에 대해 곰곰이 생각해보는 것이 큰 도움이 된다. 각 유형은 서로 매우 다를 뿐더러 각자 고유한 관리 방법을 필요로 한다.

02 지속적인 솎아내기 과정이 간과되는 경우가 많다. 바로 여기서 적자가 발생하는 것이다. 수익성 관리는 기업 내 모든 사업부의 업무 영역을 조절하여 처음부터 잡초가 생기지 않도록 하는 방법이다.

03 전략적 시장 개발에 비즈니스 케이스를 사용하는 것은 결코 바람직하지 않다. 이것이 바로 그토록 많은 우량 기업이 변화하는 시장에서 큰 어려움을 겪는 이유이자, 소규모 경쟁업체가 훨씬 변화에 잘 적응하는 이유이기도 하다.

04 대부분의 관리자들은 대규모 변화를 주도하고 싶어 한다. 그렇게 하면 확실하게 스스로의 역량을 증명하고 다음 단계로 도약할 자격이 있다는 사실을 보여줄 수 있기 때문이다. 그러나 변화의 과정을 충분히 주의 깊게 분석하지 않아 실패하는 관리자가 너무나 많다. 성공의 열쇠는 체계적인 계획을 통해 변화하는 과정에 중간중간 여러 개의 베이스캠프를 세우는 것이다.

23

효과적인 변화 관리자의 요건은 무엇인가?

기업을 경영하는 자리에 오른 관리자는 근본적이고 패러다임 전환을
노련하게 관리하여 기업의 장기적 수익성을 극대화하는 쪽을 선택한다.

만약 당신이 다음과 같은 상황에 처했다면 어떻게 하겠는가?

전략적으로 중요한 시장에 대한 매출 목표를 세우는 임무를 맡았지만, 상황을 분석해보니 판매 과정 자체에 문제가 있다는 확신이 생겼다. 그 때문에 수익을 내지 못하는 영역이 상당히 많아져 전면적인 변화가 필요했다.

그렇다면 여러 중간관리자와 부서 책임자에게 그들이 오랫동안 해왔던 업무 방식이 비효율적이며, 그동안 아무도 그 점을 깨닫지 못했다는 사실을 어떻게 납득시키겠는가? 만약 그들이 강력하게 반발하면 어떻게 하겠는가? 누구에게 전화를 하겠는가? 누구에게 메일을

쓰겠는가? 어떤 말을 하겠는가? 진퇴양난처럼 보이는 이 상황을 어떻게 극복하겠는가?

매주 나는 독자, 내 강의를 들었던 학생, 경영 연수 프로그램 참가자, 고객사 관리자로부터 이러한 질문이 담긴 이메일을 받는다. 그들은 분명히 더 좋은 방법이 보이는데도 실제로 변화를 추진하는 과정에서 높은 장벽에 부딪혀 좌절하고 있었다. 그러나 아무리 뛰어난 통찰력을 가지고 있더라도 성공적인 변화를 이끌어낼 수 없다면 효과적인 관리자라고 할 수 없다.

그렇다면 이 문제를 약간 다른 각도에서 생각해보자.

기업의 일원으로서 당신의 책임은 무엇인가?

이 질문은 아주 단순하고 답도 분명해 보이지만 기본적인 문제를 묻는 질문이 대개 그렇듯 생각보다 단순하지도, 답이 명확하지도 않다.

이 질문에 대해 '상사(오너)가 지시하는 대로 일하는 것'이라고 대답하는 사람이 있을까? 더 나은 업무 방식이 있는데도 상급자가 양보를 하지 않는가? 회사에 변화가 필요하다고 느끼는데도 '당신은 하던 대로 일이나 해!'라는 말을 들었는가?

나는 이 질문에 대해 이런 대답을 내놓겠다.

기업의 일원으로서 당신의 책임은 '기업의 장기적 수익성을 극대화하는 것'이다. 이 말이 정확히 무슨 뜻인지 이해해야만 그것을 위한 변화를 효과적으로 관리할 수 있다.

기업 구성원들은 장기적인 발전을 위해 필요한 지속적인 변화와 주주가 요구하는 단기 실적 사이에서 적절한 균형을 유지해야 한다. 어떻게 보면 이는 '비행 중에 비행기의 프로펠러를 교체하는 작업'과 비슷할지도 모른다.

궁극적으로 이러한 균형을 성공적으로 관리해야만 빠른 출세, 개인적인 보람, 뛰어난 수익성 관리가 가능해진다.

깊숙이 뿌리박힌 '업무 관행'은 독인가 약인가?

기업이란 그 무엇도 아닌 '사람'이 움직이는 조직이다.

다시 말해서 자산 생산성이나 재무 결과를 비롯한 모든 성과는 기업 내의 사람들이 '믿고 생각하고 행동한' 결과다. 사람들이 조직 내에서 일할 수 있는 이유는 해당 기업이 어떠한 고객을 상대하고 어떠한 방식으로 물건을 판매하는지와 같은 체계적인 지식과 업무 방식을 몸에 익혀 매사를 생각하고 처리하기 때문이다.

이러한 특징은 조직 내에 매우 깊숙이 뿌리를 내리기 때문에 바꾸기가 매우 어렵다. 너무나 속속들이 침투하여 눈에 보이지도 않는 상태가 되어 암묵적으로 '기존의 업무 관행'이라는 명목 하에 통용되는 경우도 적지 않다.

물론 이런 현상은 대부분의 경우, 약점이 아니라 강점으로 작용한다. 이런 기본 토대가 없다면 직원들이 다음에 무엇을 해야 하는지 파악하느라 제대로 업무를 처리하지 못하고 혼란만 가중될 것이다.

그러나 시대는 변하고, 시간이 흐르면 기업 역시 그에 따라 변해야 한다. 여기서 문제는 단단히 정착된 기존의 관행을 바꾸기가 매우 어렵다는 점이다. 이것이 바로 '뿌리 깊은 비수익성'이 발생하는 가장 중요한 요인 중 하나다.

대다수 관리자는 기존의 기업 관행을 조금 조정하면 되는 변화에 익숙하기 때문에, 보다 근본적인 변화에 대해서도 동일한 방법을 적용하려 하다가 문제에 봉착한다. 앞서 소개했던 많은 사람도 이것 때문에 골머리를 앓고 있었다. 전략적인 변화가 아니라 패러다임 전환을 추진한다면 당연히 변화를 관리하는 과정도 근본적으로 달라야 한다.

앞서 기업의 기존 정책과 구조를 완전히 변화시키는 패러다임 전환의 중요성과 본질을 설명한 바 있다. 또한 변화 관리에 유용한 지침이 될 수 있는 원칙도 소개했다. 이번 장에서는 '기존의 업무 방식'을 효과적으로 변화시키기 위해 실천할 수 있는 일상적인 업무 활동에 초점을 맞춰 설명하겠다.

'늘 이렇게 해왔는데요?' 라는 장애물

패러다임 전환을 도입하는 일은 복잡하고도 까다로운 과정이다.

그렇게 때문에 그 긴 여정의 목표가 '기업의 장기적인 수익성 극대화'라는 점을 잊지 않아야 한다. 그 목표에 도달하려면, 관리자는 다음 일곱 가지 원칙을 활용해 효과적인 변화 과정을 설계해야 한다.

> 패러다임 전환을 도입하는 일은 복잡하고도 까다로운 과정이다.
> 그렇기 때문에 그 긴 여정의 목표가 '기업의 장기적인
> 수익성 극대화'라는 점을 잊지 않아야 한다.

변화 설계 1_ 근본적인 문제점을 파악하라

기업의 정책과 핵심이 되는 조직 구조는 보통 기업의 연혁을 반영한다.

어떤 기업을 진정으로 이해하고자 한다면 5년 전과 10년 전 그 기업의 상황을 살펴보면 된다. 오늘날 해당 기업에서 하고 있는 일은 과거의 상황에 대한 대응 조치로 개발한 정책의 연장선상일 가능성이 크다. 이렇게 오랫동안 쌓여온 일련의 정책은 눈에 잘 보이지 않고 검증의 대상의 되는 경우도 별로 없지만, 암묵적으로 분명히 존재하고 있으며 영향력도 상당하다.

이러한 암묵적인 기업 정책과 구조를 분석함으로써 관리자는 '기존의 업무 방식'과 '오늘날 필요한 업무 방식' 사이에 왜 괴리가 생겼는지 파악할 수 있다. 기존의 정책이 나쁘지는 않지만 단순히 시대에 뒤떨어졌을 가능성도 크다. 비즈니스 요구가 변하면 왜 괴리가 발생할 수밖에 없는지 체계적으로 설명할 수 있다면, 정치적 줄다리기는 사라지고 변화를 받아들이기도 훨씬 수월해진다.

예를 들어 미 전역을 무대로 활동하는 한 특산물 유통업체는 몇 년 전까지만 해도 오랫동안 업계의 선두로 군림해왔다. 이 회사는 시장

점유율이 매우 높고 입지 조건이 좋은 매장을 다수 보유하고 있었기 때문에, 대부분의 소비자가 이 회사의 매장에서 쇼핑을 했다. 이러한 상황에서 상품 담당자(제품과 재고를 결정하는 관리자)는 경쟁이 치열한 분야처럼 매일같이 제품 수명 주기 관리나 매장 구성 계획 같은 영역에서 까다로운 결정을 내릴 필요가 없었다.

결과적으로 이 회사는 현실에 안주하기 시작했다. 좋은 위치에 매장을 다수 보유하고 있기 때문이 아니라, 자사의 상품 구색이 뛰어나기 때문에 매출이 높다는 착각을 하게 된 것이다. 시간이 흐름에 따라 의욕적인 새로운 경쟁업체가 뛰어난 제품을 들고 시장에 뛰어들었고, 이 유통업체는 순식간에 점유율을 잃고 말았다.

여기서 근본적인 문제는 이 유통업체의 비효율적인 상품 관련 의사 결정 과정이었다. 시장을 독점하고 있었던 과거에는 적합했을지 모르지만 시장의 경쟁이 치열해진 새로운 시대의 비즈니스 요구에는 맞지 않는 의사 결정 방식 때문에 괴리가 생긴 것이다. 그러나 기존의 관행이 너무나 뿌리 깊게 침투한 나머지, 대다수 관리자의 눈에는 상황이 제대로 파악되지 않았다. 눈 깜짝할 사이에 이 회사는 살아남기 위해 안간힘을 써야 하는 처지에 몰렸다.

변화 설계 2_ 당장 요긴하지 않아도 사람 사이에 신뢰 관계를 구축하라

이 원칙은 매우 중요하다. 맨 앞부분에서 예로 들었던 상황의 근본적인 문제는 일단 분석 과정이 끝나면 실제로 변화를 추진하기에 너무 늦어버리는 경우가 비일비재하다는 점이다.

실제로 필요성이 대두되기 전에 바쁜 관리자가 일부러 시간을 내서 다른 부서의 주요 담당자와 돈독한 관계를 맺기는 매우 어렵다. 그러나 바로 이것이 대규모 변화를 성공적으로 관리하는 데 가장 효과적인 전제 조건이다.

선박 대여업계에는 오랜 속담이 있다.
"세 번 점심을 함께 하기 전까지는 사업 이야기를 하지 마라."
상당히 정곡을 찌르는 말이다. 아울러 효과적인 관리의 중요한 열쇠를 쥐고 있는 말이기도 하다. 돈독한 관계는 사업 회의가 아니라 점심이나 퇴근 후 술자리 등과 같은 사회적 교류 상황에서 가장 잘 형성된다. 비교적 편안한 분위기에서는 상대방의 희망사항과 우려를 보다 쉽게 파악할 수 있다. 이런 정보를 사전에 알아두면 상대방을 돕는 방법을 찾아낼 수 있을 뿐만 아니라, 기획안에 상대방의 변화 희망사항을 통합하여 윈-윈 상황을 구현함으로써 더욱 추진력을 얻도록 할 수 있다.

변화 설계 3_ 분석 과정에 다른 관리자를 참여시켜라

보통 전술적인 변화 프로젝트에서는 관리자가 직접 분석 작업을 하거나 소규모 팀에게 일임한다. 그러면 해당 팀이 비즈니스 케이스를 작성하고, 이를 근거로 결과를 수용하도록 다른 직원을 설득한다. 그러나 패러다임 전환에서는 이러한 방식이 통용되지 않는다. 대규모의 변화 프로젝트에서는 반드시 여러 부서의 담당 관리자와 함께 분석 작업을 수행해야 한다. 그 이유는 두 가지다.

우선 다른 관리자가 나름대로 변화 기획안이 성공하기 위해 반드시 충족되어야 하는 중요한 요구사항이나 조건을 제시할 수도 있다. 여러분이 이러한 요구를 수용한다면 프로젝트는 훨씬 큰 효과를 발휘한다.

두 번째로 전면적인 변화의 필요성을 보여주는 자료를 다른 관리자들에게도 충분히 제시해야 한다. 다른 관리자들이 자신의 암묵적인 관행을 깨고 새로운 업무 관행을 받아들이려면 변화의 필요성을 충분히 이해할 시간이 필요하기 때문이다. 이러한 사고 전환 과정을 거치지 않으면 대다수 관리자는 업무 방식을 근본적으로 변화시키려고 하지 않는다. 심지어 머리로는 변화의 필요성을 이해하는 경우에도 말이다. 특히 최고 경영진은 변화를 직접 겪어야 하는 직원들이 얼마나 이 변화를 긍정적으로 생각하는지에 대해 매우 민감하며, 이것이 결국 경영진의 동의를 얻어 실제로 프로젝트를 추진할 수 있는지 여부에 큰 영향을 미치게 된다.

변화 설계 4_ 모범 사례를 만들어라

앞서 설명했던 시범 프로젝트는 한정된 범위에서 새로운 업무 수행 방식의 가능성을 시험해보는 것이다. 새로운 판매 프로세스라면 비교적 소규모 영역이나 몇 군데의 중소 고객을 대상으로 하여 새로운 업무 방식을 시험해볼 수 있다, 이렇게 하면 기업의 전체 실적에 악영향을 미치지 않으면서도 새로운 업무 과정을 개발하고 실천을 통해 많은 것을 배울 수 있다. 동료들을 데려가서 직접 보고 '시험해보도록' 할 수 있음은 물론이다.

변화 설계 5_
모든 전투마다 이기려고 하지 말고 전쟁에서 이길 방법을 찾아라

각각의 비즈니스 결정은 대부분의 경우 독립적으로 성패를 좌우한다기보다는 일련의 과정 중 일부를 차지하기 마련이다.

패러다임 전환을 추진하는 데 있어서 가장 중요한 것은 타이밍이다. 자신이 추구하는 방향이 옳다는 사실을 주위 사람들에게 납득시키기 위해 과감하게 원하지 않는 방향으로 나가는 용단을 내려야 하는 경우도 있다. 주위 사람을 설득시키는 과정에서 새로운 사고방식이 보편화되기까지는 상당한 시간과 인내심이 필요하다.

변화 설계 6_ 몇 가지 프로젝트를 동시에 진행하라

변화를 추진하는 프로젝트는 자체적인 리듬을 가지고 있다. 때로는 조직에서 변화를 수용할 만한 준비가 되지 않아 프로젝트가 교착상태에 빠지기도 한다. 이때 억지로 밀어붙이려고 하면 오히려 조직 내에서 반발이 일어날 수도 있다.

여기서 핵심은 몇 가지 변화 관리 프로젝트를 동시에 진행하는 것이다. 이렇게 하면 그중 하나가 벽에 부딪히더라도 다른 프로젝트를 중점적으로 추진할 수 있다.

두 번째 프로젝트 역시 어려움에 봉착할 때 즈음에는 첫 번째 프로젝트를 재개할 조건이 갖춰지기도 한다. 여러 개의 프로젝트를 동시에 추진하고 있으면 올바른 시기가 오기 전에 억지로 결정을 내려야 하는 부담감이 사라진다.

특히 같은 근본적인 문제의 서로 다른 측면을 해결하기 위한 여러 개의 변화 프로젝트를 병렬식으로 개발하는 것이 효과적이다. 이러한 방식을 사용하면 한 영역에서 성공을 거두었을 때 다른 영역의 전망도 더욱 밝아진다.

변화 설계 7_ 지속적인 변화를 추구하라

결국 변화가 계속 지속될지 여부를 판가름하는 시금석은 최고 경영진이 기획, 자원 할당, 그리고 가장 중요한 보상에 이르기까지 핵심 행동 유발 요소를 조절하여 기업을 새로운 방향으로 이끌어갈 의지를 가지고 있는지 여부다. 이러한 요소들을 변화시킬 수 있다면 새로운 패러다임도 확고하게 정착된다. 그렇지 않다면 기업은 다시 예전의 업무 관행으로 되돌아가고 만다.

결국 차근차근 계단을 올라 경영진까지 오르게 되는 관리자는 근본적이고 패러다임 전환을 유능하게 관리하여 기업의 장기적 수익성을 극대화하는 방법을 모색한 사람들이다.

01 기업 구성원으로서 해야 할 가장 중요한 역할은 기업의 장기적 수익성을 극대화하는 것이다. 내가 이 책을 쓰는 목적 역시 그 역할을 훌륭히 해내는 데 도움이 되는 지침을 제시하기 위해서다.

02 모든 기업에는 매우 깊숙이 뿌리박힌 기업 관행, 즉 '기존의 업무 방식'이 있다. 물론 처음 개발되었을 때에는 매우 합리적인 방법이었다. 그러나 문제는 시간이 지남에 따라 주위 환경이 변해도 이 기존 기업 관행은 변하지 않고 끈질기게 남는다는 점이다. 이것이 바로 패러다임 전환을 주도하려는 리더가 좌절감에 직면하는 근본 원인이다.

03 효과적인 변화 리더가 되려면 실제로 필요성이 생기기 전에 타 부서 관리자들과 돈독한 관계를 구축해놓아야 한다. 업무로 매우 바쁜 와중에 그런 일에까지 신경 쓸 겨를이 없어 보이겠지만, 이러한 관계는 효율적인 변화 관리에 필수적인 요소이며 실제로 매우 오랫동안 큰 힘이 되어줄 것이다.

04 신뢰 관계는 정규 업무 시간이나 업무상의 문제를 해결하기 위한 정기 회의가 아닌 편안한 사석에서 보다 효과적으로 구축할 수 있다. 지난달 일정을 되돌아보자. 타 부서 관리자들과 몇 번이나 점심을 같이 했는가? 업무가 끝난 후에는? 모인 자리에서 업무에 대한 이야기를 했는가? 아니면 단순히 서로를 이해하며 자유롭게 의견을 교환했는가?

고객을 패러다임 전환에 동참시켜라

자신이 몸담고 있는 조직에 패러다임 전환의 필요성을 납득시키는 것도 매우 어려운 일인데, 하물며 고객사를 어떻게 설득하겠는가? 이번 장에서는 세 가지 커다란 장벽을 극복하는 방법에 대해 알아본다.

고객사가 당신의 비전을 이해하고 공감하지만, 실제로는 아무 조치도 취하지 않을 때 어떻게 할 것인가?

'상품'을 파는 것처럼 '변화'도 팔아야 한다

나는 항상 기업이 '상품을 파는 방식'과 고객과의 운영 제휴와 같은 '혁신적인 영업 프로세스를 파는 방식'의 정교화 과정에 큰 격차가 나는 점을 이상하게 생각해왔다.

상품의 경우, 제품 개발, 시장 개발, 판매 과정 등이 수십 년에 걸쳐 명확하게 정의되어 왔다. 상품을 팔기 위해 기업은 시장 조사를 하고, 각 제품의 특징을 타깃에게 맞추고, 가격 탄력성과 수요의 특성을 가늠하고, 얼리어댑터를 선별하고, 고객 구매 센터를 마련하고, 일시적인 구매 정체 현상을 극복하는 등 다양한 조치를 취한다.

'혁신적인 프로세스'를 파는 행위의 본질은 이것과 완전히 다르다.

새로운 제품을 판매하는 것으로는 고객사에게 점진적인 변화를 일으키지만, 혁신적인 기업 간 프로세스를 판매하면 고객사뿐만 아니라 공급자에까지 혁신적인 변화가 일어나기 때문이다.

고객사 내부에까지 혁신적인 변화를 일으킬 수 있는 방법이 그간 그다지 알려져 있지 않기 때문에, 많은 관리자가 눈앞의 기회를 체계적으로 활용하기보다는 그저 임기응변으로 대응한다. 그러나 새로운 상품을 고객에게 판매하는 것과 마찬가지로 고객사에 근본적인 변화를 일으키는 작업 역시 충분히 조직적으로 추진할 수 있다.

고객사의 변화를 추진하는 과정에서는 세 가지 걸림돌에 맞닥뜨린다.

첫째, 고객이 변화의 필요성을 인식하도록 설득함과 동시에, 자사 내부의 다른 부서 직원에게도 변화가 필요하다는 사실을 인식시켜야 한다는 점이다.

둘째, 기업에서 공급자나 고객사와의 관계는 대부분 판매나 구매 부서가 독점하고 있는 경우가 많다. 이렇게 되면 보통 변화의 매개자이자 수혜자 역할을 하는 공급자와 구매자의 운영 관리자가 소외되는 결과가 생겨난다.

셋째, 많은 운영 관리자가 기업 사이의 관계를 판매하는 프로세스에 그다지 익숙하지 않다.

제로섬을 넌제로섬 관계로 변화시키기

기업 간 혁신은 추진하기 상당히 까다롭지만, 그만큼 큰 이해관계가 걸려 있다. 고객사에 패러다임 전환이 필요한 운영 제휴 관계를 성공적으로 구축하면, 양쪽의 수익성이 모두 크게 증가하는 좋은 결과로 이어진다. 구매자가 제대로 움직이면 우수 공급자에게 최대의 매출과 수익성을 안겨줄 수 있다.

이것이 바로 성공적인 변화 프로세스를 완료함으로써 얻을 수 있는 결실이다.

고객사에 패러다임 전환을 일으키는 과정에서 가장 근본적인 난관이자 기회이기도 한 부분은 전형적인 제로섬 관계를 넌제로섬(non-zero-sum) 관계로 전환하는 작업이다. 제로섬이란 한쪽이 이익을 얻으면 다른 쪽은 손해를 보게 되는 관계다. 반면 넌제로섬은 양쪽이 협력을 통해 모두 이익을 얻을 수 있는 관계다.

전통적으로 구매자와 공급자의 관계는 제로섬이다.

공급자가 가격을 높게 책정하면 구매자의 비용이 상승하게 되어 결과적으로 공급자의 수익은 늘어나는 반면, 구매자의 수익은 떨어진다.

이런 근본적인 인센티브 방식이 양쪽 기업에 널리 퍼져 있는 비즈니스 패러다임, 즉 '기존의 업무 방식'을 형성한다. 고객사와의 운영 제휴나 제품 흐름 관리와 같이 본질적으로 넌제로섬 관계이자 양쪽 모두 혜택을 입을 수 있는 패러다임 전환을 일으키는 데 가장 큰 장벽으로 작용하는 것이 바로 이 부분이다.

이는 매스 마켓 시대가 남긴 또 하나의 불우한 유산이기도 하다.

> 전통적으로 구매자와 공급자의 관계는 제로섬(zero-sum)이다. 어느 한쪽은 손해를 보게 된다.

상황을 반전시킨 한 관리자의 이야기

나는 한 역량 있는 관리자에게서 이메일을 받은 적이 있다. 패러다임 전환을 일으키는 과정에서 성과도 거두었지만, 큰 좌절감을 맛보았다는 것이다.

> '패러다임 전환을 동의하고 실제로 움직일 만큼 충분히 융통성이 있는 기업도 많이 있습니다. 하지만 모든 측면에서 바람직한 방향인데도 정작 고객사가 자체 프로세스를 변경하려고 하지 않으면, 저로서도 한 발짝 뒤로 물러설 수밖에 없습니다.'

이메일을 읽고서 나는 그에게 연락해서 자세한 상황을 물어보았다. 그가 설명해준 정황은 다음과 같았다. 편의를 위해 그의 이니셜을 B라고 하겠다.

B는 대형 판유리를 운송하는 회사에서 근무하고 있었다. 판유리는 다루기가 매우 까다롭고 위험하며 관리 비용이 많이 드는 제품이다.

이 회사는 혁신적인 연구 개발 노력 끝에, 제품을 더욱 신속하고 안전하게 처리해 제조업체, 운송업체, 제품을 납품받는 기업 모두의 비용을 절감할 수 있는 새로운 시스템을 구축했다. 무엇보다 중요한 것은 기존의 운송 체제가 까다롭고 위험했기 때문에 숙련된 직원을 고용하기가 어려웠다는 사실이다. 그 결과 판유리 운송 업계의 기업들은 고객의 요구를 충족시킬 만큼 충분한 역량을 제공하지 못했다.

새로운 시스템을 통해 회사와 고객사 모두 더욱 높은 수익을 올리게 되었지만, 우선 이 시스템을 도입하려면 재료를 다루는 방식에 얼마간 변화를 줘야 했다. 어떤 경우에는 물리적인 시설을 변경해야 하기도 했다.

B는 제조업체와 유리를 납품하는 업체에 연락을 취했다. 고객들 모두 새로운 시스템의 장점을 인정했다. 기존 시스템보다 더 낫다는 사실에도 동의했다. 하지만 실제로 구현에 필요한 조치를 취하는 것은 거부하는 경우가 많았다. 이에 좌절한 B가 내게 이메일을 보내게 된 것이다.

문제에 대해 이야기를 나누다보니, B의 회사가 혁신적인 시스템 대부분을 내부에서 개발해냈으며, B가 설득하려는 주된 당사자는 고객사의 운송 외주 담당자라는 게 밝혀졌다. 그들이 하는 일의 목적은 물류비를 최소화하는 것이었다. 제품의 취급 비용 절감에는 관심이 없었다.

혁신적인 새 시스템은 제품 취급 비용을 낮춰주는데, 이 영역은 운송 외주 담당자가 아니라 운영 관리자의 예산 영역이라는 것이 문제였다. 운송 외주 담당자의 비용은 올라가고, 운영 관리자가 혜택을 보게 되어 있는 구조였던 것이다. 고객사 전체로 볼 때에는 분명히 이익이지만 운송 외주 담당자의 입장에서는 변화에 저항하는 것이 어찌 보면 당연했다.

고객사 내부에 패러다임 전환을 성공적으로 도입하려면, 전혀 다른 접근 방식을 취해야 한다.

고객사의 패러다임 전환을 위한 다섯 가지 단계

상품 판매와 달리 획기적인 프로세스 개선을 고객사에게 판매하려면 상당한 시간이 걸리며, 특히 고객사에 이해당사자가 많은 경우 더욱 그렇다. 그러나 일단 핵심 얼리어댑터 집단이 혁신을 인정하고 받아들이면, 판매 과정은 훨씬 수월하고 신속하게 진행된다. 관리자는 다음 다섯 가지 단계를 순서대로 밟으면서 체계적으로 고객사 내부에서 패러다임 전환을 추진할 수 있다.

전환 단계 1_ 초기 신뢰 관계 구축

고객사에 운영 혁신 프로세스를 판매하는 임무를 맡은 관리자에게 가장 중요한 첫 단계는 실제로 필요성이 대두되기 전에 고객사의 운영 담당 관리자들과 신뢰 관계를 쌓는 것이다.

물론 일상적인 회사 내부의 업무에 집중하는 데에만도 눈코 뜰 새 없이 바쁜 대부분의 운영 관리자에게는 상당히 어려운 일이다. 그러나 가장 생산적인 변화는 일반적으로 고객사와 공급자의 운영 관리자들이 만나는 자리에서 탄생한다. 이들은 서로의 업무를 이해하고 직업상 서로의 효율성과 수익성을 향상시키겠다는 의욕에 충만한 사람들이기 때문이다. 이런 관계 형성 과정에서 운영 관리자는 고객사 내에서 가장 혁신적인 사고방식을 가지고 있으며 변화에 호의적인 담당자가 누군지 자연스럽게 파악하게 된다.

전환 단계 2_ 채널 맵핑

채널 맵핑(channel mapping)이란 제품이 공급자에서 소비자까지 공급 체인을 따라 이동하는 데 소요되는 비용을 분석하는 것이다. 관심을 갖는 고객사와 함께 체계적으로 채널 맵핑을 하는 작업은 두 가지 면에서 매우 중요하다. 하나는 언뜻 보기에도 분명한 이유고, 다른 하나는 보다 함축적인 이유다.

우선 관리자들은 기업 간의 채널 맵핑을 통해 '프로세스 혁신이 양쪽 기업에 어떤 가치를 안겨줄 수 있는지' 파악할 수 있다.

둘째로 채널 맵핑 과정 자체가 판매 프로세스에서 매우 중요하다. 효과적으로 채널 맵핑을 하려면 공급자부터 구매자에 이르기까지 제품 흐름과 관련된 모든 관리자와 포괄적인 인터뷰를 해야 한다.

이런 인터뷰를 통해 중요한 비용 정보를 얻을 수 있기도 하지만, 동시에 변화에 대한 각 관리자의 관심과 의지를 가늠해볼 수 있기도 하다. 이 정보는 변화 프로세스의 틀을 잡고 변화 프로그램을 어떠한 식으로 홍보해야 최고의 효과를 얻을 수 있을지 결정하는 데 매우 중요하다. 누가 변화를 지지하고 누가 저항할 것인가 하는 등에 대해서도 말이다. 또한 인터뷰를 실시하는 측은 긴 인터뷰를 주고받는 과정에서 새로운 변화가 양쪽 모두에게 혜택을 줄 수 있다는 점을 잘 설명함으로써 향후 매출의 토대를 닦을 수도 있다.

전환 단계 3_ 시범 프로젝트

패러다임 전환을 효과적으로 관리하기 위한 핵심 원칙 중 하나는 기존 패러다임보다 우수하면서도 실제로 일상 업무에 지침이 되어줄 수 있는 구체적이고 포괄적인 새 패러다임을 구축하는 것이다. 시범 프로젝트는 이를 실현하는 데 매우 유용하다.

전환 단계 4_ 고객을 위한 로드맵

관리자가 얼리어댑터와 패스트 팔로어(fast follower)를 선별하고 이들을 공략 대상으로 삼아 시장에 대한 지도를 작성하는 과정은 새로운 제품을 출시할 때 매우 중요하다. 이 원칙은 기업 간 변화에도 적용된다. 이 경우 운영 관리자가 상품 판매와 마케팅 부서의 베스트 프랙티스에서 직접적인 교훈을 얻을 수 있다. 목표는 타깃 고객 선정부터 변화 수용까지 여러 단계에 걸쳐 지침을 제공해줄 수 있는 로드맵을 작성하는 것이다.

그러나 프로세스 혁신에서는 타깃 고객을 선정하는 것이 상품 판매를 하는 것보다 훨씬 까다롭다. 특정한 고객에게만 적합한 혁신 조치가 있는가 하면, 대다수 고객사가 지리적으로 가까이 모여 있어야 구현할 수 있는 조치도 있기 때문이다.

예를 들어 앞에서 언급한 운송 회사는 새로운 제품 취급 시스템을 도입하기 위해 적합한 시설을 보유하고 있어 물리적인 변화가 거의 필요 없는 고객사를 대상으로 삼았다. 이 회사는 또한 지리적으로 가까우며 상대적으로 근거리에 위치한 소비자들에게 제품을 배송하는 대형 고객사를 선별했다. 이때 취급 비용이 전체 비용에서 차지하는 비율이 높아진다.

이 기업의 입장에서 고객을 위한 로드맵은 고객의 잠재적인 이익과 남들보다 먼저 새로운 시스템을 도입하려는 의지, 그리고 운영 적합성을 모두 반영해야 했다. 목표는 최소한의 개입으로도 가장 큰 이익을 얻을 수 있으며 비교적 변화에 거부감이 없는 고객사부터 시작하여 고객사들 사이에 긍정적인 인식을 구축하고 시장이 탄력을 받도록 하는 것이었다.

전환 단계 5_ 인내와 다각화

혁신적인 변화는 단순히 경제적인 성격뿐만 아니라 정치적인 성격도 띠고 있다. 공급자가 상당히 설득력 있는 제안을 한다고 해도 구매자 내부에서 반발이 일어날 수도 있다. 이런 현상은 심지어 구매자의 운영 관리자 대다수가 변화를 선호하는 경우에도 발생한다. 그러나 마찬가지로 구매자가 예상치 못하게 태도를 바꾸고 혁신을 수용할 수도 있다. 따라서 여러 구매자에서 동시에 판매를 추진하는 한편, 판매 프로세스의 다양한 단계에 있는 구매자들을 모아 다각화된 포트폴리오를 유지한다. 여기서 목표는 시장에서 혁신 조치를 널리 받아들일 수 있도록 체계적으로 분위기를 조성하고 주요 고객 집단을 확보하는 것이다.

> **혁신적인 변화는 단순히 경제적인 성격뿐만 아니라 정치적인 성격도 띠고 있다.**

고객사의 패러다임 전환으로 얻을 수 있는 이익

고객사 내부에 체계적으로 패러다임 전환을 일으키는 것은 결코 불가능한 일이 아니다. 아직 널리 알려져 있지는 않지만 충분히 실현 가능한 프로세스다. 따라서 고객사에서 패러다임 전환을 일으키는 방법을 완벽하게 익힌 관리자는 상당한 수익성 향상과 높은 진입 장벽이라는 이익을 오랫동안 향유할 수 있을 것이다.

01 프로세스 혁신을 고객사에게 판매하는 것은 혁신적인 상품을 판매하는 것과는 완전히 다르다.

02 고객과의 운영 제휴와 같은 프로세스 혁신을 통해 자사와 우수 고객사를 통합하면 매출 향상, 비용 절감, 진입 장벽 확대 등 수많은 이익을 얻을 수 있다.

03 모든 성공적인 변화 관리와 마찬가지로 실제로 필요성이 대두되기 전에 고객사의 담당 관리자들과 돈독한 관계를 구축해놓는 것이 매우 중요하다.

04 상위 25% 고객에 대해 생각해보자. 자사 운영 관리자 중 이 우수 고객사의 담당자들과 돈독하고 오랫동안 지속되는 관계를 구축해온 사람은 몇 명이나 되는가? 지난 3개월 동안 관리자들이 몇 번이나 상대측 담당자를 만나거나 전화 통화를 했는가? 이러한 의사소통 중 흔히 발생하는 문제 해결을 위한 것은 어느 정도였으며, 단순히 호의적인 관계를 구축하고 의견을 교환하기 위한 것은 어느 정도였는가?

모두 자기 단계의 업무를 제대로 수행하고 있는가?

수많은 조직에서 관리자들이 자기가 해야 할 업무보다 한 단계 낮은 업무를 하는 현상이 일어나고 있다. 이 때문에 생겨나는 조직적인 정체 현상 탓에 패러다임 전환을 추진하기가 어려워진다.

당신은 혹시 자신이 해야 하는 업무보다 한 단계 낮은 업무를 하고 있지 않은가?

몇 년 전, 한 대형 통신업체의 CEO는 자사의 관리자들에게 새로운 변화를 추진하거나 관리하는 능력이 부족하다는 이유로 단단히 화가 나 있었다.

이 기업은 속속 등장하는 새로운 경쟁자들과 엄청난 시장 변화에 직면하고 있었기 때문에, 운영 효율성 향상, 시장 개척, 경쟁 우위 선점 등 다양한 과제를 동시에 해내야 했다.

그런데도 관리자들은 자잘한 일상 업무에 파묻혀 근본적인 변화를 구상하거나 관리할 시간이 없었다. 게다가 CEO가 보기에는 관리자들이 '피해 의식'을 가지고 있는 것 같았다. 경쟁사가 시장점유율을 잠식하기 시작하면서 자기 조직이 정체되는 것을 목격하고, 그 난관을 절대 헤쳐 나가지 못할 것이라 체념하고 있었던 것이다.

나는 그 회사를 방문해 관리자들을 만나보고 나서, 분명한 문제점을 발견했다. 그 이전에도, 이후에도 많은 조직에서 발견할 수 있는 문제였다. 각 관리자가 한 직급 낮은 부하직원이 해야 할 일을 하고 있었던 것이다. 상무는 부장 역할을, 부장은 과장 역할을, 과장은 대리 역할을 하고 있었다.

이 회사는 여러 직급의 관리자들이 비슷한 유형의 업무에 집중하고 있었는데, 그 바탕에는 자기 부하 직원이 철저한 감독이 없이는 제대로 일을 해내지 못하리라 여기는 불신이 존재했다.

상황을 종합해보니 이들의 일에는 실제 업무 처리가 아니라 상사에게 보고하고 답하기 위한 자료 수집이 놀랄 만큼 많은 비중을 차지하고 있었다.

이 문제는 너무나 뿌리 깊게 만연돼 있어서 아무도 무엇이 잘못되었는지 눈치 채지 못했고, 조직은 점차 마비되어가고 있었다.

효과적으로 관리한다는 것

관리자가 자기가 해야 할 것보다 한 단계 낮은 업무를 하는 함정에 빠지기가 얼마나 쉬운지 놀라울 정도다.

관리자는 보통 이전 업무에서 뛰어난 처리 능력을 보여서 승진한다. 따라서 자신에게 성공의 발판이 되었던 방식으로 계속 일을 하는 것을 가장 편안하게 느낀다. 여기서 중요한 것은 이전의 자리에서 새로운 자리로 승진한 관리자 중 그 누구도 새로운 위치에서는 어떤 방식으로 업무를 해야 하는지 재교육을 받거나 마음가짐을 달리하는 경우가 거의 없다는 사실이다. 대부분의 경우, 일을 하다 보면 어떤 식으로든 익숙해질 것이라고 생각한다.

> 관리자가 자기가 해야 할 것보다 한 단계 낮은 업무를 하는 함정에 빠지기가 얼마나 쉬운지 놀라울 정도다.

하지만 같은 조직 내에서라도 직급이 달라지면 올바르게 업무를 하기 위해 이전과는 매우 다른 기술, 활동, 시야가 필요하다. 업무의 목적 자체가 직급에 따라 급격하게 변하기 때문이다.

이러한 차이점을 깨닫는 사람은 새로운 직급에서도 성공적으로 업무를 처리함으로써 조직에서 더욱 높은 위치에 오르게 된다. 반면 그렇지 못한 사람은 자잘한 일상 업무를 처리하기에 급급하다가 피해의식과 무력감에 시달리거나 왜 그런 상황에 처하게 되었는지 이유조차 알지 못한다.

기업에서 서로 다른 직급에 있는 관리자는 근본적으로 다른 역할을 해야 한다.

직급과 그 관리 업무 1_ **과장(manager)급**

부서 내의 특정 업무 영역을 관리하고 운영한다. 효과적인 업무 수행과 프로세스 개선을 책임지고 있으며 일반적으로 비교적 단기적인 계획을 내다보며 업무를 수행한다.

직급과 그 관리 업무 2_ **부장(director)급**

부서를 이끄는 책임자다. 부서에 소속된 직원들의 효율성 개선과 발전을 장려하는 책임을 맡고 있다. 하지만 이는 부장급 관리자가 하는 역할의 일부일 뿐이다. 이외에도 대대적인 효율 개선을 위해 부서의 업무를 구조조정하고, 다른 부서의 책임자와 공동으로 기업 전체의 수익성을 향상시키는 공동 향상과 업무를 조율하는 공동 관리 역할도 맡고 있다. 여기서 주의할 점은 공동 향상(jointly improve)과 공동 관리(jointly manage)는 매우 다른 개념이라는 사실이다. 부장급 관리자는 대부분 중기적인 계획을 내다보며 업무를 수행한다.

직급과 그 관리 업무 3_ **임원(vice president)급**

기업의 미래를 책임진다. 다른 임원들과 협조해 수익성을 높이고 새로운 변화를 추구할 수 있는 대규모 프로그램을 개발하고 감독하는 데 대부분의 업무 시간을 할애해야 한다. 그렇게 하기 위해서는 수익성 패턴, 시장 기회, 관리 효율성을 분석하고 이해해야 한다. 임원은 기업의 현재를 관리하는 데 초점을 맞추기보다는 근본적으로 새롭고 더 좋은 기업을 만드는 데 역량을 쏟아야 한다. 이렇게 하려면 면밀한 협력과 팀워크, 그리고 장기적인 관점이 꼭 필요하다.

> **임원은 기업의 현재를 관리하는 데 초점을 맞추기보다는 근본적으로 새롭고 더 좋은 기업을 만드는 데 역량을 쏟아야 한다.**

언뜻 당연하게 보일지 모르지만 다음과 같은 상황을 가정해본다.

회사의 각 관리자들의 일주일 간 업무 모습을 담은 동영상이 있다고 상상해보자. 이 동영상을 외부 전문가에게 의뢰해, 각각이 앞에서 언급한 고유 업무에 할애한 시간을 재보도록 한다.

과연 결과는 어떻게 나타날까? 각 직급의 관리자가 수익성 향상을 목표로 한 중대한 업무와 일상적인 관리 업무에 할애한 시간은 각각 얼마나 될까? 이런 간단한 진단만으로도 관리자가 제대로 업무를 하고 있는지 알 수 있다.

최근에 나는 한 대기업의 CEO와 저녁식사를 할 기회가 있었다.

그 경영자는 자기 회사의 관리자들에 대한 우려를 털어놓았다. 그 회사의 운영 부서에는 내부 인재를 승진시켜 관리자 직급에 앉히는 전통이 있었다. 그런데 그렇게 승진한 대다수가 일상적인 운영 업무 관리에는 능숙했지만, 비즈니스의 기본 본질을 변화시키는 프로세스 개선을 추진하는 데에는 어려움을 겪고 있었다. 한마디로 그 회사의 운영 부서 관리자는 한 단계 낮은 업무 영역을 관리하고 있었던 것이다.

흥미롭게도 그 회사 전체에 그런 문제가 있는 것은 아니었다.

판매 부서나 마케팅 부서 관리자는 올바른 역할을 수행하고 있었고 효율성도 매우 높았다. 가장 큰 문제는 운영 부서였다.

다른 기업에서는 상황이 반대가 되기도 한다. 이렇게 한 단계 낮은 업무 영역을 관리하는 문제가 일부 부서에서만 발생하고 다른 부서에서는 발견되지 않는 경우도 적지 않다.

관리 프로세스에도 품질과 품격이 있다

적시 생산(Just-in-time) 시스템의 목표는 재고를 줄이는 것만이 아니라, 조직이 재고를 무기로 근본적인 문제를 숨기지 못하도록 하는 것이다. 재고를 낮추면 품질 문제가 극명하게 드러난다.

프로세스 조율도 마찬가지다. 수영장의 물을 빼면 가라앉았던 쓰레기가 적나라하게 드러나는 것처럼 말이다.

과도한 재고가 수많은 프로세스와 업무 조율 상의 문제를 숨겨주는 것처럼, 관리자가 한 단계 낮은 업무 영역을 관리하게 되면 관리 프로세스 상의 여러 문제점이 잘 드러나지 않는다. 따라서 수영장 물을 빼내는 전제는 관리자가 업무의 초점을 자기 직급에 맞는 것으로 재조정하는 것이다.

일단 관리자가 제 역할을 다하게 되면 더 높은 직급의 관리자의 개입 없이도 업무 프로세스가 제대로 기능을 하고 있는지, 지속적인 개선을 위해선 어느 부분에 메스를 대야 할지 분명하게 눈에 들어오게 된다.

관리자가 자기 직급보다 한 단계 낮은 업무를 처리하고 있다면 그 효과는 넓게 퍼져나간다. 해당 관리자의 효율성만 떨어지는 것이 아니라 그 관리자와 협조하고 조율해 변화를 추진해야 하는 다른 모든 관계자들의 효율성도 떨어진다. 그러면 그 조직은 순식간에 정체 상태에 빠지기 마련이다.

문제점은 숨겨져 잘 보이지 않는다. 아무도 해당 관리자가 수익성 개선을 위해 필요한 기획을 추진하고 그 변화를 추동하지 않음으로써 얼마나 많은 기회비용을 낭비하게 되는지 알지 못하게 되는 것이다.

> **관리자가 자기 직급보다 한 단계 낮은 업무를 처리하고 있다면 그 효과는 넓게 퍼져나간다.**

이런 현상은 여러 기업에 만연돼 있지만, 대부분의 경우 아무도 근본적인 원인이 무엇인지 깨닫지 못한다.

우리 회사의 관리 효율성은 몇 점인가?

그렇다면 혹시라도 이런 함정에 빠져 있는 관리자가 있다면, 어떤 조치를 취할 수 있을까? 조직 효율성을 높일 수 있는 세 가지 행동 단계를 소개한다.

효율성 극대화를 위한 행동 전략 1_ 비디오 관찰

관리자의 일상을 관찰하라.

물론 직접 카메라를 들이대라는 뜻은 아니다. 이 작업은 두 단계로 진행된다.

첫째, 관리자에게 자신의 업무 목록을 작성하고, 각 업무에 어느 정도 시간을 할애하는지 대략적인 수치를 기록하게 한다.

둘째, 관리자에게 실제 몇 주간 업무 일지를 작성하게 함으로써 그들의 기록 내용이 맞는지 확인한다.

이 작업이 끝난 후에는 내부나 외부 지원을 활용해 진단하는 시간을 갖는다. 이때 관리자는 자신의 업무 중에서 한 직급 낮은 직원들이 할 수 있는 일과 반드시 자기가 해야 할 중요한 일이지만 미처 처리하지 못하고 있는 일을 파악한다.

각 관리자의 행동은 다른 관리자들에게도 영향을 미치므로, 서로 직급이 다른 관리자가 함께 진단 작업을 하는 것이 중요하다. 그 다음, 관리자들은 공동으로 프로세스 개선 액션플랜을 세우고 6개월 후, 1년 후에 반복해서 진단 작업을 실시한다. 이렇게 하면 실제로 변화가 일어났는지, 새로운 관리 방식이 정착되었는지 확인할 수 있다.

효율성 극대화를 위한 행동 전략 2_ 재정립

관리자의 업무를 재정립한다.

모든 직급의 관리자를 위한 업무 분석표를 새로 작성하라. 이 업무 분석표에서는 일상적인 관리 업무와 변화를 창조하는 관리 업무에 각각 할애해야 하는 시간을 구체적으로 제시해야 한다.

이 부분이 매우 중요하다. 업무 분석표에 '업무를 개선해야 한다'는 내용이 들어 있다 해도, 해야 할 업무에 할당할 '시간의 양'을 확실히 지정해놓지 않으면 항상 일상적인 업무가 혁신을 위한 업무를 밀어내기 마련이다.

이런 상황을 생각해보자. 만약 관리자가 비생산적인 업무에 지나치게 시간을 많이 빼앗긴다면 그 관리자의 업무 부담을 덜어주기 위해 새로운 보조 직원이 필요하게 된다. 새로운 보조 직원을 고용하는 비용은 예산에서 분명하게 차감되는 반면, 관리자의 새로운 활동으로 어느 정도의 수익성 향상이 생겨났는지는 수치화하기가 어렵다. 그러나 엄청난 결과가 나타날 수도 있다. 대부분의 기업에서는 영업 부서의 행정 업무를 본사의 관리 보조 직원 몇 명에게 넘김으로써 영업 인력 규모가 약 25~35% 증가하는 것과 같은 효과를 얻기도 한다.

효율성 극대화를 위한 행동 전략 3_ 교육

선별적인 연수를 실시한다.

관리자가 한 직급 승진하면, 새로운 자리에서는 어떤 업무에 초점을 맞춰야 하는지 분명하게 이해할 수 있도록 짧지만 집중적인 연수가 필요하다. 관리자가 조직 내에서 승진한다는 것은 단순히 업무에 능통한 전문가를 영입하는 것보다 더욱 많은 것을 의미한다.

특히 높은 자리에 오르면 '현재의 기업 운영'에서 '미래의 기업 창조'로 관심의 초점을 바꿔야 한다는 점이 매우 중요하다. 관리자가 자기도 모르게 한 단계 낮은 업무 영역을 관리하고 있다는 사실을 스스로 깨닫기는 매우 어려우므로, 반드시 내부 또는 외부 인력을 사용해 정기적으로 여러 가지 업무 처리 비율에 대한 객관적 진단을 실시해야 한다.

새로운 생산성은 어떤 선물을 안겨주는가?

관리자들이 올바른 단계의 업무를 관리하는 법을 더 잘 알게 되고 거기에 익숙해지면 부하직원들의 역량도 향상되고 실적도 놀랄 만큼 빠르게 상승한다. 조직 전체가 훨씬 더 창조적이고 생산적이며 수익성 높은 조직으로 재탄생하는 것이다.

동시에 관리자들의 스트레스가 눈에 띄게 줄어든다.

스트레스는 보통 두 가지 이유로 생겨난다. 업무의 성격 때문에 스트레스를 받는 경우가 있는가 하면, 자신에게 통제권이 없다는 느낌이 들 때 스트레스를 받기도 한다. 이중에서 더 중요한 것은 후자다.

예를 들어 '응급실 의사'라는 직업 자체는 아주 힘들지만, 응급실에서는 의사가 절대적인 통제권을 가지고 있다. 반면, 조립 라인에서 일하는 근로자의 경우 일 자체는 어렵지 않지만 통제권이 거의 없다.

대부분의 경우 의사보다 조립 라인 근로자가 훨씬 더 많은 스트레스에 시달린다.

한 단계 아래 업무 영역을 관리하는 관리자는 부하들을 지나치게 통제한다. 그 결과, 부하 직원들은 자신에게 통제권이 없다는 것을 절감하며 스트레스, 정체감, 피해의식, 무력감을 느끼게 된다. 이것이 바로 앞에서 언급했던 통신 회사 CEO가 통탄한 현실이었다.

모든 직원이 올바른 단계의 업무 영역을 관리할 수 있도록 조직을 이끌어가는 CEO는 가까운 장래와 먼 미래에 모두 기업의 수익성과 실적을 향상시킬 수 있는 엄청난 힘을 얻게 된다.

01 관리자들은 자기도 모르게 한 단계 낮은 업무 영역을 관리하게 되는 경우가 많다. 대부분의 관리자는 본능적으로 승진의 발판이 되었던 과거의 업무 방식을 고수한다. 그러나 낮은 단계의 업무를 관리하는 관리자는 조직을 마비시키고 자기 스스로의 경력 발전도 막으며, 수익성 관리에 장애물로 작용한다.

02 대다수 기업에는 승진한 관리자가 새로운 직급에 적응할 수 있도록 돕는 확실한 프로그램이 마련되어 있지 않다. 이는 특히 수익성 관리에 중요한 역할을 하는 신임 부장급 관리자들과 기업의 미래를 준비하는 역할을 맡고 있는 신임 임원급 관리자들에게 큰 문제로 대두된다.

03 지난 2개월간 당신이 처리한 업무에 대해 생각해보자. 일상적인 업무를 관리하는 데 어느 정도의 시간을 할애했는가? 다른 관리자들과 공조하여 기업의 수익성을 관리하는 데 할애한 시간은 얼마나 되는가? 지금부터 3~5년 뒤 기업의 위치를 재정립하는 데에는 어느 정도의 시간을 할애했는가? 자신의 모습이 부하직원, 상사, 동료에게는 어떻게 비치겠는가? 이 문제에 대해 몇 시간만 체계적으로 생각해본다면 기업의 조직 효율성에 대해 70% 정도는 정확하게 파악할 수 있다.

04 같은 기업 내에서도 일부 부서에서는 관리자들이 올바른 영역을 관리하고 있는 반면, 다른 부서에서는 관리자들이 한 단계 낮은 영역을 관리하는 경우가 드물지 않다.

26

중간관리자의 탁월함은 기업 성공과 수익성 제고에 필수 요소다

기업의 실적을 극대화하기 위해 취할 수 있는 가장 중요한 조치는 무엇인가?
바로 중간관리자들의 역량을 키우는 것이다.

CEO가 기업의 수익성을 극대화하기 위해 해야 할 가장 중요한 일은 무엇일까?

그 답은 창의적이고 체계적이고 지속적으로 중간관리자의 역량을 구축해나가는 것이다. 여기서 중간관리자란 임원, 부장, 과장급을 지칭한다. 중간관리자의 업무 수행 능력은 기업 실적에서 가장 중요한 요소다.

CEO가 기업을 위해 아무리 잠재력이 높은 업무 기획을 선택한다 하더라도 결국 프로젝트의 성패를 좌우하는 것은 중간관리자의 능력이다. 중간관리자의 역량이 뛰어나다면 처음부터 올바른 기획을 내놓을 것이고, 실행 과정에서도 지속적으로 조정하고 개선해나가기 마련이다.

예전에 미국의 한 대규모 자동차 회사의 중간관리자 이야기를 읽은 적이 있다. 지금까지 내 머릿속에 인상적으로 남아있는 구절은 '얼어붙은 중간관리자'라는 말이었다.

최고 경영진이 아무리 좋은 기획을 도입하더라도 실제로 기획을 추진할 중간관리자의 의지와 능력이 부족하면 지지부진한 결과밖에 얻을 수 없다는 요지였다. 결국 이 자동차 회사는 유력한 해외 경쟁사들에게 엄청난 시장점유율을 빼앗기고, 지금까지도 좀처럼 과거의 위상을 되찾지 못하고 있다.

> **중간관리자의 업무 수행 능력은 기업 실적에서 가장 중요한 요소다.**

교육계에서는 '교육 기관의 질은 교장의 능력에 좌우된다'는 말을 많이 한다. 좋은 교장이 운영하는 학교는 좋은 성과를 낸다. 반면 교사진이 훌륭하더라도 교장의 역량이 부족한 학교는 어려움을 겪기 마련이다. 모든 분야에서 진정한 차이를 만드는 것은 다름 아닌 중간관리자다.

훌륭한 설계도냐, 아니면 탁월한 역량이냐?

당신이 몸담은 기업의 평균적인 3개월을 떠올려보라.

그 기간 동안 기업의 최고 경영진은 무슨 일을 할까? 그들은 '새로운 전략 개발', '기업의 운영 관리', '중간관리자의 역량 개발'이라는 세 가지 활동에 각각 어느 정도의 비중으로 시간을 투자하는가?

대다수 경영자들은 아마도 세 번째보다 첫 번째나 두 번째에 압도적인 시간을 할애하고 있을 것이다.

하지만 첫 번째와 두 번째 활동에서 성공을 거두기 위해 가장 중요한 열쇠는 바로 '중간관리자의 역량을 키우는 것'이다. 그 이유는 다음과 같다.

첫째, 사실상 거의 모든 전략과 계획을 실제로 추진하는 사람들은 중간관리자다. 해당 기획을 기업의 변화하는 환경에 맞춰 얼마나 효과적으로 조정하고 추진할 수 있는지는 중간관리자의 융통성과 리더십 기술에 따라 결정된다.

둘째, 능력 있는 중간관리자는 뛰어난 운영 실적을 올리고 지속적으로 높은 수익성을 내기 때문에 최고 경영진이 한 단계 낮은 영역을 관리하거나 일상적인 업무에 지나치게 개입하고자 하는 유혹을 느끼지 않게 된다. 또한 효율적인 중간관리자는 수익성을 향상시키고 새로운 기회를 잡기 위해 적극적으로 여러 새로운 기획을 구상한다. 역량 있는 중간관리자는 뛰어난 기업 실적의 핵심 요소다.

앞 장에서는 관리자가 제 영역이 아닌 것을 관리할 때 생기는 문제점을 설명한 바 있다. 많은 CEO가 중간관리자의 능력을 체계적으로 개발하는 데 충분한 시간과 관심을 할애하지 않는 것은 한 단계 낮은 업무 영역을 관리하면서 생기는 결과 중에서도 가장 심각한 문제다.

그렇다면 뛰어난 중간관리자란 어떤 사람인가?

여기서 중요하면서도 근본적인 문제는 '뛰어난 중간관리자'라는 것이 '훌륭한 리더십'처럼 명확하게 정의내리기 어려운 개념이라는 데 있다. 따라서 중간관리자의 역량을 구축하기 위해 체계적인 프로그램을 마련하는 일이 까다로울 수밖에 없다.

일부 기업에서는 중간관리자 개발 교육의 일환으로 단편적인 내부 혹은 외부 단기 교육을 실시하기도 한다. 물론 그런 교육도 대부분 도움이 되지만, 그것만으로는 충분하지 않다. 많은 관리자들은 바쁜 업무 때문에 자기계발에 시간을 제대로 할애하지 못하며, 교육 내용이 업무와 연관이 적으면 더더욱 관심을 두지 않게 된다. 그럼에도 포괄적인 장기 경영 연수를 받을 기회는 극히 일부 관리자들에게만 돌아간다.

대다수 경영자들은 단순 관리 경험을 쌓고 관리 업무에 대한 생산적인 검토 작업을 거치면 중간관리자가 될 자격이 충분하다고 생각하는 경향이 있다. 물론 능력이 뛰어나다면 그런 상황에서도 역량을 발휘하겠지만, 그런 경우보다는 기존 관행대로 업무를 관리하며 문제가 생기지 않는 선에서만 움직이는 관리자가 훨씬 많다.

이런 문제를 결코 좌시해서는 안 된다. 오늘날처럼 복잡한 기업 환경에서는 뛰어난 중간관리자를 양성하는 것이 기업의 사활을 좌우한다고 해도 과언이 아니다.

뛰어난 중간관리자는 업무를 분석하고 개선할 수 있도록 부하직원들을 체계적으로 교육하고, 부하직원들이 배운 기술을 다시 각자가 관리하는 팀에게 전달할 수 있도록 지도하는 것에 초점을 맞춘다. 유력 기업의 관리자 출신에 대한 수요가 그토록 높은 것도 바로 이런 이유 때문이다.

뛰어난 중간관리자 양성의 핵심

하버드 경영대학원의 전설적인 스승인 고(故) 롤런드 크리스텐센(Roland Christensen) 교수는 오랫동안 박사 과정 학생들을 상대로 사례 연구를 활용한 교육에 대해 강의했다.

그 강의에서 크리스텐센 교수는 매우 중요한 점을 언급했다.

크리스텐센 교수에 따르면 '뛰어난 강의란 마치 훌륭한 뮤지컬과 같다'. 청중이 뮤지컬을 관람한 다음 평생 동안 그 뮤지컬에 나오는 음악 몇 소절을 흥얼거리게 된다면, 그 뮤지컬은 큰 성공이다. 마찬가지로 학생들이 강의를 통해 해당 분야에 대한 가장 중요한 개념 두세 가지를 확실히 이해하고, 그 지식을 남은 평생 동안 삶에 응용할 수 있게 된다면 그 강의는 큰 성공이라는 것이다.

강의 계획을 짤 때 가장 어려운 부분은 언제나 두세 가지 가장 중요한 기본 개념을 분명히 정립하는 것이다. 기본 개념만 분명하게 마음에 담고 있으면 강사는 중요한 기본 개념을 설명하는 한편, 기본 개념에 대한 학생들의 이해를 돕고 심화시킬 수 있도록 여러 가지 교재와 자료로 강의를 구성할 수 있다.

훌륭한 강의가 마무리되면 학생들은 일생 동안 해당 강의에서 배운 두세 가지 중요한 개념을 기억하면서 살게 된다.

이 '두세 가지 원칙의 중요성'은 관리직에게도 적용된다.

뛰어난 중간관리자를 양성하는 데 있어서 가장 중요한 원칙은 무엇일까? 내가 생각하는 세 가지 원칙은 다음과 같다.

첫째, 자신이 관리해야 할 단계를, 올바로 관리하는 것.
둘째, 수익성을 극대화하기 위해 협력과 공조를 하는 것.
셋째, 가르침으로써 관리하는 것.

자신이 관리해야 할 단계를 올바로 관리하기

대다수 기업의 업무 활동은 3~5년 전에 무엇이 필요했는지, 현재 무엇이 필요한지, 앞으로 3~5년 뒤에 무엇이 필요할지를 각각 반영하는 활동으로 구성되어 있다. 그러나 과거에 필요했던 업무에 약 50%, 현재에 필요한 업무에 30%를 할당하면서, 미래를 위한 업무에는 고작 20% 정도의 노력밖에 할당하지 않는 기업이 놀랄 정도로 많다.

이는 아주 심각한 문제다. 기업이 미래의 성공을 위한 환경에 적응하는 데 필요한 주요 기획을 개발하고 구현하는 데에는 최장 5년이라는 긴 시간이 걸리기 때문이다.

이 문제의 가장 중요한 원인은 중간관리자의 체계적인 리더십이 부족하기 때문이며, 보다 근본적인 원인을 찾아보면 관리자들이 옳지 않은 영역을 관리하기 때문이다.

관리자가 기업의 직급 체제를 따라 한 단계 승진할 때마다, 업무의 중심은 점점 현재나 과거를 관리하는 것에서 '미래'를 구상하는 쪽으로 옮겨가야 한다.

중간관리자들이 매번 직급이 오를 때마다 그에 부합하는 변화 관리와 리더십 기술을 적극적으로 배우고 활용해야, 임원급 지위에 도달할 즈음에는 이러한 기술을 완벽하게 몸에 익힐 수 있다.

수익성을 극대화하기 위해 협력과 공조하기

'영업 부서는 잘 팔고 지원 부서는 비용 최소화를 하는 등 각 부서가 원활하게 운영되기만 하면 기업이 최대의 수익성을 올릴 수 있다'는 그릇된 인식이 비즈니스 세계에 널리 퍼져 있다.

물론 사실은 그렇지 않다. 이것이 바로 이 책의 주요 테마다.

중간관리자, 특히 부장급 관리자가 비즈니스에 대한 폭넓은 시야를 갖추는 것은 매우 중요하다. 이들은 다른 관리자와 협력해 비즈니스의 어떤 영역이 수익을 내며 어떤 영역이 수익을 내지 못하는지,

그리고 그보다 중요한 왜 그런 현상이 일어나는지를 파악해야 한다.

그렇게 하려면 중간관리자 수준에서 깊이 있는 부서 간 공조가 이루어져야 한다. 기업이 활동하는 시장이 변하면 수익성을 극대화하는 방법 역시 지속적으로 변하기 마련이다.

이 책이 제안한 도구들을 활용해 수익 맵핑과 수익 레버를 발견해야 하는 이유가 여기 있다. 중간관리자들이 공통의 관점과 목표를 갖고 있지 못하면, 기업 내 각 부서가 서로 상충되는 기획을 내놓기 십상이고, 그 결과 부서 간에 불필요한 알력이 생기는 등 오히려 역효과가 나게 된다. 또한 정치적인 의도가 담긴 경쟁적인 기획들이 득세하게 되면 사실상 기업의 중간관리자를 '마비'시켜 발전 자체가 정체되는 결과를 낳는다.

가르침으로써 관리하기

뛰어난 관리의 핵심은 뛰어난 교육이다. 휘하에 있는 관리자들이 독자적으로 제 역할을 할 수 있는 능력을 갖춰야만 나 자신도 새로운 혁신 방안을 마련하고 더 높은 직급으로 올라갈 수 있다. 당신이 끊임없이 자잘한 일상 업무에 시달리고 있다면 근본적인 문제는 부하 관리자들에게 관리하는 방법을 제대로 가르치지 못했기 때문일 공산이 크다.

> 뛰어난 관리의 핵심은 뛰어난 교육이다.

관리자가 직급 체계를 따라 한 계단씩 승진함에 따라, 업무의 중심은 직접적인 관리를 맡고 있는 하위 관리자들을 교육하고 양성하는 것으로 바뀌어야 한다. 매우 성공적인 몇몇 기업을 제외하면 CEO는 일반적으로 이런 일에 관여하지 않으므로 중간관리자 교육은 임원급이나 그 아래 직급에서 수행해야 한다.

뛰어난 교육은 하루아침에 완성되지 않는다. 일류 대학에서 성실하고 똑똑한 학생들을 가르치더라도 학생들이 한 과목을 제대로 배우려면 한 학기 이상의 시간이 필요하다. 교수뿐만 아니라 관리자에게도 적용되는 뛰어난 교육의 원칙 몇 가지를 소개한다.

코칭의 원칙 1_ 핵심적인 개념을 명확히 제시하라

잘 가르치는 교수처럼 잘 가르치는 관리자 역시 누군가를 제대로 교육하려면 해당 분야에 대한 지식을 풍부하게 갖추어야 할 뿐만 아니라 가르치는 방법도 알아야 한다.

중요한 점은 뛰어난 업무 역량의 열쇠가 되는 두세 가지 핵심 개념을 분명하게 파악하는 것이다. 이러한 핵심 개념들은 대개 '어떻게(how)'가 아니라 '왜(why)'인 경우가 많다.

코칭의 원칙 2_ 이해를 도울 수 있는 풍부한 자료를 동원하라

뛰어난 교육 과정에서 사용하는 강의 교재는 대부분 두세 가지 기본 개념을 확대하고 상세히 설명하도록 구성되어 있다. 이런 방식으로 자세한 지식을 전달하면 학생들이 핵심 개념을 응용할 수 있는 능력을 키울 수 있음은 물론 핵심 주제 자체를 더욱 잘 기억하게 된다.

코칭의 원칙 3_ 모호하게 지시만 하지 말고 적극적으로 학습시켜라

생산적인 학습은 보통 여러 단계로 구성된다. 우선 학생이 핵심 개념을 접하고, 그 다음 해당 개념을 응용해보면서 어느 부분에 대한 이해가 부족한지 파악한다. 이렇게 하면 학생들이 지식을 보다 적극적으로 수용하게 되므로, 저절로 학습 단계가 반복된다.

가장 효과적인 교육 과정은 대부분 이렇게 구성되어 있다. 정기적으로 테스트를 해보면 어느 정도 발전이 있었고 어떤 부분에서 더 노력해야 하는지 확인할 수 있다. 하지만 실제 기업에서는 부하직원에게 단순히 지시만 내리고 대부분의 일을 스스로 알아서 처리하도록 '방치'하는 경우가 너무나 많다.

관리자들에게 관리 방법을 가르쳐라

관리 업무에서 가장 중요한 부분은 휘하에 있는 관리자들에게 관리 방법을 가르치는 것이다. 중간관리자의 역량은 기업 실적에 있어서 가장 중요한 요소다. 그러나 중간관리자 양성이 매우 우선순위가 높은 업무일 뿐만 아니라, 거기에는 주의 깊은 평가, 철저한 분석, 지속적인 개선 등의 핵심 프로세스가 필요하다는 것을 인식하는 최고 경영진이 얼마나 될까?

교육의 핵심 원칙을 제대로 적용함으로써 뛰어난 중간관리자를 체계적으로 양성하고 지속적으로 개선할 수 있다. 중간관리자 개발은 어느 기업에서나 실적을 개선하기 위해 궁극적으로 활용할 수 있는 수단이다.

01 뛰어난 중간관리자 양성은 가장 중요한 수익 창출 수단 중 하나다. 그러나 이 프로세스를 임무 수행에 있어 필수적인 경영의 최우선 과제로 취급하지 않는 기업이 너무나도 많다.

02 뛰어난 중간관리자는 일상적인 기업 활동을 통해 저절로 탄생하는 것이 아니다.

03 중간관리자의 역량은 수익성 관리와 밀접하게 연관되어 있다. 그 이유는 수익성 관리에서 가장 중요한 요소가 각 부서의 책임자인 부장급 관리자들 사이의 긴밀한 부서 간 공조이기 때문이다.

04 훌륭한 교육의 열쇠는 심도 깊은 지식뿐만 아니라 그 지식을 효율적인 교육 계획과 결합하는 능력이다. 과연 뛰어난 관리자가 될 수 있도록 관리자가 부하 관리자들을 지도하는 데 지침이 되어주는 구체적인 교육 계획이 자사에 수립되어 있는가? 당신의 기업은 그러한 교육 계획을 가지고 있는가?

기업 문화를 바꾸기 위한
실천 지향적 교육

기업 문화를 바꾸는 일은 수익성과 잠재력을 극대화하고자
하는 수많은 경영자에게 최대의 도전 과제다. 이번 장에서는 기업 문화를
바꾸기 위해 한 기업이 실행했던 실천 중심의 교육 방법을 소개한다.

최근, 유명 첨단기술 기업의 임원이 내게 자문을 구해왔다.

"어떻게 하면 회사 안에 성장의 문화를 만들 수 있을까요?"

그 회사는 이제 막 힘든 시기를 벗어나고 있었다. 그는 여러 관리자들의 관점과 업무의 초점을 '더 큰 수익과 성장' 쪽으로 재조정할 방법이 없을지 고민하고 있었던 것이다.

수많은 경영자들이 '기업 문화를 바꾸는' 어려운 작업에 직면한다. 한 통신 기업 사장은 '규제가 철폐된 새로운 환경에서 성공하려면 자사의 기업 문화를 바꿔야 한다'고 내게 말했다. 그 회사는 지금까지와는 완전히 다른 방식으로 생각하고 행동해야 한다. 그렇다면 사장은

무슨 조치를 취해야 할까? 관리자들 전원에게 공문을 보낼까? 직원들을 고무시키는 연설을 할까?

기업 문화를 바꾸는 과정은 지극히 어려운 일이기 때문에, 기업 내에 잠재해 있는 수익성을 극대화하고자 하는 경영진들에게 가장 어려운 과제가 되곤 한다. 변화 관리에는 여러 요소가 있지만 기업 문화, 즉 구성원들의 업무 관행을 바꾸는 것은 그중에서도 가장 까다로운 축에 속한다.

기업 문화를 바꾸려면 관리자들의 우선순위와 업무 처리 방법, 서로 협력하는 방식 모두를 바꿔야 한다. 앞서 소개했던 첨단기술 기업 임원이 '성장의 문화를 구축해야 한다'고 했던 것이 바로 이 부분이며, 통신업체 사장이 언급한바 있는 '새로운 환경에서 성공하기 위해 꼭 필요한 변화' 역시 이를 의미한다.

성공적으로 기업 문화를 바꾸기 위해 관리자와 직원들이 해야 할 일은 다음 두 가지다.

첫째, 새로운 업무 방식을 정의하고 체득한다.
둘째, 새로운 프로세스를 능숙하게 익힌다.

기업 문화의 변화 프로세스는 여러 당사자들이 동시에 추진해야 한다. 당사자들이 효율적으로 협력하는 새로운 방식을 개발하는 과정에서, 다시 서로를 변화시킨다. 이것이 바로 '변화의 선순환'이다.

> 당사자들이 효율적으로 협력하는 새로운 방식을
> 개발하는 과정에서, 다시 서로를 변화시킨다.
> 이것이 바로 '변화의 선순환'이다.

기업 문화를 바꾸는 데에는 상당한 시간이 걸리며, CEO는 이 과정에서 관리자들을 효과적으로 교육해야 한다. 그리고 효과적인 교육의 핵심은 효과적인 커리큘럼을 개발하는 것이다.

먹히는 교육이란 어떤 것인가?

앞서 언급했던 통신 기업 사장은 다른 기업들이 어떻게 효과적으로 변화를 관리했는지 살펴보고, 수익성 관리 과정을 중심으로 한 실천적 교육 프로그램을 개발하기로 결심했다. 이 프로그램은 매우 구체적인 실천 목표를 담은 체계적인 것으로, 별다른 효과가 없는 대다수 일반적인 교육 프로그램과는 확실히 차별화됐다. 이 프로그램이 어떻게 진행되었는지 살펴보자.

통신 기업 사장을 편의상 C라고 부르겠다.

C는 최근에 지역별로 나뉘어 있던 고객 응대 부서를 시장 영역에 따라 재편했다. 그룹 부사장이 이끄는 이 고객 응대 부서는 50여 명의 마케팅, 운영, 재무 담당 관리자로 구성되어 있다. 여기서 특히 중

요하고도 어려운 작업은 시장 개척, 경쟁사 대응, 수익성 관리 등을 위해 올바른 계획을 수립하는 것이고, 각각 시장 영역별 관리자들이 하나의 팀을 이뤄 긴밀한 공조를 해내는 것이다.

C는 9개월에 걸쳐 시장 영역별 관리자들이 매달 한 번 하루 반나절 정도의 시간을 내서 외부 교육을 받도록 했다. 이 교육은 그룹 부사장의 주도 하에 이루어졌지만, 각각의 세션별로 해당 영역의 외부 전문가를 초빙하는 방식으로 진행되었다.

교육은 엄선된 사례 공유, 토론, 각 시장 영역별 변화와 성장을 위한 계획을 결합해 진행되었으며, 세션이 진행될 때마다 매 세션마다 계획은 더욱 구체적인 형태를 띠게 설계됐다.

교육 세션이 열릴 때마다 참가자들은 수익성, 경쟁, 시장 개척, 전략 등 핵심 비즈니스 영역에 대한 교재를 바탕으로 토론을 했다. 물론 토론은 자신들의 업무에 초점을 맞추어 진행되었다.

매달 열리는 교육 세션 사이에 참가자들은 이전 세션에서 배운 내용을 바탕으로 새로운 계획의 관련 부분을 개발하는 작업을 했다. 다음 교육에서는 교육 시간의 절반을 그간 세운 계획을 검토하고 논의하고 개선 방향을 도출하는 데 활용했다. 나머지 절반은 다음 계획 과제를 위한 새로운 교재 검토와 학습에 할애했다.

> 교육은 엄선된 사례 공유, 토론, 각 시장 영역별 변화와
> 성장을 위한 계획을 결합해 진행되었으며, 세션이 진행될 때마다
> 매 세션마다 계획은 더욱 구체적인 형태를 띠게 설계됐다.

여기서 주목할 것은 이 교육 프로그램의 성과 자체가 구체적인 일련의 활동 계획이라는 점이다. 이는 관리자들이 직접 세운 것으로 기업이 처한 새로운 환경에 부합하는 것이기도 했다.

C는 이 교육의 목표가 새로운 계획을 세우는 것이라고 말했지만, 그만큼이나 중요한 부산물이자 성과가 바로 '기업 문화'의 광범위한 변화였다. 새로운 업무 계획 수립을 강조하자 교육의 일관된 목표와 강한 목적의식이 생겨났고, 모호하게 '기업 문화 변화'라는 목표를 두었더라면 불가능했을 일종의 위기감도 형성됐다.

실천적 교육 프로그램의 사례

이 실천적 교육 프로그램은 이 책에서 설명한 수익성 관리의 대체적인 개요를 따르고 있다. 여기 참가자들이 추진한 세션별 프로그램을 소개한다.

프로그램은 총 9개월에 걸쳐 이루어졌다. 어떤 변화가 일어났는지 직접 확인해보라.

실천적 교육 프로그램 1개월 차_ 비즈니스 블록

각 시장 영역을 교외 지역이라든가 도심 지역 등 비슷한 특징을 가진 지역끼리 묶어 몇 개의 부분으로 나누고 여기에 비즈니스 블록(business block)라는 이름을 붙였다. 이렇게 하여 이전 같으면 주(state) 등 보다 폭넓은 지역별 구분에 의해 움직였던 기업 활동을 새로운 각도로 바라볼 수 있었다.

실천적 교육 프로그램 2개월 차_ 수익성의 토대

각 비즈니스 블록의 ROI를 바탕으로 70% 정확도의 수익성 분석 스프레드시트를 작성했다. 이 과정을 통해 무엇을 알게 되었을까? 바로 이전까지 자신들의 비즈니스가 적자의 바다에 흑자의 섬이 점점이 떠 있는 현실이었다는 것이다.

실천적 교육 프로그램 3개월 차_ 경쟁자 분석

참가자들은 각 비즈니스 블록별로 경쟁자를 면밀하게 분석했다. 각각의 경쟁자가 진출을 노릴 법한 분야를 예측하고, 어떠한 사업 분야가 잠식당할 수 있는지 파악했다. 이 과정에서는 수익성 스프레드시트를 바탕으로 가설을 세웠다. 이 작업을 마치자 여러 개의 발 빠른 경쟁업체들이 이미 자사의 흑자 섬을 향해 움직이고 있다는 것이 분명하게 드러났다.

실천적 교육 프로그램 4개월 차_ 시장 개척

각 비즈니스 블록의 시장 개척 계획을 마련하고 경쟁자의 활동에 비추어 수익성을 전망했다. 여러 분야에 투자를 분산하는 것보다는 수익성이 가장 높은 마케팅 자원에 투자를 집중하는 편이 현명하다는 결론을 내렸다.

실천적 교육 프로그램 5개월 차_ 전략적 대안과 자원 배치

경쟁의 양상과 시장의 기회에 대한 이해를 바탕으로 하여 전략적 대안을 마련하는 중요한 시간을 가졌다. 자원을 집중하여 새로운 서비스와 시장 개발 노력을 체계적으로 통합하는 대안을 검토했다. 또한 각 대안이 수익성에 미치는 영향과 어느 정도의 자원이 필요한지도 추정했다.

실천적 교육 프로그램 6개월 차_ 전략 선택

비즈니스의 어떤 분야에 적극적으로 매진하고, 수익을 개선하기 위해 어느 부분에 초점을 맞춰야 하며, 적극적으로 투자할 필요가 없는 것은 어느 영역인지 결정했다. 이전에는 모든 분야에서 일정 수준 이상의 기본 서비스를 제공한다는 원칙을 갖고 있었던 것과는 대조적이다. 그에 따른 세부적인 전망과 자원 예산안을 마련했다.

실천적 교육 프로그램 7개월 차_ 전사적 요구와 조화

전체 시장 영역의 핵심 관리자들이 각 영역의 전망과 자원 필요량을 통합하여 이를 전사적 요구 사항과 조율하는 작업을 추진했다. 필요할 경우 전사적 요구에 부응하기 위해 각자의 계획을 수정하기도 했다.

실천적 교육 프로그램 8개월 차_ **실천**

각 그룹이 목표를 달성하기 위해 필요한 주요 실천 단계를 정했다. 특히 업무를 담당하는 관리자들이 서로 협력하는 방법을 구체적으로 지정하고, 각자 맡은 책임에 대해 대략적인 시한을 정했다.

실천적 교육 프로그램 9개월 차_ **최종 계획**

마지막 교육 세션에서 각 시장 영역별 관리자가 그룹 전체 계획의 틀 안에서 해당 영역의 계획을 수립했다. 이렇게 하여 계획이 모두 마무리되었다.

리더십과 근육 기억

이 실천 교육 과정은 기업 문화 변화, 세심한 계획, 부서 간 협력을 통한 프로젝트 구현 등 다양한 차원에서 매우 효과적이었다. 아울러 여러 장기적인 역량까지도 키워내는 결과를 낳았다.

교육의 효과 1_ **효과적인 리더십**

각 그룹의 부사장들은 매 교육 세션마다 참석했다. 이것이 매우 중요했다. 각 세션별로 분석이 진행되므로 참가자 모두가 해당 그룹의 견해에 영향을 미쳤고, 마찬가지로 그룹의 견해에 모든 사람이 영향을 받았다. 시간이 지나면서 각 그룹은 새로운 업무 계획을 개발해냈고, 새로운 방식으로 어떻게 협력할지에 대해서도 철저하게 이해하는 보다 중요한 성과를 올렸다.

또한 처음에는 변화에 대해 회의적이던 관리자들의 견해부터 바꿔놓았다. 그룹 부사장은 관리자들에게 실시간 지도, 피드백, 개인적인 개발 기회를 마련해주었고, 동시에 관리자들의 의견에 귀를 기울이며 그들의 관점에서 많은 것을 배웠다.

교육의 효과 2_ **효과적인 계획**

각 팀은 시장 영역을 분석하기 위해 근본적으로 새로운 방식을 고안해냈고, 체계적인 통합 계획을 수립했다. 새로운 계획은 시장 영역을 가장 잘 파악하고 있는 관리자들의 뛰어난 이해와 분석 작업을 바탕으로 한 결과이며, 기획을 담당하는 직원들 몇 명이 계획을 세우는 것보다 훨씬 효율성이 높았다.

단순히 구시대의 낙후된 계획을 현 추세에 맞도록 변형시킨 것이 아니라 새로운 시대에 적합한 완전히 새로운 계획이었던 것이다. 이 계획에는 기업의 수익 창출 수단과 모든 사업 부문의 잠재적 수익성에 대한 포괄적인 이해가 반영되어 있었다.

교육의 효과 3_ **효과적인 팀워크**

각 그룹의 관리자들은 효과적인 계획뿐만 아니라 서로의 업무 영역 및 관련된 잠재력이나 위험에 대해서도 상세하게 이해하게 되었다. 관리자들은 즉시 기업의 수익성을 향상시키기 위해 상호 조율 작업을 하기 시작했다.

교육의 효과 4_ 근육 기억

이러한 교육 세션을 통해 각 그룹은 수익성 관리에 대한 지식을 근육 깊숙이 기억하게 되었다.

'근육 기억(Muscle memory)'이란 피아노부터 골프에 이르기까지 다양한 신체 활동에 사용되는 용어다. 지속적인 효율성을 얻으려면 단순히 무엇을 해야 하는지 이해하거나 몇 번 시도해보는 차원을 넘어, 근육이 언제 어디서나 저절로 움직일 때까지 엄청난 연습을 해야 한다는 의미다.

전통적인 기업 교육에서 발생하는 가장 흔한 문제점은 기술만 가르칠 뿐, 지속적인 성공을 위해 꼭 필요한 근육 기억을 만들어주지 못한다는 점이다. 실천 교육은 효과적인 변화를 위한 심도 깊은 이해, 팀워크, 근육 기억을 길러준다. 이를 통해 당장의 계획을 효과적으로 추진할 수 있을 뿐만 아니라 앞으로도 꾸준히 수익성을 관리할 수 있는 항구적인 역량을 키울 수 있다.

실천 교육 프로그램을 통해 익힌 포괄적인 분석 능력과 이해를 바탕으로 향후에는 보다 효율적인 결과를 도출하는 계획을 훨씬 신속하게 세울 수 있게 된다.

교육 자체보다 중요한 것은 실천

내 경험에 비추어보면 최상의 조건 하에서 기업 문화를 바꾸는 데는 약 4~5개월이 걸린다. 효과적인 변화 프로세스를 마련한다면, 이 정도의 기간 안에 관리자들이 완전히 새로운 방식으로 업무를 처리하도록 만들 수 있다.

> **내 경험에 비추어보면 최상의 조건 하에서 기업 문화를 바꾸는 데는 약 4~5개월이 걸린다.**

기업 문화를 변화시키는 것이 다른 관리 영역보다 더 어렵다고 단언할 수는 없지만, 성격이 매우 다른 것만은 사실이다. 따라서 고유의 관리 수단과 접근 방식이 필요하다. 효과적인 변화를 성공적으로 추진하기 위한 방법과 기간은 이미 잘 알려져 있다. 실천 교육은 획기적인 기업 문화 변화를 추진하는 데 가장 효과적인 방법 중 하나이며, 즉각적인 이익과 오래 지속되는 혜택을 동시에 얻을 수 있다.

01 기업의 문화를 바꾸는 것은 관리자 입장에서 가장 까다로운 명제 중 하나다. 모든 것이 순조롭다 하더라도 4~6개월은 걸리기 마련이다. 그러나 이미 검증된 효과적인 변화 추진 방법 역시 존재한다.

02 성공적으로 기업 문화를 바꾸려면 다음 두 가지가 필요하다. 첫째, 새로운 업무 추진 방식에 대한 지식을 전달하는 것. 그리고 둘째, 근육 기억을 심어주는 것이다. 실천적 교육 프로그램은 꼭 필요한 지식을 배우고 완전히 숙련될 때까지 새로운 업무 과정을 연습할 수 있는 기회를 마련해준다.

03 실천 교육을 새로운 계획 수립 등 구체적인 목표와 연계시키는 것이 중요하다. 이렇게 하면 직원들이 교육 과정에 더욱 집중하고 일종의 긴박감과 현실감을 느끼게 된다.

04 가장 좋은 결과를 얻으려면 CEO와 휘하의 관리자들이 함께 기업 문화 변화 프로세스를 추진해야 한다. 이들은 일사분란하게 움직이며 어떠한 상황에도 유연하게 대처할 수 있는 매우 단단한 팀을 구성한다.

28
CFO는 이제 명함을 바꿔라! 이제 당신은 '최고 수익성 책임자'다

기업은 비즈니스 내부에 돌처럼 뿌리박혀 있는 비수익성 요소 때문에 고통을 겪는다. 누군가는 그걸 뽑아내고 그 자리에 혈액이 돌게 해야 한다. 그 키를 쥐고 있는 사람은 바로 CFO다.

고정된 비수익성 요소는 모든 기업에 있어서 아주 중요하고 치명적인 문제다.

이것은 세 가지의 대단히 심각한 결과를 초래한다.

첫째, 최종 결산수익이 예상보다 훨씬 적다. 종종 달성할 수 있는 수준의 절반에 불과하다.

둘째, 최고의 고객들조차 평범한 서비스만 받게 되는데, 누구라도 더 나은 서비스를 제공하는 경쟁자가 나타난다면 언제든 빼앗길 수 있다는 의미다.

셋째, 기업은 가장 성과가 높은 일에 자원을 집중시킬 기회를 잃어버린다.

수익성 관리가 제공하는 통찰력만 있다면, 기업은 최고의 비즈니스를 안전하게 지키고, 다른 최고의 비즈니스를 찾아내는 데 집중할 수 있다. 또한 현상유지하는 비즈니스의 판도를 확실히 전환시킬 수 있는 수단을 찾아내고, 개선할 수 없는 수익성 없는 비즈니스를 언제든 버릴 수 있다.

뿌리박힌 비수익성 요소를 제거하는 것은 매우 현실적일 뿐만 아니라 비용이 거의 들지 않고 상당한 정도의 새로운 수익과 현금을 즉시 발생시킨다.

그렇다면 왜 이것이 모든 기업에 필수적인 비즈니스 프로세스로 자리 잡지 못했는가?

왜 CFO나 여타의 고위 재무 관리자는 이것을 추진하지 않는가?

수익성 관리를 효과적으로 해내지 못하도록 하는 결정적 장애물

어처구니없는 패러독스다. 엄청나게 많은 기업들이 어떤 기준으로 보아도 명백히 수익을 못 내는 골칫덩어리를 안고 있고, 관리자들은 모두 그 사실을 알고 있다. 그런데도 그 문제를 해결하기 위해 적극적으로 움직이는 기업은 극소수에 불과하다. 왜 그럴까?

나는 지난 십수 년간 CEO, 총괄 본부장, 부사장, CFO들과 나눈 수많은 대화 속에서 이 문제의 근원을 찾으려고 애써왔다. 그 결과, 네 가지 구조적인 장벽이 발견됐다.

수익성 관리가 안 되는 이유 1_ 관리 시스템의 문제

재무나 관리 제어를 위한 정보 자체가 문제점과 기회를 드러내도록 구성돼 있지 않다.

모든 부서마다 예산이 있다. 영업 부서는 매출 예산, 운영 부서는 비용 예산이 있다. 하지만 모든 부서가 예산을 정확히 맞춘다 해도 비즈니스의 30~40%는 여전히 수익을 못 낸다.

왜 그런가? 사실상 모든 예산이 기업의 기존 수익성 패턴(뿌리박힌 비수익성 요소를 포함해)에 근거해 책정되고, 관리자들로 하여금 이 기준점으로부터의 향상을 요구하기 때문이다.

만일 어떤 기업이 상당한 정도의 뿌리박힌 비수익성으로부터 시작하고, 한 관리자가 현저한 비용 감소나 매출 증대를 달성한다면, 예산은 훌륭해 보일 것이다. 그러나 여전히 달성할 수 있는 수준 저 아래에서 좋은 실적을 내고 있을 뿐이다.

> 모든 부서가 예산을 정확히 맞춘다 해도 비즈니스의
> 30~40%는 여전히 수익을 못 낸다.
> 왜 그런가?

수익성 관리가 안 되는 이유 2_ 방향성의 부재

모두가 뭔가 하고 있다. 관리자의 계획은 제품 선정부터 비용 절감, 시장 개발에 이르기까지 여러 분야에 걸쳐 있다.

이런 계획은 어느 정도 유용하지만, 관리자들은 매일 매일 반복되는 비즈니스 활동을 제대로 실행함으로써, 오히려 막대한 기회를 거의 놓치고 있다.

수익성 관리가 안 되는 이유 3_ **외형적인 모양새에 대한 집착**

역설적이게도, 널리 알려진 기업일수록 CEO는 단단히 고정된 비수익성 요소를 개선하지 못하도록 투자자의 강력한 압력을 받고 있다.

많은 관리자들은 비수익성 요소라는 장애물을 제거하게 되면 실질적인 매출 감소로 이어질 것이며, 이는 곧 기업의 주가에 악영향을 미칠 것이라는 점을 염려하고 있다. 따라서 고정된 비수익성 요소를 제거하는 것이 결론적으로 고객들을 자극하기만 할 뿐이라는 그릇된 추정을 한다.

사실 수익 레버를 신중히 선택해서 적절한 상황에 배치함으로써, 관리자들은 대부분의 문제 있는 고객과 제품을 수익성 있는 비즈니스로 전환시킬 수 있다.

수익성 관리가 안 되는 이유 4_ **책임자 부재**

대부분의 기업에서 수익성을 체계적으로 분석하고 향상시키는 것에 대해 책임을 지고 있는 사람이 아무도 없다. 이것은 깜짝 놀랄 만한 주장이다. 내게 '그게 무슨 무책임한 말이냐?'고 반문할 사람도 있을 것이다.

하지만 내가 이렇게 단언해 말하는 이유는, 막상 수익성 개선을 위해 액션을 시작해보면 거의 예외 없이 이제까지 그 누구도 고객, 제품, 주문, 서비스 등 세밀한 단계의 수익성을 높이고 고정돼 있는 비수익성 요소를 제거하는 책임을 지고 있지 않다는 것을 발견할 수 있었기 때문이다.

　분명히, CEO나 본부장에게는 책임이 있어야 마땅하다. 하지만 이들은 전략을 도출하고 핵심 고객과 관계를 유지하며 관리자들이 목표를 달성하는지에만 집중한다. 주문, 고객, 제품, 서비스에 대한 수익성을 분석하고, 그를 통해 정밀하게 조준된 도구를 활용해서 수익성을 개선하는 문제는 간과되고 있는 것이다.

　그렇다면 CFO는 어떤가? 사실상 거의 모든 CFO와 고위 재무 관리자들은 '매출'과 '수입' 관점에서의 수익성에 집중하고 있다. 이들이 하는 주된 질문은 이것이다.

　'대체 인건비가 왜 이렇게 많이 들지?', '아웃소싱을 해야 하는 것 아닌가?', '이 부서는 사무용품을 너무나 낭비하고 있구먼?'

　그들의 질문이 자산 생산성에 맞춰져 있기는 하다. 게다가 현금 흐름의 균형을 유지하기 위해 회사의 부서를 신설하거나 없앨 정도로까지 고도로 집중해 일하고 있다.

　하지만 CFO를 비롯해 고위 재무 관리자들이 고정된 비수익성 요소를 확인하고 바로잡는 데 조직적으로 집중한다거나, 이 프로세스를 회사의 지속적인 관리 활동의 핵심 영역으로 만들어가는 일은 매우 보기 드문 현상이다.

CFO에게 맡겨진 새로운 역할을 인식하라!

그렇다면 기업이 어떻게 이 명백한 정체 현상을 타파하고, 효과적인 수익성 관리에 장애물이 되는 요소를 극복할 수 있을 것인가?

해답은 CFO의 역할을 새롭고 강력한 것으로 재규정하는 것이다.

CFO→
Chief Profitability Officer(최고 수익성 책임자)

지금도 수익성을 업무의 중심으로 삼고 있는데, 무슨 엉뚱한 말이냐 싶을 것이다. 하지만 그 역할을 제대로 하기 위해서 CFO는 근본적인 수익성 관리 프로세스가 기업의 핵심적인 관리 활동에 포함되도록 각 부서의 성과 측정을 더욱 폭넓게 해야 한다.

새로운 CFO, CPO가 집중할 일 1_ **로드맵**

효율적인 CPO는 수익 맵핑을 통해 수익성의 기준에 대한 체계적인 이해를 도출할 필요가 있다. 높은 수익성, 낮은 수익성, 나쁜 수익성, 나아가서 총이익, 시장 분할, 제품군에 대한 개념까지 세밀하게 알게 될 것이다. 여기서 얻어진 통찰력에 의해 정확하게 조준된 계획이 생겨야만, 체계적으로 수익성을 향상시킬 수 있는 기반이 형성될 수 있다.

새로운 CFO, CPO가 집중할 일 2_ 프로세스

일련의 지속적인 조직적 프로세스와 수익성 관리에 대한 인센티브를 마련하는 것이 CPO가 해야 할 대단히 중요한 역할이다. 이 일은 수익 맵핑이 도출한 정보를 회사 전반의 매일의 업무에 통합시키는 것으로부터 시작된다.

친숙한 예를 다시 한 번 생각해보라.

한 관리자가 열심히 일해서 15%의 재고 감소를 달성했다. 하지만 그 재고 자체가 수익성이 전혀 없는 비즈니스를 떠받치고 있다. 한 영업자는 실제로는 수익성을 감소시키는 20%의 매출 증대를 달성한다. 대부분의 기업에서 이 두 사람은 영웅 대접을 받는다. 사실상 회사의 수익성을 떨어뜨렸는데도 말이다. 이런 요소를 관리하는 것이 CPO의 주요 관심사가 되어야 한다.

성공의 열쇠는 CPO가 기업의 조직을 통합된 시장 계획을 통해서 문제의 전면에 서게 하는 것이다. 이 프로세스에서 영업이나 마케팅 그룹은, 고도로 접목된 관계로부터 평이한 관계에 이르기까지 일련의 고객관계를 정의하기 위해서, 그리고 특정한 관계의 고객을 목표로 하기 위해서 운영 그룹과 합류해야 한다. 그렇게 해서 회사의 운영비 구조는 사전에 정비될 수 있을 것이다.

무리한 주문으로 들릴지 모르지만, 사실 그렇지 않다. 그러나 이것은 이전과는 다른 방식이고, 선두기업들은 이미 이런 방식으로 수익과 시장점유율에서 소기의 막대한 성과를 거두었다.

> 수익성 관리는 창의적인 CFO에게 새로운 기회의 땅이다.

새로운 CFO, CPO가 집중할 일 3_ 변화 관리

변화 관리는 특히 공개 기업에서 수익성 관리 계획을 성공시킬 수도, 망칠 수도 있는 중요한 관건이다. CFO들이 수익성 없는 매출을 단순히 제거하는 것이 주가에 영향을 미치지 않을까 염려하는 것은 당연하다.

하지만 대다수의 수익 레버는 거의 비용을 들이지 않고 또 수입액의 손실 없이 현상유지 비즈니스의 수익성을 향상시켜준다. 이와 유사하게 수익성 없는 비즈니스의 영업이나 서비스 자원을 수익성이 있는 쪽으로 이동함으로써 가장 수익성 높은 비즈니스를 지켜내고 성장시킬 수도 있다. 이는 우선순위 설정과 훈련, 실적에 대한 보상 정책을 수정하는 것만으로도 가능하다. 이들이 동시에 작용함으로써 매출, 수익, 현금유동성의 막대한 증가를 가져다줄 것이다.

일례로, 이 전략을 실행한 한 자동차부품 기업은 이전에는 공략하지 못하던 잠재력 높은 고객에 대한 점유율을 불과 수개월 만에 40% 이상 증대시켰다. 동시에, 회사의 물류센터로부터 멀리 떨어져 있는, 잠재력이 낮은 현상유지 정도의 고객에게 서비스하기 위한 공급 대리점을 만들었다. 이것은 비용을 절감시키고 활용 가능한 추가 자원을 만들어줬다. 매출이 치솟고 비용이 감소하자, 회사의 주가는 3년 만에 세 배로 뛰었다.

이제 남은 문제는 여전히 자리 잡고 있는, 흑자로 절대 전환될 수 없는 수익성 없는 매출을 제거하는 것이다. 여기에서, 해법은 수익성 없는 매출을 적절한 가격 정책을 통해 중단시키기 전에, 수익이 높은 새로운 매출을 창출하는 것이다.

수익성 관리는 창의적인 CFO에게 새로운 기회를 열어준다. 이를 활용해서 CFO는 매출, 수익, 현금 모두를 놀라우리만큼 빨리 발생시킬 수 있다. 그러나 그렇게 되려면 CFO는 전통적인 범위를 넘어서는 효과적인 수익성 관리 프로세스와 회사 전반에 걸쳐 수익성 문화(예산 절감이 아니라 근본적인 수익성 증대)를 창조하는 데 중심 역할을 해야 한다.

이렇게 해서 지혜로운 CFO는 명실상부한 '수익성 경영자', CPO로 거듭날 수 있다.

01 CFO와 재무 관리자들에게, 수익성 관리는 추가 자본 투자 없이 30~40% 혹은 그 이상의 수익성 향상을 얻을 수 있는 필생의 기회를 제공한다.

02 이런 기회가 왜 그 오랜 세월 동안 드러나지 않았는지에 대해서는 확실한 이유가 있다. 다행스러운 것은, 이제라도 그 기회를 찾아내고 개선에 공을 들이는 것이 그리 어렵지도 않고 시간을 많이 소비하지도 않는다는 것이다.

03 변화 관리는 수익성 관리 프로그램 자체의 존폐를 결정하는 매우 중요한 사안이다.

04 CFO가 성공적인 최고 수익성 책임자가 되기 위해서는 변화 관리에 능숙해야 한다. CFO는 수익성 문화와 그것을 뒷받침하는 새로운 비즈니스 프로세스를 창조하기 위해, 다른 재무 관리자들과 함께 행동해야 한다. 그에 따라 돌아오는 보답과 만족은 엄청나다.

변화의 기수, 새로운 정보관리책임자(CIO)의 역할

오늘날의 CIO는 20년 전이라면 상상조차 하지 못했을 정도로 엄청난 기회를 눈앞에 두고 있다. 그야말로 CIO의 역량이 기업의 운명을 결정하는 시대가 열린 것이다.

본론에 들어가기 전에 이 단락은 마시모 루소(Massimo Russo)와 공동 집필했음을 밝힌다. 그의 도움이 없었다면 이 글을 쓸 수 없었을 것이다.

뛰어난 CIO와 그렇지 않은 CIO의 차이는 무엇일까?

이에 대한 대답은 지난 20년간 크게 변화했다. 20년 전에는 기술적 전문성이 중요한 변수였다. 그러나 오늘날에는 기업 전체가 새로운 방식으로 운영되도록 '이끌 수 있는' 역량이 가장 중요하다.

여기서 문제점은 수많은 CIO들이 기술 진단과 구현이 중요한 쟁점이었던 '과거'에 관리 기술을 습득했다는 점이다. 이제는 완전히 새로운 종류의 기술이 필요한 시대가 온 것이다.

몇 년 전, 고객관계관리(Customer relationship management, CRM) 등의 영역에 새로운 소프트웨어를 도입하는 게 왜 그토록 자주 실패하는지를 다룬 기사를 읽은 적이 있다. 사실 실패의 원인은 소프트웨어 자체에 있지 않았다. 근본적인 비즈니스 프로세스가 변하지 않았기 때문에 소프트웨어의 기능이 대부분 낭비되고 있다는 게 진짜 문제였다.

최고 경영진에게 해당 소프트웨어에 투자할 만한 가치가 있었느냐고 물어보면 대답은 대부분 부정적이다. 수많은 기업의 CEO들이 소프트웨어 자체에 비해 그 가치가 너무 과장돼 있다는 생각을 갖고 있다. 가장 심각한 점은 기업의 CIO가 자신의 업무 영역을 지나치게 편협하게 정의하고 전반적인 변화 관리 프로세스에 대해 제대로 책임을 지지 않고 있다는 점이다.

그 결과 수많은 기업에서 IT 예산이 삭감되는 현상이 일어나고 있다. 이렇게 되면 CIO가 변화를 관리할 수 있는 자원은 더욱 줄어들게 된다. 그러나 우리가 알고 있는 것과 달리 IT를 제대로 활용하기만 한다면 수익성을 크게 향상시키고 다른 긍정적인 효과도 얻을 수 있는 역량을 갖추게 된다.

> 20년 전에는 기술적 전문성이 중요한 변수였다.
> 그러나 오늘날에는 기업 전체가 새로운 방식으로 운영되도록
> '이끌 수 있는' 역량이 가장 중요하다.

어떻게 이 상황을 반전시킬 수 있는가 하는 점이 바로 오늘날 수많은 CIO의 공통적인 고민이다.

기업 정보 기술 시스템의 라이프사이클

지난 20년간, 기업 내 IT 부서는 근본적인 변화를 겪었다. 새로운 기술이 속속 발표되는 가운데 IT 부서의 역할은 걸음마 단계를 벗어나 성숙 단계로 접어들었다. 다음의 세 가지 신호가 그 증거다.

첫째, IT의 활용 방식이 기존의 프로세스를 자동화하는 것에서 새로운 프로세스의 창조를 지원하는 방향으로 변화했다. 예전에는 주로 재무나 인사 부서의 백오피스(back-office) 개념으로 IT를 활용했다면, 이제는 고객 관리처럼 직접 고객을 상대하는 영역이나 공급 체인 관리 등 업무 수행에 필수적인 영역으로까지 확대된 경우가 많다.

20년 전, 원격 주문 시스템이 등장함으로써 기업들은 서류 주문을 온라인으로 대체할 수 있게 되었다. 효율성은 극대화되었고, 이에 맞춘 새로운 프로세스는 절실해졌다. 하지만 내부의 변화는 기술의 변화만큼 빨리 이루어지지 않았다.

오늘날의 소프트웨어는 관리자가 최우수 고객을 선별해 일반 고객들과는 다른 판매 방식을 도입하는 등 근본적으로 새로운 일을 해낼 수 있게 해준다. 그것이 가능하려면 실제 실행 영역 역시 바뀌어야 한다. 핵심적인 비즈니스 구조와 업무 수행 방식이 크게 변해야 할 뿐만 아니라 기획, 보수, 자원 할당 등의 주요 영역에서 동시다발적으로 변화가 일어나야 한다. 이러한 변화가 없으면 소프트웨어의 기능을 제대로 활용할 수 없기 때문이다.

둘째, 오늘날 IT의 기능은 규모의 측면에서도 그 어느 때보다 강력해졌다. 20년 전, 내가 처음 기업 수익성을 분석할 때만 해도 AT 컴퓨터에 데이터베이스를 구축하고 실행하는 데만 한 달 이상이 걸렸다. 오늘날 선도적인 기업에서는 데이터 저장소를 갖추고 있어 관리자들이 각자의 업무와 관련된 분석을 실시간으로 정확하게 해낼 수 있다. 그야말로 문화적 충격에 가깝다. 오늘날 IT의 역량은 이를 활용하는 사람과 조직의 능력을 훨씬 뛰어넘는 수준까지 왔다.

셋째, 소프트웨어의 기능 확장이 점점 더 빨라지고 있다. 그러나 문제는 소프트웨어의 기능이 아무리 확장되어도 조직이 이를 전부 소화해낼 능력이 없다는 데 있다. 그 결과, 대다수 기업들이 소프트웨어에서 활용하는 기능은 전체의 10% 이하에 불과하다. 이런 맥락에서 통합된 변화 프로세스를 구축하려면 도입할 소프트웨어의 우선순위를 정하는 것이 매우 중요하다. 이때 CIO는 주의 깊게 변화의 속도를 조절하고 관리해야 한다.

정보 기술의 라이프사이클

1990년대 중후반, CIO들이 백오피스 업무를 자동화하는 것에서 직접 고객을 상대하는 실행 부서의 업무 관행을 개선하는 쪽으로 관심의 초점을 바꾸던 시기에 이른바 Y2K 문제가 대두되었다. Y2K란 새로운 천년이 시작되면서 컴퓨터가 제대로 작동하지 않을 것을 우려한 일대 소동이었다. Y2K 문제를 두고 CIO들은 회사의 시스템이 마비되는 것을 막는 데 전력투구해야 했고, 그 덕분에 새삼 전산 전문가 역할을 맡지 않을 수 없었다.

새천년에 접어든 뒤 얼마 지나지 않아 닷컴 거품이 붕괴됐다. 인터넷의 무한한 가능성에 대한 장밋빛 전망은 지나치게 과장되어 있었고, 업계의 기대에 비해 기술 역량이 턱없이 부족해 제대로 된 결과를 내지 못했다. 닷컴 거품이 꺼지자 많은 경영자들이 IT의 전반적인 잠재력에 대해 회의적인 시각을 갖게 되었고, 여기저기서 반발이 시작됐다.

이때 수많은 CIO들이 매우 난처한 처지에 놓이게 되었다. 이들은 대부분 비즈니스 변화 관리가 중요해지는 시기에 기술과 경험을 쌓았지만, 이제는 자신이 속한 기업이 IT에 대한 믿음을 잃어가고 있었던 것이다.

GE는 어떻게 상황을 올바로 판단했나

이 대목에서 GE의 사례를 살펴보면 여러 가지 교훈을 얻을 수 있다. 한동안 난항을 겪던 GE는 '강력하고 효율적인 CIO'라는 새로운 비전을 창조해냈다.

1997년 이전까지만 해도 GE의 CIO는 주로 백오피스 업무에 IT를 적용하는 일을 맡았기 때문에, 최고 경영진의 눈에는 이들이 그다지 전략적인 역량으로 보이지 않았다.

닷컴 거품이 생길 무렵, GE의 최고 경영진은 자사의 문화를 바꾸기 위해 단호하게 움직였다. 이들의 목표는 GE 관리자들이 좀 더 기술 친화적으로 변해 새로운 가능성을 수용할 수 있는 환경을 만드는 것이었다. 경험이 많지만 기술에는 약한 간부와 젊고 기술에 박식한 실무자를 짝지어주는 'e-멘토링(e-mentoring)'이라는 프로그램을 마련하기도 했다.

동시에 GE는 새로운 기술을 활용할 비즈니스 기회를 모색하기 위해 각 사업부에 e-비즈니스 그룹을 만들었다. 목적은 기업 전사적으로 새로운 IT 기술에 대한 수요를 촉진하고, IT 부서가 이에 부응해가면서 변화를 리드하도록 유도하는 것이었다.

그러나 문제는 이러한 변화가 일어나자 e-비즈니스 부서 책임자인 경영 인재들과 전통적인 IT 전문가들 사이에 알력이 생겨났다는 점이다. GE는 두 그룹을 통합해 이 문제를 해결했다. 목표는 '비즈니스 중심의 사고방식을 가진 CIO'라는 비전을 실현하는 것이었다.

일부 부서에서는 e-비즈니스 책임자가 기존의 CIO를 대체했고, 일부 부서에서는 비즈니스 사고방식을 가진 CIO가 e-비즈니스 책임자를 대신했다. 판단의 척도는 새로운 CIO가 해당 사업부 CEO의 믿음직스러운 파트너가 되어 여러 비즈니스 영역에 깊숙이 관여할 능력이 있는지 여부였다. 예를 들어 NBC에서 6시그마(Six Sigma, 통계적 방법을 사용하여 문제점을 파악하고 실적을 개산하는 기업 경영 전략-옮긴이) 프로젝트를 이끌고 있던 책임자가 GE 항공 엔진(GE Aircraft Engines) 분야의 CIO로 부임하기도 했다. 이 관리자는 뛰어난 프로세스 개선

기술과 비즈니스 리더십, 그리고 IT 관련 경험을 보유하고 있었다.

이렇게 하여 GE에서는 백오피스 업무 개선에 주력하던 기술 지향적인 CIO의 시대가 막을 내렸다.

다른 선도 기업에서도 비슷한 변화가 일어나고 있다. 한 대형 소비재 제조업체의 CEO는 실제 이익을 내는 사업 단위(Profit center, 비용만 쓰는 코스트 센터와 반대의 개념-옮긴이)를 운용하거나 핵심적인 비즈니스 운영에 관여해본 적 없는 사람은 CIO로 등용하지 않겠다고 선언했다.

비즈니스 관점을 가진 효율적인 CIO의 등장

크게 성공을 거둔 한 CIO는 자신의 경험을 이렇게 요약한다.

"프로젝트 선택 과정이 끝나기 전에는 사실상 승패가 결정되지 않는다. 비전이나 예산 상의 제약 때문에 프로젝트의 범위가 지나치게 협소해지면 우선순위 상에서 상위에 있더라도 결국 심각한 문제에 직면하게 된다. CIO로 10년간 일하는 동안 얻은 중요한 깨달음 중 하나는 '중간관리자들이 제안하는 다양한 소규모 프로젝트에 효과적으로 대응하는 것'이 얼마나 중요한가 하는 것이다. 그중 일부는 분명히 추진해야 할 프로젝트지만 주주들이 중요하게 생각하는 몇 가지 전략적인 기획을 추진하는 중간중간에 적절히 끼워 넣어야 한다.

안타깝게도 대규모 집약적인 IT 프로젝트를 통해서 최고의 가치를 창출하는 데 필요한 대대적인 변화를 모두 주도할 수 있는 기술과 역량을 갖춘 임원은 최고 경영진 중에서 찾아보기 어렵다. 그래서 효율적인 CIO의 역할이 그만큼 중요한 것이다. CIO는 최고 경영진과 함께 비전을 구축할 수 있어야 하며 교육, 비즈니스 프로세스 재설계, 필요한 경우 새로운 인재를 채용하는 등 실제로 기획을 추진하는 데 필요한 모든 자원을 확보해야 한다."

오늘날의 CIO는 20년 전이라면 상상조차 하지 못했을 정도로 엄청난 기회를 눈앞에 두고 있다. 성공의 열쇠는 비즈니스 조직을 적극적으로 동원하며 기업 전체의 여러 책임자와 제휴해 패러다임 전환과 대대적인 수익성 향상을 주도하는 것이다. 그야말로 CIO의 역량이 기업의 운명을 결정하는 시대가 열렸다고 할 수 있다.

01 CIO의 역할은 지난 10년간 근본적으로 변화했다. 기술 책임자에서 변화의 기수로 진화한 셈이다.

02 오늘날 효율적인 CIO는 새로운 기술을 활용해 어떻게 기존의 업무 관행을 바꿀 수 있는지 이해해야 한다. 또한 새로운 기술을 통해서 새로운 비즈니스 관행을 개발하기 위해서는 변화 관리에도 능숙해야 한다.

기업을 끌어갈 리더십을 무엇으로 정의할 것인가?

탁월한 리더십을 가진 사람은 누구나 쉽게 알아볼 수 있다. 그러나 뛰어나다는 기준은 무엇인가? 강한 리더가 '되려면' 어떻게 해야 하는가? 학습을 통해 뛰어난 리더가 될 수 있을까?

능력 있는 리더가 갖춰야 할 가장 중요한 자질은 무엇일까?

신입사원에게서 그런 자질의 씨앗을 발견할 수 있을까?

리더십이란 개발할 수 있는 자질인가?

최근 나는 한 유명 경영대학원의 입학사정관을 만난 자리에서 이 문제에 대해 이야기를 나누었다. 그는 합격 판정을 줄 지원자들의 프로필을 검토하고 있었다. 가장 적합한 프로필을 선정하기 위한 것이었기 때문에, 아무리 사소한 부분이라도 주의 깊게 살폈다.

탁월한 리더십을 갖춘 사람은 쉽게 알아볼 수 있다. 리더십 자질이 부족한 경우에도 대부분 금세 눈에 띈다. 그렇지만 그 '뛰어나다'는 기준은 무엇인가? 부하직원을 선별하고 양성하거나 스스로의 리더십 역량을 개발하는 데 있어서 모두 중요한 문제다.

내가 가장 인상적으로 보았던 리더십의 정의는 이렇다.
"리더란 자신이 열정을 품고 있는 분야에 자신만의 족적을 남기는 사람이다."

내게 이 리더십에 대한 정의를 들려준 사람은 바로 앞서 언급한 입학사정관이었다. 그 입학사정관은 나와 여러 전문가를 초빙해서 '자신의 학교에 걸맞은 입학생의 프로필'을 논의할 만큼 뛰어난 리더십을 보여주고 있었다. 훌륭한 프로세스를 추구하고 있을 뿐만 아니라 그에 안주하지 않고 더욱 개선하려고 노력했다. 그야말로 자신이 열정을 품은 분야에 자신만의 뚜렷한 족적을 남기그 있었던 것이다.

몇몇 기업에는 쉴 새 없이 거의 의무적으로 '개선'을 추구하는 문화가 정착되어 있다. 아무리 좋은 성과를 냈어도 더욱 발전하기 위해 노력하는 것이다. 그러나 반대로, 과거의 성공에 안주한 나머지 정체돼 있는 기업도 있다. 선두에 올라섰을 때 더욱 세게 가속 페달을 밟아야 한다. 사실 원래부터 그렇게 해서 선두 자리까지 가게 된 것이니 말이다.

양손잡이 리더십

어떤 의미에서 뛰어난 리더는 양손잡이가 되어야 한다.

한손으로는 현재의 비즈니스 패러다임인 '기존의 업무 방식'을 통해 뛰어난 역량을 보여줄 수 있어야 한다. 그러나 다른 한손으로는 현재의 패러다임을 심층 분석하고 근본적으로 개선할 수 있는 방법을 모색한 뒤 변화 관리를 성공적으로 마무리해야 한다. 비행 도중에 비행기 프로펠러를 바꾸려면 양손뿐만 아니라 엄청난 의지와 헌신이 필요하지만, 이러한 능력이야말로 성공적인 리더십의 정수라 할 수 있다.

이를 조금 다른 각도에서 생각해보자. 언젠가 당신의 현재 직업이 이력서 한 줄로 요약될 때가 온다. 그 한 줄 아래에 보통 해당 직군에서 이룬 주요 성과를 2~3개 나열하기 마련이다. 거기에 '기존의 방식대로 업무를 잘 처리했다'고 쓸 수는 없지 않겠는가?

'기존의 방식대로 업무를 잘 처리했다'는 기본이고, 직업을 유지하기 위해 반드시 해야 할 일이다. 이력서에 써넣어야 할 핵심 성과는 그 기본 위에 추가되는 부분이다. 거기에는 기존의 패러다임을 성공적으로 변화시킨 성과를 기재해야 하며, 이를 통해 자신의 리더십을 부각시킬 수 있다.

새로운 업무를 시작하는 시점에서 나중에 어떠한 주요 성과를 이력서에 기재할 수 있을지 생각해보라. 무언가 새로운 일을 시작할 때 반드시 그 성과를 이력서에 기재할 수 있을 정도로 치밀하게 계획하는 과정을 추가하면 상당히 효과적이다. 이렇게 하지 않으면 성과란 우연한 기회를 잡아 노력하는 와중에 생긴 단순한 부산물로 전락해 버리기 십상이다.

> **대다수 사람들은 좋은 리더가 되기 위해 노력하는 과정을 통해 진정한 리더십 테크닉을 쌓을 수 있다.**

좋은 관리자가 되어보지 않고서 좋은 리더가 될 수 있을까?

내 경험을 통해 보면, 최고의 리더는 동시에 뛰어난 관리자이기도 하며, 최고의 관리자는 강력한 리더십 자질을 가지고 있다. 성공하기 위해서는 자기가 속한 조직을 개선하기 위한 열정뿐만 아니라, 그 열정과 계획을 끝까지 추진할 역량도 갖추고 있어야 한다.

어떤 직급이든 핵심 임무인 일상 업무를 해내는 것만도 결코 쉬운 일이 아니다. 그것이 가능하려면 지속적으로 좋은 결과를 도출하며, 수익 목표를 달성하고, 꾸준히 비즈니스 프로세스를 개선해야 한다. 성공에는 역량, 능력, 팀워크가 모두 필요하다.

나는 양손잡이 리더십이 갖춰야 할 여덟 가지 중요한 자질이 있다고 생각한다.

변화를 리딩하는 자질 1_ 열정을 품는 능력

우선 무엇보다 상황을 개선하려는 강력한 의욕이 있어야 한다. 변화 관리는 매우 힘든 과정이며 열정이 있어야 끝까지 추진할 수 있다. 일부 관리자는 '불타는 열정'을 가지고 있는 것처럼 보이기도 한다.

변화를 리딩하는 자질 2_ 균형 잡힌 관점

열정을 실천으로 옮기려면 자신이 하고 있는 일이라도 한 발짝 물러서서 객관적으로 바라볼 수 있어야 한다. 앞서 언급한 입학사정관이 바쁜 일상 업무에 시달리면서도 입학생들의 이력이 올바른지 여부를 재차 검토해보고 있었던 것도 바로 이에 해당한다.

변화를 리딩하는 자질 3_ 창의성

비즈니스 프로세스에 대한 시각을 갖추고 나서 근본적으로 새롭고 보다 효율적인 업무 방식을 끊임없이 고안해내기 위해서는 '창의성'이 필수적이다. 선천적으로 남보다 창의성이 뛰어난 사람도 있지만, 설사 그렇지 않더라도 다양한 기업의 여러 비즈니스 관행을 조사함으로써 창의력을 자극할 수 있다. 비즈니스 잡지와 관련 서적들을 읽는 게 그런 면에서 도움이 된다.

변화를 리딩하는 자질 4_ 조직 능력

변화를 주도하려면 뛰어난 창의력과 이를 실제 현장에서 추진할 수 있는 기술이 모두 필요하다. 광범위한 비전을 짜임새 있고 현실적인 단계별 프로그램으로 바꿔야 하기 때문이다. 사람들이 확실히 믿고 의존하고 있는 기존의 업무 방식을 과감히 버리려면 신뢰가 필요하며, 조직 능력이 부족하면 신뢰를 얻기 힘들다.

변화를 리딩하는 자질 5_ **팀워크**

사실상 모든 변화에는 타인을 동참시키고 설득하고 협력하는 작업이 필요하다. 무엇보다 조직의 이익을 최우선 순위로 삼아 자신이 이끄는 사람들을 위해 더 좋은 환경을 구축하겠다는 의욕을 불태워야 한다. 이러한 자세와 실용적이고 훌륭한 계획이 갖춰지면 사람들은 자연히 그를 따르게 되어 있다.

변화를 리딩하는 자질 6_ **끈기**

열정으로 일단 일을 벌이고 난 후 포기하지 않고 끝까지 추진할 수 있도록 해주는 원동력이 바로 끈기다. 똑똑하고 창조적이고 열정을 가지고 있어 뛰어난 아이디어를 제안하지만 묵묵히 끝까지 추진해야 할 구현 단계가 되면 흥미를 잃어버리는 관리자가 적지 않다. 이렇게 되면 뛰어난 경기 계획을 짜고서도 결과적으로는 전광판에 점수를 올리지 못하는 셈이 되고 만다.

변화를 리딩하는 자질 7_ **오픈 마인드**

변화에는 필연적으로 어느 정도 '실천'을 통해 배우는 과정이 필요하다. 변화란 원칙적으로 지도가 없는 바다를 항해하고 있는 것이나 마찬가지다. 좋은 리더는 불확실한 상황에 대해 상당한 수준의 인내심을 가지고 있어야 한다.

변화를 리딩하는 자질 8_ **진실성**

마지막으로 리더가 갖춰야 할 중요한 덕목은 진정성이다. 여기서 진정성이란 단순히 윤리적이고 정직하다는 것만을 의미하지 않는다. 진정성은 소속된 조직과 동료들에게 이익을 가져오겠다는 뿌리 깊은 가치관을 바탕으로 한 진심 어린 마음가짐을 가리킨다. 열정, 끈기, 팀워크는 모두 이 진정성에서 파생된다. 진정성 없는 계획은 단순한 자기 과시에 지나지 않으므로 누구도 그를 따르지 않게 된다.

그렇다면 리더를 길러낸다는 것이 가능할까?

모든 사람이 리더십 역량을 갖추고 있는 것은 아니다. 선천적으로 리더십을 타고 난 사람이 있는가 하면 누군가가 분명하게 방향을 지시해주는 것을 선호하는 사람도 있다. 물론 그 중간에 위치한 사람도 많다.

타고난 리더는 중요한 자질을 가지고 있는 셈이지만 창조적인 비전을 구체적인 실천 프로그램으로 옮기는 보다 현실적인 측면에서의 세심한 훈련이 필요한 경우가 많다. 선천적으로 리더십을 타고난 사람들은 끈기의 중요성을 과소평가하지 않도록 변화를 위해 필요한 시간이 얼마나 긴지 이해해야 한다.

사실 대다수 사람들은 좋은 리더가 되기 위해 노력하는 과정을 통해서 리더십 테크닉을 쌓을 수 있다. 뛰어난 일상 업무 처리 능력도 중요하지만, 그것만으로는 충분하지 않다는 사실을 깨닫는 것이 첫 번째 단계다.

두 번째 단계는 스스로를 되돌아보고 변화의 개념을 정립하고 주도하는 상당 기간 동안 불편함을 감수할 의지가 있는지 살펴보는 것이다. 사실 궁극적인 보상은 돈으로 환산되는 것이 아니다. 시작하지 않았다면 아예 맛볼 수 없었을 새로운 변화로 인한 깊은 만족감이 돈보다 훨씬 크다.

일단 리더가 되기로 결정을 했다면 자신의 이력서에 어떤 성과를 기재하고 싶은지 숙고해보고, 실제로 그 성과를 이루기 위해 시간과 노력을 투자함으로써 리더가 되는 데 필요한 자질을 개발할 수 있다. 무슨 일이든 그렇지만 '연습만이 완벽을 낳기 마련이다'.

뛰어난 리더가 되기 위해서는 어느 정도 지적 능력이 필요하지만 반드시 위대한 천재일 필요는 없다. 사람을 상대하는 기술도 어느 정도 필요하지만 반드시 뛰어난 세일즈맨처럼 사교성을 갖추지는 않아도 된다. 그러나 뛰어난 행동가와 뛰어난 사색가, 이 두 가지 역할을 하겠다는 의욕만은 반드시 품고 있어야 한다.

뛰어난 리더가 되기 위해 가장 중요한 것은 자신의 진정한 모습을 파악하는 것이다. 여기에서 열정, 의지, 진정성이 솟아나온다.

내 경험으로 미루어보면 리더십에서 가장 중요한 기본 요소는 자신의 진짜 모습을 바탕으로 진심으로 일을 즐길 수 있는 상황을 찾아내고 이루고자 하는 것이다.

앞서 입학사정관이 들려준 리더의 정의를 다시 한 번 생각해보자.

'열정을 품고 있는 분야'에 '자신만의 족적을 남기는 사람'. 하지만 사람들은 흔히 뒷부분의 '족적을 남기는' 방법에만 집중하기 쉽다. 그러나 진정한 힘은 바로 앞부분, 즉 '열정을 품고 있는 분야'에서 일함으로써 얻을 수 있다.

> 진심으로 좋아하는 일을 하고 있다면
> 그 일을 개선하기 위한 열정이 저절로 솟아나기 마련이다.

젊은 인재가 리더십 잠재력을 가지고 있는지 어떻게 알아볼 수 있을까?

가장 확실한 단서는 그 사람이 진짜 열정을 느끼는 일을 찾았는지다. 자기 스스로도 바람직한 상황을 만들어주지 못하는 사람이 어떻게 기업 단위로 그러한 일을 추진할 수 있겠는가?

진심으로 좋아하는 일을 하고 있다면 그 일을 개선하기 위한 열정이 저절로 솟아나기 마련이다.

Key Point

01 리더는 '열정을 품고 있는 분야에 자신만의 족적을 남기는 사람'이다.

02 대다수 사람들은 리더십의 두 번째 측면, 즉 '족적을 남기는' 방법에만 주목한다. 그러나 첫 번째 측면, 즉 '열정을 가지고 있는 분야'에서 일하는 것이 성공의 진정한 열쇠다.

03 어떤 사람이 효과적인 리더가 될 것인지 여부를 어떻게 판단할 수 있는가? 우선 그 사람이 스스로가 진심으로 좋아하는 영역에서 일하고 있는지 살펴보라.

부록

4개 고객사를 표본으로 한 '수익 맵핑' 예시

Islands of Profit in a sea of Red Ink

여기에 특별히 주목한 4개 고객사의 수익 맵핑 사례가 있다.
이것은 실제 기업에서 작성한 것이다.
[표 1]은 각 고객에 대한 개요를 보여준다.
[표 2], [표 3], [표 4], [표 5]는 각 고객의 세부 사항을 보여준다.

이 예시에 매출액 및 총수익(Gross Profit, GP – 생산 비용을 공제한 매출액), 그리고 순수익(물류비와 판매비를 공제한 GP, 단 일반경비 적용 전)이 나와 있다. 또한 보다 상세하게 작성된 수익 맵핑의 효력을 느낄 수 있도록, 공급 체인의 비용 구조에 대한 주요 요소들이 나와 있다(판매비가 무엇으로 구성되는지도 볼 수 있다).

[표 1]에서 우리는 4개 고객사가 총 153,000달러의 순수익을 내지만, 각 회사의 수익성은 서로 매우 다르다는 것을 알 수 있다. 고객 A는 수익성이 상당히 큰 대형 고객이다. 고객 B는 수익성이 미미한 작은 고객이다. 고객 C는 약간 손실을 보고 있는 중간 정도의 고객이다. 그리고 고객 D는 큰 손실을 보고 있는 대형 고객이다.

우리는 153,000달러라는 전체 순수익이 일부 '매우 수익성 높은 비즈니스'와 '전혀 그렇지 않은 비즈니스'로 구성되어 있다는 것을 즉시 알 수 있다.

[표 2]는 이 회사가 고객 A와 거래하는 내용에 대해 좀 더 상세한 내역을 보여준다.
여기서 전체 매출은 네 개의 면으로 나뉘어 있는데, 각 면은 판매된 제품의 성격을 반영하고 있다.
A면은 '주문 단위가 크고 가격이 낮은 제품'으로 구성되어 있다.

[표 1]

	네 개 고객사 개요		고객 A		고객 B		고객 C		고객 D	
	매출 비율 (% of sales)		매출 비율 (% of sales)		매출 비율 (% of sales)		매출 비율 (% of sales)		매출 비율 (% of sales)	
총매출	26,276,445달러	100%	15,384,933달러	100%	689,944달러	100%	2,275,739달러	100%	7,925,829달러	100%
제품명	11,646		5,823		737		977		4,109	
주문 경로 수	148,190		74,095		2,499		60,306		11,290	
평균 재고 금액	15,698,014달러		7,849,007달러		377,020달러		499,668달러		6,972,319달러	
총 재품 수	1,857,186		928,593		17,785		871,323		39,485	
추정 총수익	4,138,054달러	16%	2,427,804달러	16%	94,056달러	14%	714,637달러	31%	901,557달러	11%
제품 수/주문 경로	13		13		7		14		3	
매출/제품 개당	14달러		17달러		39달러		3달러		201달러	
매출/주문 경로 개당	177달러		208달러		276달러		38달러		702달러	
총수익/주문 경로	28달러		33달러		38달러		12달러		80달러	
총수익/재고 1달러	0.26달러		0.31달러		0.25달러		1.43달러		0.13달러	
추정 순수익	153,262달러	1%	435,408달러	3%	10,014달러	1%	-23,679달러	-1%	-268,48달러	-3%

*순수 물류비 및 판매비 적용. 단, 일반경비 할당 전

B면은 '주문 단위가 작고 가격이 낮은 제품'이다.

C면은 '주문 단위가 크고 가격이 높은 제품'으로 구성되어 있으며,

D면은 '주문 단위가 작고 가격이 높은 제품'으로 구성되어 있다(이 분석이 회사의 모든 거래 즉, 주문 경로별 데이터에 근거해 이루어졌기 때문에, 제품군이나 판매 빈도 등 다른 관점으로도 고객 A에게 판매된 제품의 특질을 쉽게 파악할 수 있다).

고객 A는 435,000달러 이상의 순수익을 내며 전반적으로 수익성이 높지만, 각 면을 상세히 분석해보면 두 개의 면에서는 약 1,325,000달러의 순수익을 낸 반면, 다른 두 개의 면에서는 약 890,000달러의 순손실을 기록하고 있다는 점이 매우 충격적이다.

심지어 수익성이 매우 높은 고객의 경우에도 보다 더 수익성을 높일 수 있는 막대한 기회가 있다. 게다가 이런 일은 대다수 기업에서 매우 빈번하게 일어난다.

A면(고객 A에게 주문 단위가 크고 가격이 낮은 제품을 판매)을 더 자세히 살펴보자.

이 면은 숫자로만 보면 최대의 승리자처럼 보인다. 이 판매에서 고객 A에 대한 매출은 회사 전체 매출의 약 27%를 차지하지만, 총수익의 43%, 평균 순수익의 217%라는 엄청난 수치를 기록했기 때문이다. 주문 경로당 총수익 역시 1,144달러로 높은 반면, 제품을 선별·포장하고 운송하는 주문 경로당 비용은 대략 10달러~15달러다(이 비용은 총수익에서 공제돼야 한다). 재고 금액 1달러당 총수익은 1.59달러로, 투자 대비 높은 생산성을 보여준다(이 재고 측정 수치는 분석에 이용한 특정 제품에 국한한 것으로, 정확도는 70%다).

이 면에는 오직 낮은 가격의 제품만이 들어 있다는 것을 기억하라. 이 면은 대량으로 꾸준히 팔리는 제품으로 예측이 쉽고 재고를 많이 둘 필요가 없는(물류비와 판

[표 2]

		고객 A					
		가격					
		낮음			높음		
		A면		매출 비율	C면		매출 비율
주문 단위	틈새	총매출	4,105,542달러	100%	총매출	1,340,170달러	100%
		제품명	347		제품명	4	
		주문 경로 수	921		주문 경로 수	31	
		평균 재고 금액	662,032달러		평균 재고 금액	243,162달러	
		총 제품 수	52,045		총 제품 수	755	
		추정 총수익	1,054,068달러	26%	추정 총수익	416,756달러	31%
		제품 수/주문 경로	57		제품 수/주문 경로	24	
		매출/제품 개당	79달러		매출/제품 개당	1,775달러	
		매출/주문 경로 개당	4,458달러		매출/주문 경로 개당	43,231달러	
		총수익/주문 경로	1,144달러		총수익/주문 경로	13,444달러	
		총수익/재고 1달러	1.59달러		총수익/재고 1달러	1.71달러	
		추정 순수익	944,632달러	23%	추정 순수익	379,941달러	28%
		B면		매출 비율	D면		매출 비율
	일상	총매출	4,437,794달러	100%	총매출	5,501,427달러	100%
		제품명	4,363		제품명	1,109	
		주문 경로 수	69,396		주문 경로 수	3,747	
		평균 재고 금액	2,664,159달러		평균 재고 금액	4,279,645달러	
		총 제품 수	869,267		총 제품 수	6,526	
		추정 총수익	332,348달러	7%	추정 총수익	624,632달러	11%
		제품 수/주문 경로	13		제품 수/주문 경로	2	
		매출/제품 개당	5달러		매출/제품 개당	843달러	
		매출/주문 경로 개당	64달러		매출/주문 경로 개당	1,468달러	
		총수익/주문 경로	5달러		총수익/주문 경로	167달러	
		총수익/재고 1달러	0.12달러		총수익/재고 1달러	0.15달러	
		추정 순수익	−830,632달러	−19%	추정 순수익	−58,533달러	−1%

*순수 물류비 및 판매비 적용. 단, 일반경비 할당 전

매비가 매우 적은), 따라서 순수익을 많이 내는 '가격이 싼 제품'으로 특징지어진다.

자, B면(A고객에게 주문 단위가 작은 낮은 가격의 제품을 판매)과 비교해보자.

B면은 830,000달러의 순손실을 내며, 수익을 엄청나게 깎아내린다. 여기에서의 공급 체인 비용 구조를 상세히 살펴보면, A면과 완전히 다르다. B면에서 회사는 4백만 달러 이상의 매출을 올리고 있다. 즉 고객 A가 이 회사로부터 구매하는 전체 금액 중 29%를 차지한다.

여기에서 고객 A는 가격이 싼 제품을 소량씩 여러 차례 구매하고 있다. 이렇게 되면 상대적으로 매출 수익이 적고 물류비가 극도로 높아진다. 예를 들어, 주문 경로당 매출 수익이 5달러(A면의 1,144달러와 비교해보라)와 포장과 운송에 10~15달러가 든 것을 보면, 각 주문 경로가 손실을 입고 있음이 분명하다. A면의 재고 금액 1달러당 총수익이 1.59달러인 반면, B면에서는 0.12달러에 불과하다(이 제품은 주문량이 적기 때문에 판매에 비해 재고가 상대적으로 많다).

C면은 '주문 단위가 크고 가격이 높은 제품'으로 구성되어 있다. 이 면은 고객 A에 대한 매출 중 9%를 차지하지만, 순수익 면에는 단 31개의 주문 경로만으로 380,000달러라는 엄청난 금액을 기여했다. 여기에서, 각 주문 경로당 총수익은 13,444달러나 되고, 재고 1달러당 총수익은 1.71달러다. 결국 C면이 '최고의 승리자'임이 분명하다.

'주문 단위가 작고 가격이 높은 제품'으로 구성된 D면은 전혀 다른 모습을 보여준다. 이 면은 550만 달러 이상의 매출을 달성하지만, 부끄럽게도 약 60,000달러의 순손실을 발생시킨다.

왜 이런 일이 일어나고 있는가? 주문 경로당 총수익은 167달러로 양호하고, 이는 각 경로의 포장·운송비를 충당하고도 남는다. 그러나 재고 1달러당 총수익이 0.15달러에 불과하다. 회사는 예상치 않은 소량 주문에 맞추기 위해 많은 양의 값비싼 재고를 두어야 하기 때문이다.

고객 A를 뭉뚱그려 보면, 많은 관리자들이 '수익성 높은 대형 고객'이라고 매우 만족해할 것이다. 하지만 수익 맵핑을 더 상세히 검토해보면, 비용 구조와 수익 패턴을 변화시키고 싶은 욕구가 일 것이다.

'재고를 줄이기 위해, 특히 D면에서 주문 패턴을 바꾸고 예측 가능성을 높일 수 있을까?'

'B면에서 제품의 가격을 바꿀 수 있을까?'

'B면이나 D면의 제품을 공급하는 방식을 재고를 보유하고 있는 인근 창고로부터 운반해오는 익일 배송 서비스로 대체할 수 있을까?'

수익 맵핑을 신중하게 분석한 관리자들이라면 이런 식으로 질문을 제기함으로써 회사의 수익성에 신속하고 중대한 영향을 주는, 명확하고 집중된 아이디어를 쉽게 개발할 수 있다. 그리고 이런 계획은 거의 즉시 실제로 돈을 벌어줄 것이다.

이 분석은 오직 물류비 요인에만 집중한 것임을 명심하라. 판매비 상황을 개선하고자 한다면, 해당 데이터를 바탕으로 분석할 수 있다.

[표 3], [표 4], [표 5]는 다른 세 개 고객사의 상세한 수익 맵핑을 각 면별로 보여준다. 이 고객들과도 좋은 비즈니스와 나쁜 비즈니스가 섞여 있다. 언뜻 보기에 경쟁사로 넘어갈 1순위 후보로 보이는 고객 D조차도 좋은 비즈니스를 상당 부분 가지고 있으며, 그것을 면밀히 검토함으로써 큰 도움을 얻을 수 있을 것이다.

이것이 바로 수익성 관리의 힘이다.

[표 3]

	고객 B						
	가격						
	낮음			높음			
		A면	매출 비율			C면	매출 비율
품목	총매출	21,003달러	100%		총매출	142,488달러	100%
	제품명	63			제품명	2	
	주문 경로 수	195			주문 경로 수	29	
	평균 재고 금액	66,613달러			평균 재고 금액	15,333달러	
	총 제품 수	9,983			총 제품 수	734	
	추정 총수익	5,573달러	27%		추정 총수익	14,668달러	10%
	제품 수/주문 경로	51			제품 수/주문 경로	25	
	매출/제품 개당	2달러			매출/제품 개당	194달러	
	매출/주문 경로 개당	108달러			매출/주문 경로 개당	4,913달러	
	총수익/주문 경로	29달러			총수익/주문 경로	506달러	
	총수익/재고 1달러	0.08달러			총수익/재고 1달러	0.96달러	
	추정 순수익	6,564달러	31%		추정 순수익	12,049달러	8%
		B면	매출 비율			D면	매출 비율
직입	총매출	122,314달러	100%		총매출	404,139달러	100%
	제품명	526			제품명	146	
	주문 경로 수	1,710			주문 경로 수	565	
	평균 재고 금액	172,967달러			평균 재고 금액	122,107달러	
	총 제품 수	5,891			총 제품 수	1,177	
	추정 총수익	45,600달러	37%		추정 총수익	28,215달러	7%
	제품 수/주문 경로	3			제품 수/주문 경로	2	
	매출/제품 개당	21달러			매출/제품 개당	343달러	
	매출/주문 경로 개당	72달러			매출/주문 경로 개당	715달러	
	총수익/주문 경로	27달러			총수익/주문 경로	50달러	
	총수익/재고 1달러	0.26달러			총수익/재고 1달러	0.23달러	
	추정 순수익	-845달러	1%		추정 순수익	-3,684달러	1%

주문 단위

*순수 물류비 및 판매비 적용. 단, 일반경비 할당 전

[표 4]

		고객 C 가격				
		낮음			높음	
		A면	매출 비율		C면	매출 비율
주문 단위	총매출	12,981달러	100%	총매출	–	100%
	제품명	4		제품명	–	
	주문 경로 수	28		주문 경로 수	–	
	평균 재고 금액	131,354달러		평균 재고 금액	–	
	총 제품 수	22,332		총 제품 수	–	
	추정 총수익	7,011달러	54%	추정 총수익	–	0%
	제품 수/주문 경로	798		제품 수/주문 경로	–	
	매출/제품 개당	1달러		매출/제품 개당	–	
	매출/주문 경로 개당	464달러		매출/주문 경로 개당	–	
	총수익/주문 경로	250달러		총수익/주문 경로	–	
	총수익/재고 1달러	0.05달러		총수익/재고 1달러	–	
	추정 순수익	–13,000달러	–100%	추정 순수익	–	0%
		B면	매출 비율		D면	매출 비율
직송	총매출	1,749,943달러	100%	총매출	512,815달러	100%
	제품명	829		제품명	144	
	주문 경로 수	58,990		주문 경로 수	1,288	
	평균 재고 금액	283,919달러		평균 재고 금액	84,395달러	
	총 제품 수	846,142		총 제품 수	2,849	
	추정 총수익	583,456달러	33%	추정 총수익	124,170달러	24%
	제품 수/주문 경로	14		제품 수/주문 경로	2	
	매출/제품 개당	2달러		매출/제품 개당	180달러	
	매출/주문 경로 개당	30달러		매출/주문 경로 개당	398달러	
	총수익/주문 경로	10달러		총수익/주문 경로	96달러	
	총수익/재고 1달러	2.06달러		총수익/재고 1달러	1.47달러	
	추정 순수익	–108,022달러	–6%	추정 순수익	97,343달러	19%

*순수 물류비 및 판매비 적용. 단, 일반경비 할당 전

[표 5]

		고객 D 가격					
		낮음			높음		
		A면	매출 비율		C면	매출 비율	
주문 단위 높음	총매출	650,273달러	100%	총매출	125,546달러	100%	
	제품명	280		제품명	2		
	주문 경로 수	698		주문 경로 수	2		
	평균 재고 금액	464,065달러		평균 재고 금액	227,829달러		
	총 제품 수	19,730		총 제품 수	21		
	추정 총수익	112,144달러	17%	추정 총수익	83,235달러	66%	
	제품 수/주문 경로	28		제품 수/주문 경로	11		
	매출/제품 개당	33달러		매출/제품 개당	5,978달러		
	매출/주문 경로 개당	932달러		매출/주문 경로 개당	62,773달러		
	총수익/주문 경로	161달러		총수익/주문 경로	41,618달러		
	총수익/재고 1달러	0.24달러		총수익/재고 1달러	0.37달러		
	추정 순수익	34,856달러	5%	추정 순수익	49,039달러	39%	
		B면	매출 비율		D면	매출 비율	
주문 단위 낮음	총매출	2,565,537달러	100%	총매출	4,584,473달러	100%	
	제품명	3,008		제품명	819		
	주문 경로 수	8,696		주문 경로 수	1,894		
	평균 재고 금액	2,207,273달러		평균 재고 금액	4,073,152달러		
	총 제품 수	17,234		총 제품 수	2,500		
	추정 총수익	68,091달러	3%	추정 총수익	638,087달러	14%	
	제품 수/주문 경로	2		제품 수/주문 경로	1		
	매출/제품 개당	149달러		매출/제품 개당	1,834달러		
	매출/주문 경로 개당	295달러		매출/주문 경로 개당	2,421달러		
	총수익/주문 경로	8달러		총수익/주문 경로	337달러		
	총수익/재고 1달러	0.03달러		총수익/재고 1달러	0.16달러		
	추정 순수익	-358,656달러	-14%	추정 순수익	6,280달러	0%	

*순수 물류비 및 판매비 적용. 단, 일반경비 할당 전

지은이의 말

오늘날의 비즈니스를 규정하는 새로운 패러다임, '정밀 시장의 시대'

이제 비즈니스는 '매스 마켓 시대'에서 '정밀 시장의 시대'로 옮겨가는 과도기에 놓여 있다.

이전 시대까지 기업들은 고객과 적당한 거리를 유지하면서, 가능한 한 넓고 균일하게 제품을 유통시켰다. 기업의 목표는 대규모 생산과 대규모 유통이었다.

매스 마켓 시대에는 총수입이나 총비용 같은 광범위한 개념의 관리 도구만으로도 최대한 수익성을 높일 수 있었다. 그래서 오늘날 기업의 모든 관리 시스템과 프로세스는 은연중에 과거의 유산에 합당하게 맞춰져 있다.

그러나 새로운 시대에 기업들은 여러 부류의 고객들과 다양한 고객관계를 형성하게 된다. 어느 정도 거리를 둔 관계에서부터 고도로 긴밀한 관계에 이르기까지 다양한 방식의 관계가 촘촘하게 생겨나며 범위도 매우 넓다.

결국 오늘날 성공적인 비즈니스의 핵심은 '혁신적인 고객관계 관리'와 '새로운 고객가치의 창출'을 위해 기업의 내부 프로세스를 정비하는 것에서 출발한다. 이를 통해서만이 경쟁우위와 지속적인 수익성을 창조해낼 수 있다. 고객과 적절한 관계를 형성하고 새로운 가치를 통해 영향력을 발휘하면 매출과 이익은 모두 증가하지만, 조화가 흐트러지면 수익성은 곤두박질친다.

새로운 세계에서, 과거의 천편일률적인 측정 도구와 관리 방식은 더 이상 먹히지 않는다. 관리자와 경영자 모두, 새로운 패러다임에 맞춘 관리와 실행 방식을 터득하지 못하면 생존하기 힘든 상황이 되었다.

이 책은 이러한 변화를 연대순으로 기술하고, 미래의 성공적인 사업을 창조하는 방법을 서술하는 데 초점이 맞춰져 있다. 무엇을 해야 하고, 어떻게 해야 할지, 그리고 그 와중에 어떤 난관에 맞닥뜨리게 되며, 그를 어떻게 극복할지에 대해 이야기한다.

내가 이 책을 집필한 이유는 독자에게 일목요연하게 정리된 지침과 균형감각, 그리고 새로운 비즈니스 시대에 적합한 고도로 효율적인 경영자로 거듭나는 데 필요한 도구를 제공하기 위함이다.

이 책의 모든 내용은 20년이 넘는 세월 동안, 일류기업의 창의적인 경영자들과 함께 했던 작업을 바탕으로 한다. 나는 MIT에서 경영대학원생들과 기업 임원들을 가르쳐왔고, 그들은 나의 발상을 바탕으로 매일 실천하고 적용한 끝에 성공을 경험하고 있다.

매년 MIT에서의 첫 강의 때마다, 나는 학생들에게 '천만 달러 테스트'를 제안한다.

"당신이 이제 막 천만 달러의 유산을 받았다. 더 이상 일을 할 필요가 없다. 그런데 노는 것도 한계가 있는 법이다. 두 달쯤 태평양 해변에서 느긋한 시간을 보내고 나니, 이제는 점차 지루해진다. 그래서 묻기 시작한다. '내가 정말 하고 싶은 일이 뭘까?' 꽤 오랜 성찰 끝에 당신은 진정 하고 싶은 일을 찾아낸다."

당신에게도 똑같은 조언을 하고 싶다.

바로 지금 자신을 되돌아보고 진정 하고 싶은 일에 시작하라고 말이다.

세상에는 우리가 생각하는 것보다 엄청난 기회들이 널려 있고, 주어진 것에 안주하거나 불평할 필요 없이 자신에게 맞는 환경을 스스로 만들어갈 수 있다. 그러나 그 전에 가장 시급한 일은, '자신이 진정으로 원하는 일이 무엇인지 이해하고, 그 일을 찾거나 만들어내기 위해 창조성과 열정을 발휘하는 것'이다. 그것이 바로 '리더십'이다.

이 책은 '수익성'을 찾아내기 위한 방법론을 다루고 있지만, 그 근거에는 진정한 리더십과 진짜 기업 경영이 무엇인지에 대한 성찰이 담겨 있다. '일을 위한 일'이 아니라 '정말 기업에 중요한 것을 만들어내기 위한 일'을 하자는 의미 말이다. 의무감에 뛰는 경기가 아니라 정말 열정적으로 뛰면서 종국에는 승리를 거머쥐는 '진짜 게임' 말이다.

책을 끝까지 읽어준 당신께 감사드린다. 당신의 앞날에 행운이 가득하기를 바라며, 이 책을 바탕으로 성공적인 결과를 얻어내게 된다면 주저 없이 알려주기를 바라마지 않는다.

아울러 책을 집필하면서 도움을 받았던 수많은 분께 감사드린다.
컨설팅과 연구 과정에서 함께 일하며 이 책을 구상하는 데 큰 도움을 준 여러 경영자들, 수업을 통해 다양한 아이디어를 내고 의문을 제기하고 졸업 후에도 자신의 일터에서 경험한 바를 알려준 MIT 학생들에게도 감사한다.

특히 게리 앨런(Gerry Allan)에게 깊이 감사한다. 게리는 하버드 비즈니스 스쿨 박사 과정 동기이자, 이 책의 아이디어를 개발해낸 여러 프로젝트에 함께 참여해주었다. 〈업무지식〉 편집장 숀 실버도온 역시 큰 힘이 되어주었고, 이 책을 집필할 수 있도록 용기와 자극을 주었다.

MIT의 요시 셰피(Yossi Sheffi), 크리스 카프리스(Chris Caplice), 짐 라이스(Jim Rice), 행크 마커스(Hank Marcus), 돈 로젠필드(Don Rosenfield)에게도 감사한다. 하버드 비즈니스 스쿨의 벤 샤피로(Ben Shapiro), 잔 해먼드(Jan Hammond) 교수는 오랫동안 멘토이자 친구가 되어주었다.

어느 누구보다 아내 마사와 아들 스티브와 댄, 그리고 며느리 크리스틴에게 감사한다. 가족이 있기에 내 삶은 충만하고, 가족들의 사랑과 지원이 없었다면 이 책은 결코 탄생하지 못했을 것이다.

지은이 조너선 번즈

jlbyrnes@mit.edu

http://mit.edu/jlbyrnes